华中师范大学中国农村研究院

智库书系·地方经验研究

丛书主编／徐　勇　　邓大才

佛冈力量：

以机制创新激发"美丽乡村"建设自动力

任路　张利明　刘迎君　唐丹丹 等◎著

社会科学文献出版社
SOCIAL SCIENCES ACADEMIC PRESS (CHINA)

总　序

地方经验研究是由华中师范大学中国农村研究院推出的系列著作。

中国作为一个古老的文明大国，能够在 20 世纪后期迅速崛起，展现出强大的活力，得益于改革开放。20 世纪 80 年代兴起的改革开放，重要目的就是"搞活"，在搞活经济的过程中确立了市场机制。市场竞争机制不仅激活了经济，而且激活了地方和基层的自主性和创造性。极具战略眼光的顶层设计和极具探索精神的地方基层实践以及两者之间的良性互动，是中国政府推动现代化建设取得巨大成功的秘诀。中国改革开放的路径就是：先有地方创造的好经验，中央加以总结提高上升为好政策，然后经过若干年推广再确定为好制度。本书系正是在这一背景下推出的。

我们华中师范大学中国农村研究院自 20 世纪 80 年代开始，就关注农村改革，研究农村治理，并以实地调查作为我们的基础和主要方法。调查一直是立院、建院和兴院之本。在长期实地调查中，我们经常会与地方和基层领导打交道，也深知地方和农村基层治理之不容易。地方和基层治理的特点是直接面对群众、直接面对问题、直接面对压力。正因为如此，地方和基层领导势必要解放思想，积极开动脑筋，探索解决问题的思路和方法，由此有了地方创新经验。我们自觉主动地与地方进行合作，通过理论与实践相结合，共同探索地方发展路径并总结地方创新经验，起始于 2011年。当年初，地处广东西北部的云浮市领导为探索欠发达地区的科学发展之路，专程前来我院求助请教，我们也多次前往该市实地考察、指导和总结。至此，我们开启了地方经验研究的征程，并形成了基本的研究思路和框架。

地方经验研究的目的，主要是发现地方创造的好经验、好做法、好举措，突出其亮点、特点和创新点。中国的现代化是前所未有的伟大实践，必然伴随大量问题。对不理想的现实的批判思维必不可少，需要勇气；而促进有效解决问题的建设思维也不可或缺，需要智慧，两者相辅相成，各有分工，共同目的都是推动社会进步。作为学者，我们不仅要持公正立场评点现实，更要参与到实际生活中，理解现实，并运用自己的智慧与实践者一同寻求解决问题之道。历史的创造者每天都在创造历史，但他们往往不是自觉的，学者的参与有可能将其变为自觉的行为；历史的创造者每天都在创造历史，但他们往往并不知道自己在创造历史，学者的总结则可以补其不足。地方与基层的探索是先行一步的实践，需要总结、加工、提炼，乃至推介，使更多人得以分享；地方与基层的探索是率先起跑的实践，需要讨论、评价、修正，乃至激励，使这种探索能够可持续进行。我们的地方研究便秉承以上精神，立足于建设性思维。

地方经验研究的方法，绝不是说"好话"，唱"赞歌"。在地方经验研究中，我们遵循着以下三个维度：一是地方做法，时代高度。尽管做法是地方的，但反映时代发展的趋势，具有先进性。二是地方经验，理论深度。尽管是具体的地方经验，但包含相当的理论含量，具有普遍性。三是地方特点，全国广度。尽管反映的是地方特点，但其内在价值和机制可复制，具有推广性。正是基于此维度，我们在地方经验研究中，非常注意两个导向：一是问题导向。地方和基层实践者之所以成为创新的主要动力，根本原因在于他们每天都必须直接面对大量需要处理的问题。解决问题的过程就是实践发展的过程。二是创新导向。解决问题是治标，更重要的是寻求解决问题的治本之策，由此就需要创新，需要探索，也才会产生地方好经验。怎样才是创新呢？需要有两个标准：一是历史背景。只有将地方经验置于整个宏观历史大背景下考察，才能理解地方创新由何而来，为什么会产生地方创新。二是未来趋势。只有从未来的发展走向把握，才能理解地方创新走向何处去，为什么值得总结推介。

我们正处于一个需要而且能够产生伟大创造的时代。地方经验研究书系因时代而生，随时代而长！

主编　徐　勇

2015 年 7 月 15 日

目　录

理论研究

评估报告

总体报告

深度调查

专题调查

理论研究

第一章

共识：着力从机制谋划美丽乡村建设

"三农"问题一直是党和政府关注的重点问题，党的十八大提出了"大力推进生态文明建设、努力建设美丽中国"的宏伟目标。习近平总书记强调"中国要强农业必须强，中国要美农村必须美，中国要富农民必须富"。美丽乡村建设，作为"三农"工作的重要组成部分，是深化农村改革的题中之义，关乎民生福祉，更是地方执政者深思的现实问题。但是，相对于高速发展的城市，农村的经济基础更加薄弱，发展要想突破瓶颈，内生力量依然要借助外生力量才能实现迅速成长，政府力量不可缺位。在生态文明的时代背景下，政府作为美丽乡村建设的实施者和参与者，该如何在乡村建设当中定位自身角色，明晰职能范围，优化服务手段，是实现高水平美丽乡村建设的突破点。

近年来佛冈县认真贯彻落实决策部署，将农村综合改革工作定为"一号工程"，让高标准的建设规划走在改革前端，以强有力的政府力量作为改革建设的保障，始终坚持以"三个重心下移"和"三个整合"为改革着重点，全面深化农村综合改革，扎实地推进全县农村工作开展。佛冈县政府积极有为的责任担当成为农村建设的重要理念，政府合理定位自身角色，以规划引领全局谋划建设运行机制，以强力动员凝聚合力达成共建意识，探索出一条以美丽乡村建设为抓手，政府主导模式下上下联动的农村建设之路。

第一节 升级改版：从新农村到美丽乡村

占了中国绝大部分的农村地域和农村人口在我国快速推进城镇化和工业化的过程中付出了巨大代价。党在十六届五中全会上提出了建设社会主义新农村的重大历史任务。以"生产发展、生活富裕、乡风文明、村容整洁、管理民主"20字建设方针为指导，各地政府纷纷积极开展新农村建设。其间各地虽然取得了一些成果，但存在不少问题，新农村建设逐渐陷入困境。此时城镇化和工业化的推进让农业生态文明问题日益突出，已呈现刻不容缓之势。党在十八大第一次提出了"美丽中国"的建设理念，明确提出了包括生态文明建设在内的"五位一体"社会主义建设总布局。在这一总布局下，顺应生态文明时代背景提出的"美丽乡村"无疑将会为陷入困境的新农村建设打开新局面，"美丽乡村"正是新农村建设的"接力棒"，是实现建设社会主义新农村这个历史重任的"升级版指南针"。

自新农村建设以来，佛冈农村综合改革工作不断深化，农村经济社会发展取得了显著成就。随着新型工业化、信息化、城镇化和农业现代化的加速推进，佛冈农业和农村发展也面临不少新情况、新问题，制约发展的体制机制矛盾亟待解决。而此时"美丽乡村"建设的出现为佛冈农村改革带来了新的希望，新的指导思想，佛冈及时抓住了这一机会，以"美丽乡村"建设为导向，以农村综合改革为动力，以乡村智慧体验游为抓手，加快推进"农业园区化、农民技能化、农村城镇化和环境生态化"建设，促进农村经济社会创新、协调、绿色、开放、共享发展。在此过程中，佛冈政府始终坚持政府主导的农村建设模式，并在"升级版指南针"的指导下，明确自身职能范围，重新调整政府角色定位，让政府成为美丽乡村建设机制规划的制定者、公共服务的提供者引导者和文化建设的引领者。

一 新农村建设陷入困境

作为内向积累型发展国家，我国长期以来采取的都是"以农支工"和"以乡育城"的发展模式，国家的快速工业化建立在严格制约农村地区发展要素供给的前提之上。① 这导致中国目前面临一个严峻的事实，城乡二元结构越来越固化，成为我国在社会转型时期的巨大阻碍。《中共中央国务院关于推进社会主义新农村建设的若干意见》（2006 年）提出的新农村建设战略目标，包括统筹城乡经济社会发展、推进现代农业发展、促进农民持续增收、改善农村物质条件、发展农村社会事业、培育新型农民、深化农村改革以及加强农村民主建设等 8 个方面。这一战略目标的提出为各地开展新农村建设指明了方向，促进了中国农村和农业发展。新农村建设工作开展至今取得了一定成果，但随着工作的不断深入和扩展开始出现了一些障碍。

首先是规划障碍。"凡事预则立，不预则废。"习近平总书记在对深化农村改革做出系列部署时提到，建设社会主义新农村，基础是规划。习近平强调，要规划先行，遵循乡村自身发展规律。新农村建设的内容丰富，覆盖面广，涉及政治、经济、文化、社会等方面，政府在规划时常常出现以下的问题：一是缺乏统一、长远的规划。由于无法把握新农村的建设方向，新农村建设中普遍看到的是指令，缺乏统一、长远的规划，未确定新农村建设的目标是更靠近城市化模式还是坚持乡土特色、拒绝城市化。佛冈政府在新农村建设中规划意识强，始终坚持规划先行、政府引导为主的新农村建设。但在建设过程中，解决问题的意识大过规划意识。新农村建设前，该县的支柱产业——砂糖橘产业——日渐式微，于是从解决问题的角度出发，产业发展顺理成章成为抓手。对于最终要建成一个什么样的农村，并没有深入考虑。二是规划虽然全面但无重点，虽然佛冈政府做到了规划先行，力图将规划目标设计全面，制定了一套发展建设规划，突出了统一部署、符合政策的精神，但是在铺开过程中内容过多，各级部门在推进过程中往往"力有不逮"。在人力资源和资金配套上都存在不足，无法满足新农村建设全方面的要求。

其次是思维障碍。许多地方政府在推进新农村建设过程中"短平快"思维重，企图以政治强力推动建设开展，在短时间内见到效益。在工作态度上，部分地方政府在推行农村工作中存在过急过躁的惯性态度，缺乏理

---

① 温铁军：《"三农"问题与制度变迁》，中国经济出版社，2009。

性决策。特别是在新农村建设的新形势下，低估了农村工作的复杂性。在工作内容上，政府在新农村建设上偏向"面子上的"、成效快的、工期短的部分，出现了形式主义偏差。新农村建设中拆旧、修路等改变农村外观的建设显著，有些地方为了体现前后差距，不惜搞大拆大建，破坏了村庄的原有面貌。虽然村容村貌是新农村建设的一部分，但绝不仅是形式上的村容村貌更新，还需要根植于人们理念和行为的更新。

佛冈政府在新农村试验区的工作总结中提到，新农村建设是一项系统工程，是一个经济、政治、文化和社会建设四位一体的综合概念，不可一蹴而就。产业的培育、生产生活习惯的转变、机制体制的探索等都需要长时间的坚持。因此，农村建设不适用于短平快的思维。试验区在开展工作时虽然注意到这点，但仍未能按照预想发展路径与节奏在努力夯实产业的基础上梯次性推进小城镇建设等系列工程，整个建设过程受整体体制环境与领导意志的影响较大。

最后是社会障碍。新农村建设是需要农民参与的建设，归根结底是要建设广大农民需要的农村。保证农民的主体地位、调动农民参与建设是新农村建设的根本落脚点。在实践中却存在以下问题：一方面忽视农民的主体地位。其实农民主体地位的缺失并不是新农村建设中才出现的，自中华人民共和国成立以来，土地改革运动、合作化运动、人民公社运动以及后来的很多农村工作、农村政策大多以政治运动的方式推行。政治运动过程过于强调国家意志和集体意识，忽略了农民的主体意志。而长期乡村的管理体制弊端使农村游离于乡村发展建设之外，就农民自身来说，他们逐渐习惯了被管理、被建设的角色，愈发难以意识到自己的主体地位。从整体上看，佛冈的新农村建设仍是政府主导的，农民并未充分发挥其主体性作用。另一方面农民参与程度低。从政府角度来说，佛冈县属于清远的南部县，与广州接壤，市场化程度较高，农民现代权利意识强烈。农民诉求过多、诉求意识过强使达成建设共识的难度较大。从农民角度来说，在政策推进过程中农民利益导向不清晰，农民看不到与自己利益直接相关的东西，参与积极性自然也不高。而且政府建设新农村时容易陷入形式主义，追求面子工程，出现"规划风、盖房风和浮夸风"，建设一些并不切合农民实际需求的工程，建成后又因长期无人使用而废弃，这打击了农民建设的热情。

二　美丽乡村成为破题要义

十八大首次提出"建设美丽中国"，以生态文明建设融入经济、政治、文化社会建设各方面，而习近平总书记多次提到，建设"美丽中国"是实现中华民族伟大复兴中国梦的重要内容。顺应生态文明时代背景提出的"美丽乡村"无疑将会为陷入困境的新农村建设打开新局面。

为新农村建设指明方向。在解读社会主义新农村建设时，着眼点落于"新"，无论是新的农村建设还是建设新的农村，都反映出对农村现状的否定。而对于农村新出口的探寻往往脱离农村现状，以城镇化为方向对农村进行改造。乡土社会的城市化改造在一定程度上顺应了工业文明的要求，但出现了"食而不化"的现象，使中国乡村社会处于一种传统丢失、新制度又无法有效吸收的断层中。[①] 从本质来讲，乡村文明与工业文明是不完全兼容的，城市化不应该是农村建设的方向。党在十八大报告中提出走向社会主义生态文明，是顺应时代发展的必然选择。从广义来看，生态文明主要是指人们在经历原始文明、农业文明和工业文明三个阶段之后，在对自身发展与自然关系深刻反思基础上提出的新型文明形态。[②] 而生态文明的基本理念与我国五千年农耕文明中"道法自然""天人合一"等精神是相契合的。因此美丽乡村提出的农村发展方式不是单向前进的，而是螺旋上升式，是新的时代背景下传统乡村文明的回归。

为新农村建设找准重心。新农村建设涉及政治、经济、社会、文化等各个方面，新农村建设期间政府以产业发展为抓手，盘活农村资源，发展具有经济效益的现代农业和旅游观光农业，推动了佛冈的产业升级，在增进农民收入、完善基础设施、推进产业改革等方面取得了一定成效。由于产业园区集中在少部分乡镇村庄，大部分村庄仍然基础建设不足，产业发展困难。不少村庄干部反映自砂糖橘产业衰败之后，难以找到可替代的产业项目，农民增收困难。在生态环建设上，也存在片区和非片区建设不平

[①] 张孝德：《中国乡村文明研究报告——生态文明时代中国乡村文明的复兴与使命》，《经济研究参考》2013 年第 22 期。

[②] 柳兰芳：《从"美丽乡村"到"美丽中国"——解析"美丽乡村"的生态意蕴》，《理论月刊》2013 年第 9 期。

衡的状态。自 2013 年 10 月以来，佛冈县按照"规划建设有序、村容村貌整洁、配套设施齐全、生态环境优良、乡风文明和睦、管理机制完善、经济持续发展"的整体要求启动了第一批美丽乡村建设工作。佛冈县在"十三五"时期的"三农"规划中提出，要坚持以"美丽乡村"建设为导向，以农村综合改革为动力，以乡村智慧体验游为抓手，加快推进"农业园区化、农民技能化、农村城镇化和环境生态化"建设，促进农村经济社会创新、协调、绿色、开放、共享发展。

为新农村建设寻回主体。美丽乡村建设解决了农民主体地位缺失的问题。一是农民主体地位是美丽乡村建设的出发点。美丽乡村的"美丽"体现在自然层面、社会层面和人文层面三个层面，包括五个层面的"美"：生态环境美、社会环境美、人文环境美、合理布局规划美和体制机制完善。① 其中最核心的"美丽"是生态环境、社会环境和人文环境美，这三者都必须立足村庄自身特色，必须依靠农民力量才能充分挖掘出美丽，并将美丽持续下去。二是美丽乡村建设调动了农民主动参与的积极性。美丽乡村最终打造的是农民宜居的乡村。美丽乡村建设的第一步就是人居环境和基础设施的改造，农民能最直观地感受村庄的改善，从而积极参与和配合建设。"通过与群众面对面交谈，了解到他们对美丽乡村建设的愿望比较迫切"，佛冈县"美丽办"主任罗文华说，"大部分群众都赞成搞好农村环境卫生，不要说美丽，单是把家里家外搞得干净整洁了，蚊子、苍蝇、老鼠都少很多，对村民的身体健康是很有好处的。"

三　政府明确自身角色定位

我国是一个人地矛盾紧张的农业人口大国，城市化和工业化水平规模不足，难以依靠市场机制实现以城带乡。工业化和城市化使农村资源不断输向城市，城市与农村的差距越来越大。因此在新农村建设中，政府必须在场，纠正市场失灵，支持和保护农村健康发展。但长期以来，在农村建设中，政府执行性工作思维惯性尚未打破，职能"缺位""越

---

① 柳兰芳：《从"美丽乡村"到"美丽中国"——解析"美丽乡村"的生态意蕴》，《理论月刊》2013 年第 9 期。

位""错位"的现象仍比较普遍，仍未能摆脱依靠政治动员的行政管制模式的束缚。政府如何调整自身定位，有效发挥自身职能是建设好美丽乡村的关键。

在长期的农村建设过程中，政府主导贯穿于佛冈县政府的整个农村建设，在新农村建设中政府仍然领导意志过强，忽略农民的主体地位。相较于珠三角地区的经济发展，地处粤西北的佛冈经济发展缓慢，甚至落后于全国平均水平。经济发达地区有良好的经济基础，可保证财政资金的连续性投入，且发达的市场也能对农村建设提供补充。而在经济发展滞后的佛冈，市场难以发挥有效的调节作用，只有政府能更好地发挥职能，政府在农村建设中的主导地位不可动摇。在美丽乡村建设之初，佛冈县政府在推进美丽乡村时充分吸收新农村建设的经验教训，将政府的职能重新定位在经济职能和社会职能上，明确自身的角色定位是：机制规划的制定者，公共物品的提供者，文化建设的引领者。

机制规划的制定者。虽然乡村建设最大的建设体和受惠体都是农民，但农村建设是一项复杂的系统工程，政府拥有基层农民所没有的大局观和长远眼光，因地制宜地搞好规划、建立长效管理机制是责任型政府的应有之义。规划先行是佛冈政府农村建设一直秉承的理念，但只是"规划先行"还不够，还需要"规划长行"。习近平总书记曾说道："规划失误是最大的浪费，规划折腾是最大的忌讳，规划科学是最大的效益。"科学合理的规划是规划长行的前提，因地制宜、坚持从实际和现有条件出发是科学合理规划的根本。虽然群众不能提供专业化的意见，但往往能够提出合理化建议，智慧往往藏于民间。在美丽乡村的规划创建上，佛冈县"美丽乡村"工作部门深入各乡镇、村庄进行专题调研，坚持走村进户，充分汲取村民意见和建议，确保每一条村庄的规划设计都更加符合村庄实际，更加贴近村民生产生活，"做到既实用、节约，又突出乡村特色"。

公共物品的提供者。由于公共产品具有排他性和非竞争性的特点，市场机制对公共产品供给调节失灵，公共产品往往由政府的财政支出来提供。与政府向城市居民提供的公共产品相比，农村公共产品的提供严重不足。农村公共产品的严重短缺是制约农业、农村发展和农民增收的关键因素。从新农村到美丽乡村，佛冈县政府更加注重农村公共事业建设，力争为当地村民提供更加便利的农村公共服务体系，推动农村公共服务建设。截至 2017 年，佛冈县建立了 78 个社会综合服务站，提供 8 大类约 100 项服务。有效地解决了乡村基层治理的难题，提高了为民便民服务效率，为各地乡村治理工作提供了"新样板"。

文化建设的引领者。文化建设是美丽乡村建设的重要内涵，如何创造生态文明、传承乡村文明是实现乡村建设可持续"美丽"的关键。如今农村的乡土文明中存在一些需要摒弃的旧习俗、旧观念，农民自身也存在一些不好的生产生活习惯。在没有政府引导的情况下，农村的文化发展方向会逐渐偏离社会主义新农村建设的要求。佛冈政府注重村庄特色文化挖掘，引导村民挖掘和延续传统文化底蕴，发展特色文化旅游产业，将改造与保护相结合，集中力量打造了一批以乡村旅游为特色的美丽乡村，成为佛冈建设的名牌。同时有层次、有梯度地推进全县村庄的环境整治，建立公共设施保养维护、环境卫生动态保洁、生活垃圾收集处理等村规民约，形成村民"共谋共建共管共享"的长效管理机制，营造文明乡风。

第二节　高位统筹，总体规划美丽乡村

十八届三中全会吹响了深化改革的进军号，继续推进美丽乡村建设，努力打造中国农村升级版，建设美丽乡村成为中央深入推进社会主义新农村建设的重大举措，更是实现更高水平乡村建设的重要步骤。在乡村建设的初期阶段，帮助乡村摆脱贫穷落后是首要任务，但是，随着乡村社会的逐步发展，如何转变发展目标与发展方向，决定了乡村建设能否实现更高层面的可持续发展。为了突破乡村发展的瓶颈期，全国各地政府纷纷创新乡村发展模式，试图从社会力量的各个方面寻求突破点，显然任何成效显著的做法都无法脱离政府这一重要的角色单元，政府是更高水平美丽乡村建设中的重要指挥者。

广东省佛冈县在美丽乡村建设过程当中，以政府的高位统筹为美丽乡村建设保驾护航。佛冈县政府对美丽乡村建设进行统一规划，既立足于政府的战略高度，明确美丽乡村建设的高目标，制定严格的申报标准，力图集中力量打造一批有清远特色的美丽乡村；又以县为单位，立足于各村庄

发展水平不一的现实情况，依托美丽乡村梯级申报制度，通过梯级难度升级，科学地激励村庄突破发展目标，实现美丽乡村的不断升级。事实表明，佛冈县成功地实现了以政府担当为重要基点，通过高起点规划，全域式推进，特色性发挥，以高位施力助推的美丽乡村建设，助力高水平乡村建设实现了"一步跨越"。

一　顶层设计，明确高目标

美丽乡村建设是一个集生产、生活、生态三位于一体的系统工程。美丽乡村建设既有政策层面的问题，又有操作层面的问题；既有生产层面的问题，也有生态层面的问题。这些问题直接关乎美丽乡村建设的成效，需要依靠政府这一行政单元的特殊力量，通过顶层设计，统筹考虑发展的各个层次和要素，统揽全局，才能在高层次上寻求预防和解决问题的措施，为美丽乡村建设扫清阻碍，高效快捷地实现有效的发展。过去，地方政府在村庄发展中，往往缺乏对区域情况的全面把握，更难以做到整体规划先行，导致资源配置缺乏灵活性与有效性，建设也难以形成大范围的连带作用，乡村建设水平难以达到更高层次。佛冈县政府积极有为，在美丽乡村建设中，高度重视区域规划的引领作用，坚持让规划先行，结合佛冈县整体自然环境和经济发展基础，进行全域思考，总体谋划，制定出兼具系统性与前瞻性的全域规划，确保了佛冈县着重发展旅游产业的整体思路，生态与经济共同提升的目标，以及高质量人居生活的层次定位。

佛冈县政府在贯彻清远市美丽乡村建设规划精神的前提下，结合本区域的生态特色和经济基础，着重突出规划的特色性、步骤性和品质性。在规划方向上，紧紧围绕美丽乡村的核心理念，以生态文明发展为重要抓手，通过先涵养生态后发展经济的策略，将美丽乡村的基础扎实，形成良性循环，让美丽乡村建设既满足群众生产生活基本需求，又能维护和升级村庄的原生态系统，建设宜居、宜业、宜游的社会主义新型农村。为此，佛冈县政府依托秀美的自然景观和上乘的生态资源、丰厚的文化积淀、古朴的风土民情，通过多渠道整合涉农资金，使美丽乡村建设与发展乡村旅游相结合。通过对生态环境的合理开发与保护，佛冈县乡村旅游发展良好，龙潭小寨的"五一"泼水节，上岳古村落的古建筑文化，还有大小农家乐庄园等旅游项目设计，在促进农村经济持续发展的同时，也为生态环境的保护提供资金来源，形成了良性循环。

在规划主体上，佛冈县政府依托广东省规划局的专业设计团队，在全域范围内定制各具特色，又交相辉映的文化风情走廊。同时，要求各个乡镇在完成总体规划编制的基础上，因地制宜地与创建单位一起制定旅游布局、产业发展等方面的详细规划和专项规划，设计特色各异的村庄集群，避免美丽乡村建设千村一面和同质化。在佛冈政府的牵头下，佛冈县迳头镇甲名村举办了由佛冈县委农办、广东省城乡规划设计研究院组织的"规划师下乡，建设美丽甲名"活动，活动目的是加快清远市特色小镇、美丽乡村建设步伐，通过"规划专家下乡"，进一步挖掘、梳理和总结甲名村传统建筑文化的丰富内涵，该活动在传承和发扬甲名历史文化、保护甲名传统建筑形态和特色风貌、提高其规划建设水平等层面也具有深远的意义。

在规划内容上，佛冈县政府出台规划细则，内容全面覆盖了人居环境、绿色发展、富民强村、基层治理与和谐共享等内容，强化了规划的科学性和约束力。在人居环境方面，佛冈结合镇村地域特点、文化特色与产业布局，遵循"山水田融合、村舍园协调"的原则，统筹做好村庄规划，建立了农村人居环境综合整治、生活配套设施建设和卫生管理健全的长效机制。在绿色发展上，坚持"绿水青山就是金山银山"的理念，实现经济与生态环境保护协调发展。在富民强村方面，深入推进"三个整合"，开展农民职业技能和农业实用技术培训，培养造就有文化、懂技术、会经营的新型农民，实现村强与民富共同发展。在基层治理方面，推进"三个重心下移"，实现基层治理模式创新发展，发挥村级基层组织在美丽乡村建设中的协调组织作用。在和谐共享创建工程方面，使广大镇村居民在文明进步中享受改革发展成果，大力实施精准扶贫，落实"一户一策"机制，将扶贫与农村综合改革、扶贫改革试验区建设、振兴粤东西北战略结合，凝聚合力，推进精准扶贫、精准脱贫，增强"造血"能力。

佛冈县的美丽乡村建设，按照高起点、高品位、高要求的规划建设目标，引领佛冈县人民努力打造"文化生态经济互融"的发展模式，打造标杆型美丽乡村。佛冈县政府通过典型示范、分步推进、逐步完善的方式推进乡村建设的升级。佛冈县委农办对各镇申报的美丽乡村进行实地考察，认真甄别筛选，严格申报把关，筛除一些基础条件较差的村镇，选取了一批发展基础较好、基层党组织和村民自治组织更为健全、群众积极性高的村镇，确保申报村的整体质量，集中力量开展示范建设。其中官椴围村作为经济基础、生态基础、群众基础较为良好的村庄，成为建设标杆。政府引入广东省规划局进行规划，打造了"河西休闲参观走廊"的中心景观，前后通过奖补、申请、筹资等方式，注入雄厚资金，深入细化到每一个具体项目，包括生活垃圾清运工程、官墩围后山公园、环村道路、村前文化广场、文化室、百亩荷花、百亩葡萄等，通过合理利用建设资金，使官墩围村各项指标均达到生态村标准，人居环境优美，经济收入持续，成为佛冈县美丽乡村建设的标杆。有了官墩围村美丽乡村建设中，环境综合整治、垃圾处理、危房改造、文物保护、宜居村镇建设等工作示范经验，佛冈在全县范围内以点带面，分步推进，连点、连线、连面地打造了一批有代表性的名村、特色村和精品村，辐射带动了周边的示范村建设，带动了镇、县乃至整个市的美丽乡村建设。

二　整体谋划，推进全域化

"一张蓝图绘到底"不仅要依靠政府规划的长远性，更要依靠规划制定的全面性。尤其是在美丽乡村建设的初期，政府能否依靠自身的行政效力，站在战略高度对整个乡村全局进行把握，对后期建设成效起着至关重要的作用。如果未能以全局视角对乡村建设进行把握，集聚所有力量搞建设，在后期建设的过程当中就会出现很多问题。为了保证美丽乡村建设的系统性，佛冈县政府集聚资源，在规划中考虑整体因素，架构好制度，凝聚好人心，备足资金，让美丽乡镇建设有章可循，有力可行，有资可用。

在制度方面，佛冈市政府依照清远市政府规划，统一实施美丽乡村建设的梯级评选制度，分别设置了整洁村、示范村、特色村、生态村和美丽乡镇五个等级，要求的难度梯级升高，其中整洁村以村容村貌整洁达标为首要标准，要求实现"基础好、自治强、村容洁"的要求；示范村以实现"规划好、设施全、乡风淳"为主要要求；特色村以实现"产业强、百姓富、文化兴"为标准；生态村以实现"青山碧、绿水秀、乡愁驻"为标准；美丽乡镇以达到"功能完善、环境优良、民富村强、社会和谐"为标准。各个村庄根据自身的实际情况，以县为单位进行申报，以自愿申报和指令性计划相结合的方式进行。由申报到创建再到验收成功，才算完成一个等级的建设，已经创建成功的村庄，次年可继续申报更高层次的美丽乡村建设。据统计，2016年，佛冈县有21个美丽乡村创建村通过验收，其中整洁村3个，示范村15个，特色村2个，生态村1个，验收通过率高达90.48%。这种梯级申报制度在佛冈县美丽乡村建设过程当中起到了有效的激励作用，充分调动了村庄建设的积极性。

在人力方面，佛冈主要依靠市级指导，县区主导，镇村负责。一方面，建立上下联动的共创机制，着力构建"党委领导，政府主导，农民主体，部门协作，社会参与"的共创机制。在激活农民群众积极性的同时，有效地提高社会各界的参与度，整合各职能部门的行政资源。佛冈县政府不再继续以往政府部门大包大揽的惯性思维，而是打破部门壁垒，围绕目标，协同推进，实现"渠道不乱、用途不变、各负其责、各记其功"的资源整合目标。另一方面，建立上下联动的监管机制。建立项目公告公示制度，将项目内容、资金投入和使用情况等进行公示，并将其纳入集体"三资"信息管理网络平台监管，接受社会监督；强化考核验收，对通过验收的镇、村进行公示并授牌，实施奖补；如果当年创建未达标，则给予一年的整改期，一年达标后再予以奖补。对于已经获得美丽乡村称号的村庄还要实行动态管理，两年内进行不定时的跟踪回访和督查查看，对回访不达标的村庄给予相关的处罚措施，对回访达标的村庄则给予一定数量的奖励，以此来实现管理的长效性与发展的同步性。

在资金方面，按照清远市美丽乡村建设指导意见，佛冈县政府建立了上下联动的多元化投入机制。第一，在加大财政资金投入的同时实行"奖补政策"，根据清远市财政每年安排的美丽乡村建设专项资金，对于通过市级验收奖补的美丽乡村，佛冈县财政按清远奖补标准1∶0.8的比例配套奖补。第二，除了美丽乡村建设财政专项资金外，佛冈县政府还有效地整合了各个项目的资金，将美丽乡村建设与在农村开展的各类建设工程有机结合起来，积极争取上级立项支持。将农业、林业、水利、扶贫、旅游等职能部门性质相近或用途相似的专项涉农资金和项目进行整合，集中投入创建。第三，充分整合社会资源。积极引导农民群众筹工、筹劳、筹资，发动企事业单位、社会各界和热心乡贤踊跃捐资捐助，共同参与美丽乡村创建工作。充分利用"广东扶贫济困日"等平台，向社会筹集资金，推动贫困地区的美丽乡村创建工作。同时，积极争取金融机构的信贷支持，或以项目招商引资，吸引各类工商资本投入美丽乡村建设中。

三　着眼亮点，塑造特色性

习近平总书记强调，"建设社会主义新农村，要注意乡土味道，保留乡村风貌，留住田园乡愁"。村庄治理要突出乡村特色、地方特色和民族特色，保护有历史文化价值的古村落和古民宅，要保护和发展有地方和民族特色的优秀传统文化。所以，美丽乡村建设，一定要建立在乡村本土文化的基础之上，发挥地方特色，保持乡村文化的本真并加以创新，方能走出一条适应乡村文化和美丽乡村建设协调发展的新道路。佛冈县政府在规划阶段，首先对佛冈美丽乡村整体形象进行定位；然后遵循各个村庄的原始风貌和特色，最大限度地对村庄进行原有基础之上的改造；同时充分考虑到不同村庄的风景特点，突出一村一韵的特色。规划从整体上把握角色方向，从局部塑造特色亮点，让美丽乡村建设不仅促进村庄自身的发展，更是打造出了一张独具特色的佛冈名牌。

第一，在角色定位上，佛冈县政府致力于打造岭南客家文化名牌。所有村庄在建设过程当中，都统一突出客家地区独特的文化特色。佛冈对陂角村村内保存完整的岭南特色围屋、爱莲书院等重新进行了整治与维护，开发了古村落民宿项目，打造了一个集"观光旅游、鲜果采摘、围屋民宿"于一体的岭南文化体验旅游线路。推进同兴村"七十二家房客"休闲民宿项目建设，让游客亲身感受岭南客家文化的魅力。宣传官椴围村舞龙舞狮、品早茶、品特色菜肴等岭南客家文化体验活动。成功地打出岭南客家文化的招牌，促进了美丽乡村的持续发展。

第二，在改造准则上，佛冈县政府遵循"小改造带来大变化"。自然村落是文化发展历程的重要见证，代表着传统的居住文化和生活生产方式。佛冈县的改造建设，重视传统村落人文价值和建筑风格的传承，保护抢救，推陈出新，追求现代文明与历史传统有机融合。在美丽乡村建设的相关指导意见中也指出，建设不能把钱花在不必要的事情上，要防止盲目照抄照搬城镇小区的建设模式，防止搞不切实际的大拆大建，防止贪大求洋，防止搞劳民伤财的形象工程。规划在保持村庄原有风貌不变的情况下，着重对村庄基础设施、村容卫生整洁做出详细要求。这种小改造带来的大改变，不仅能够保持乡村的原汁原味，更能最大限度地减少乡村建设对农民生活的影响。

第三，在亮点塑造上，佛冈县政府遵循"美其美才能美美与共"。"小而美，专而强"是佛冈县政府落实美丽乡村建设的目标，避免千篇一律的建设风格和建设方式。佛冈在充分挖掘不同村庄的文化底蕴和风景特点的基础上，发扬民间表演艺术、农业文化以及民俗活动等非物质文化特色，力争把历史文化底蕴深厚的传统村落培育成传统文明和现代文明有机结合的特色旅游文化村，让每一个村庄都成为佛冈美丽乡村建设蓝图中的独特组成部分。为加强传统村落保护，推广乡村特色民居建设，佛冈县政府专门建立了县级传统村落保护名录，充分挖掘和保护龙山镇上岳围村、汤塘镇汤塘村、高岗镇社岗下村等古村及相关名人文化等一批历史文化遗迹遗存，传承发扬民间表演艺术、民俗活动、农业文化等非物质文化特色，力争把历史文化底蕴深厚的传统村落培育成传统文明和现代文明有机结合的特色文化村，打造乡村游览观光、农耕文化体验、乡村休闲娱乐、农业科普教育等特色村庄，充分展现美丽乡村的魅力。

第三节　加强宣传动员，凝聚建设共识

"美丽乡村建设"是实现"美丽中国"的基础和前提。在美丽乡村建设中，农民群众是主体，只有将"美丽中国"的概念延伸和落实于基层，依靠基层力量构建出共治共享的美丽乡村建设共同体，才能走出一条扎实的高水平乡村建设之路。以往的农村建设经验告诉我们，农村改革不能仅靠形式和外观的改变，理念和习惯的改变才是最终目的。所以，美丽乡村建设不能让政策机械式地输入，而是要通过政策的引导，让农民自身的意识得到真正意义上的改变，并自下而上的形成改革的合力，改变以往政府

"一把手"式的指导，以自上而下的顶层设计和自下而上的底层加固，达到内外动员的目的，最终实现美丽乡村建设的可持续。

佛冈县政府在积极有为的同时，依靠基层力量，凝聚建设共识，通过制定结对帮扶的实施方案，切实解决美丽乡村工作的实施难题。以"三个重心下移"为改革重心，实现权力与服务的下沉，打通基层力量的任督二脉；以全面多样化的宣传和典型示范，展示建设成果，充分调动村民的建设积极性和主动性，使美丽乡村建设深入民心。佛冈县充分借助基层的内在资源和力量，在进行顶层设计的同时，力争实现乡村建设与乡土的无缝衔接，真正让美丽乡村建设落到实处。

一 制定帮扶方案，自上而下推进政策

政府高位担当是佛冈美丽乡村建设的主要模式，这种政府主导型的建设需要依靠地方政府的强力动员以及基层互动的补充。一般来说，动员主体是基层政府，动员客体是群众，但实际上由于乡村建设工作涉及各个部门，需要各部门形成合力，达成共识，共同出力建设。因此，宣传动员工作的第一步是政府自身的动员。从新农村建设、扶贫等多项农村工作中，清远市佛冈积累了政府部门结对帮扶的工作经验，加速推进了农村工作的顺利开展。在美丽乡村建设中，清远市政府、佛冈县政府通过对政府各部门的动员，制定美丽乡村建设结对帮扶实施方案，综合推进了美丽乡村建设工作的实施，在此过程中强化了组织领导，增强了各部门共同建设美丽乡村的意识。

政府动员阶段。政府动员分思想上的动员和组织上的动员。在思想上，组织学习政策。清远市政府、佛冈县政府多次召开专题学习会议，了解掌握美丽乡村建设的内容，深入学习领会习近平总书记关于美丽乡村建设的系列重要讲话精神。2016 年 8 月 17 日，佛冈再次召开农村工作培训讲座，邀请清远市委副秘书长、市委农办主任鲁小鹏作农村综合改革工作专题讲座，指导佛冈集中力量打造一批美丽乡村。在组织上，成立专门队伍。清远市委、市政府成立了以梁志强副书记为组长、谢杰斌副市长和刘柏洪副市长为副组长、相关职能部门主要负责人为成员的美丽乡村建设工作领导小组，从规划、住建、农业、国土等部门抽调人员，成立美丽乡村

办公室，督导全市美丽乡村建设。佛冈县迅速成立了以县委书记为组长、县长为副组长的建设工作领导小组和县美丽乡村办公室，全面负责组织，指导开展日常工作。从清远到佛冈，在市、县、镇、村之间建立起四级联动、沟通畅顺、跟进落实的工作体系。

方案制定阶段。结合参与扶贫开发的工作经验，围绕《中共清远市委　清远市人民政府关于推进美丽乡村建设的指导意见》中对美丽乡村建设工作的要求，清远市制定了美丽乡村建设结对帮扶实施方案。从帮扶队伍上看，主要是市直管单位牵头，相关帮扶单位分管，各相关帮扶单位联络员为成员。由牵头单位统一协调，带领各单位深入参与到美丽乡村建设中来。从帮扶内容上看，帮扶单位不是简单盲目的"给钱了事"，每月至少一次要组织各帮扶单位到帮扶村庄了解情况、指导工作、研究解决实际问题，结合村庄实际情况，发挥镇、村的作用，积极引导和发动村集体和群众投资投劳，重点帮助结对村自建的薄弱部分——基础设施的建设。从帮扶目标上看，帮扶不是以期限为准的帮扶，而是以成效为准的帮扶。帮扶单位要每月召开会议汇报工作进展情况、存在问题，提出下一步工作计划，保证结对村完成美丽乡村验收。

全面落实阶段。清远市、佛冈县党政领导亲自挂点，制定帮扶方案和行动计划，发动市县两级机关企事业单位和人民团体共同参与，结对帮扶，形成上下联动、纵横互助的工作态势。帮扶单位借鉴扶贫"双到"工作经验，深入基层，指导农民完善村民理事会等农村基层组织，解读文件，宣传政策，让农民正确认识美丽乡村建设的意义和机遇。佛冈县汤塘镇脉塘村委西料村，依据政府提供的村庄规划，利用市、县、镇三级政府及各帮扶单位投入的90余万元，加上自筹的4万多元，用半年时间完成了全部建设任务。该村理事会会长冯镜标感慨道："美丽乡村建设让整个村庄变漂亮了，人气多了，村民的幸福指数也提高了。"

二　三个重心下移，挖掘基层自治力量

村级组织是国家政策深入并落实到基层的终极助推器。近年来，随着经济的发展，农村的社会结构、经营方式，农民的思想观念等都在发生变化，农村基层组织作用发挥不强、农村经济应对市场能力差等问题

也逐渐凸显，国家政策在深入基层的过程中效果大打折扣，基层管理者也难以同村民们拧成一股力量共同建设家园。在此形势下，国家鼓励地方政府因地制宜地对基层管理方式进行创新和改革，探索更为有效的管理方式，为更高水平的乡村建设扫清障碍。佛冈县地处珠三角与粤北山区的交界处，近年来，农村精英与青壮劳动力大多流向城市，与之相伴的是农村基层组织涣散，难以为农村建设充分发挥作用。为走出困境，从新农村建设开始，佛冈就提出了"三个重心下移"的创新方式，探索农村建设的新路径。在美丽乡村建设这面深化改革旗帜的引领下，佛冈县深入贯彻中央和广东省委关于"三农"工作的决策部署，开展完善村级基层组织建设推进农村综合改革试点工作，全面深入地推进"三个重心下移"。佛冈县的6个镇原有78个村，在村建改革后，变为167个村，还有片区党政公共服务站78个，经济联合社78个，党总支部78个，党支部489个，经济合作社1913个，村民理事会1764个。通过治理单位的下沉，达到疏通上下沟通渠道的效果，整合建设力量，凝聚建设共识，让群众成为自觉建设和巩固美丽乡村的主人翁，推动了美丽乡村建设不断向纵深发展。

第一，依靠村民自治下移，发挥群众的主导性，激发美丽乡村建设的内生活力。一方面，调整治理结构，形成"镇政府、片区服务站、村民小组"三级联动的基层治理架构，将自治单元下沉至村小组这一单位，重新将自然村划分成多个村小组，将管理范围缩小，使治理单位呈现出"整体合并，部分细分"的特点。这种方式构建了一个上通下达、紧密联系、执行到位的自治体系，有效地实现了村民自治的下移。另一方面，让理事会协同村委会共治，让村民理事会会长成为村小组的长效管理人。陂角村就在理事会与村委会的共商共议下，将整合的土地和涉农资金入股合作社，让村民获得租金与分红，在利益上联成共同体，在心理上感到满足，在行动上形成向心力，走出了一条良性的村民自治之路。同兴村更是依靠村民理事会，通过共理共管，重拾村民参与热情，实现了由"远、山、穷"村庄向美丽乡村（示范村）的转型。佛冈县以组为单位的三级联动的协同共治模式，充分调动了村民共同治理的积极性，为美丽乡村注入了自下而上、喷薄凝聚的向心力。

　　第二，依靠党组织建设下移，实现基层治理"末梢化"，保证党支部领导核心作用的发挥，让村党支部书记、村委会主任成为美丽乡村长效管理的长效责任人，确保美丽乡村建设成为群众满意工程。佛冈县通过"三大工程"，首先确保党组织领导班子的科学性，以"青苗培育"、"技能提升"和"阳光财务"的选拔培养方式，确定村级党组织书记后备干部共310多人，其他后备干部840多人，让这些优秀的后备干部在推进农综改工作中发挥"领头羊"作用。在此基础上，一方面，佛冈县确立了以党支部为核心的农村基层组织体系，将原来的"乡镇党委—村党支部"模式调整为"乡镇党委—党总支—党支部"模式，并分别与镇政府、片区的服务站以及村民小组中的村委会和理事会对应。这种基层党组织建设将党组织的力量下放到了具体的村小组下面，让基层党员的积极性和创造性得到发挥。石角镇黄花片区存久洞村书记陈月梅在洪灾中，因忙于安排村民自救，自家遭受了洪水浸淹，家电、摩托车等财物损失至少2万元，对此，陈月梅认为："当时管不了那么多了，村民的安全最重要！我是一名党员，我只是做了应该做的事。"村建改革凸显正能量。另一方面，佛冈依靠村级党组织领导村级事务，实现了治理的"末梢化"。佛冈县政府坚持"一肩挑"和交叉任职，提倡党支部委员与村委会成员交叉任职，引导优秀的党员担任村委会、理事会和集体经济组织的领导职务，以充分发挥党员们的带头作用。在官墩围村、中华里村、陂角村、益茂村等美丽乡村建设的优秀示范村庄内，党支部与理事会均实现了职位共担，决策共商。其中，益茂村村民小组充分发挥党支部领导与村民理事会等村级组织的协调作用，让"小块变大块、多块变一块"的土地整合在半个月内就顺利完成，效率极高。这种方式巧妙地将基层村庄治理与党组织领导紧密结合起来，实现了党组织在美丽乡村建设中的核心领导作用。

　　第三，依靠农村公共服务重心下移，实现政府引领下的多方参与，整合涉农服务平台，提高美丽乡村建设的自我公共服务能力，让基层公共服务平台成为村民们的长效服务组织。佛冈县政府通过引导多元主体加入，共建农村公共服务平台，使村庄基层形成了一套能够自我服务、自我管理、自我监督的公共服务体系。一方面，政府引领，搭桥于基层。在清远市政府的指导下，佛冈县政府直接将公共服务的权力下移至地方村庄，对村庄进行指导和搭桥，让村庄通过自己的力量为本村提供公共服务。目前，佛冈县在全县 6 个镇 90 个村（社区、片区）开展了公共服务站建设，目前，绝大部分村（社区）已完成公共服务站建设工作。冈田片区党总支书记曾志林说："如今，服务站已成为村民们办事的便捷窗口。"而曾志林和他的同事则成为大家的"跑腿干部"。另一方面，引导多方共建公共服务平台。佛冈县政府出台政策引导社会各方参与到基层公共服务平台中，集合邮政、电子金融、合作社、各类企业组织以及农民等多个主体，搭建起一套多元共建、灵活丰富的农村公共服务平台。村民们平时小到缴纳电费、邮寄快递，大到政策咨询、证件办理等都可以实现家门口一站式办理。电子化平台汇集农业技术信息、生活服务指南等各类信息，更丰富了村民的精神文化生活。通过政府的搭桥引路，农民、企业与社会共同支持，让农村公共服务迸发了活力，更让美丽乡村建设美到了每一处贴心的服务上。

三　推广典型示范，深化全民建设共识

美丽乡村建设是一项综合性的系统工程，涉及新农村建设和生态文明建设的方方面面，内涵丰富。政府的宣传投入及宣传媒介的推动是美丽乡村建设得以扩大的重要基础。佛冈政府依托广泛宣传和示范作用，加深基层群众对美丽乡村建设的认识，调动他们建设美丽乡村的积极性和主动性，使美丽乡村建设深入民心，进一步扩大了基层互动空间，巩固了美丽乡村建设成果。

丰富宣传形式。一是做好传统形式的宣传工作。一般来说村内的宣传栏、广播以及墙面是开展农村建设宣传工作的前沿阵地。佛冈政府在保障各村宣传投入的同时，严格督查各村的宣传情况，实现了美丽乡村建设宣传栏及宣传标语的全面覆盖。此外清远市住建局编印了 1700 本《美丽乡村环境整治建设指引》图集和 266 册《清远市美丽乡村住宅设计》图集分发到各地，指导乡村环境综合整治。二是开辟新型宣传渠道。佛冈县委宣传部通过在全县开展"大榕树下小讲堂"宣讲活动，以"道德讲堂"和"文化驿站"建设为抓手，将理论教育工作和社会主义核心价值观宣传工作做到了群众的家门口，大力推进城乡精神文明建设。

为进一步推进迳头镇农综改和美丽乡村建设等工作，在官塅围设置了"大榕树下的小讲堂"固定宣讲点。官塅围村共计开展"小讲堂"活动10场次，吸引了800多名群众参加活动，并得到群众的一致好评。三是深化探索媒体宣传。以微信、微博、QQ等为代表的新媒体发展形势迅猛，日益成为人们获取信息的主要渠道。佛冈县委宣传部对本地媒体进行改革，加大了对佛冈手机报、佛冈发布微信公众平台等新媒体和自媒体的规范管理力度。通过佛冈发布平台，为民众提供丰富的新闻政务资讯，使之成为美丽乡村建设宣传工作的新阵地。同时，新媒体也成为村干部、理事会宣传本村工作的重要平台。以陂角村为例，该村通过微信群、微信公众号等形式，对内吸引了更多村民参与建设，对外宣传了本村建设成果，甚至引来了不少投资商的关注。

塑造典型示范。美丽乡村建设必须是以农民为主体的建设，是有农民参与的建设。如何调动起农民的积极性，让他们自愿主动地参与建设是宣传工作的重点和难点。对于美丽乡村建设，村民一开始都是不熟悉、不了解的，参与建设管理的积极性不高。通过塑造典型，形成示范作用，村民们看到了实在的建设成果，才纷纷投入美丽乡村建设中。首先选好示范点。佛冈县开展村庄现状调查，采取竞争方式，选准选好美丽乡村建设点，建设重点仍是主干道两旁的乡村和农村综合改革试点镇及省级新农村连片示范乡村。佛冈县委农办对各镇申报的美丽乡村进行实地考察，认真甄别筛选，严格申报把关，把一些基础条件较差的删减下来，确保申报村的整体质量。同时，结合全县乡村规划，设计特色各异的村庄集群，避免美丽乡村建设千村一面和同质化。其次找好带头人。美丽乡村建设主体是人，要调动村民自建的积极性，必须要在村内找好带头人，要让村党支部和村民理事真正成为"领头羊"和"顶梁柱"。近年来，佛冈县持续做好村级党组织下移与村民自治下移工作，完善的村级组织使"三个整合"顺利推进得到了良好的组织保障。只有让村民成为建设主体，政府来做跳板，这样的建设成果才能激起村民的建设热情。最后搞好示范宣传。从市级层面看，清远市美丽乡村办公室建立了信息沟通和共享机制，通过网络平台，实现工作的实时在线沟通和信息资源共享，及时收集和整理市领导会议（调研）讲话精神以及各地工作开展情况，将领导的工作要求以及各地、各帮扶单位的工作亮点、好经验、好做法等以《美丽乡村简报》的形式向全市通报。从县级层面看，佛冈县委宣传部选取典型特色村庄，进行专题宣传，覆盖中央和省市县媒体，进行高规格、多形式的宣传。

第二章

共议：建立美丽乡村的项目申报机制

党的十八大报告提出："要努力建设美丽中国，实现中华民族永续发展。"第一次提出了"美丽中国"的全新概念。2013 年中央一号文件第一次提出要建设"美丽乡村"的奋斗目标，进一步加强了农村的生态建设、环境保护和生态整治工作。美丽乡村建设作为我们党和国家新时期的重点建设项目，其关键在于因地制宜地编制村庄发展规划，其难点在于激发农民的主体作用。激发农民主体作用、因地制宜地发展美丽乡村必然成为现阶段美丽乡村建设的主要路径。长期以来，美丽乡村建设的创建方式固定，标准单一，各地追风打造"千村一面"的美丽乡村和旅游乡村，美丽乡村变成一个现象化的符号，农民没有真正体会到乡村的"美丽"。伴随着新农村建设的发展和美丽乡村建设指南（国标）的公布，不考虑实际情况，企图一步到位建设"大而全"的美丽乡村的现象层出不穷，甚至出现了不顾实际情况、大拆大建的政府主导型村庄。在此种情况下，精细化美丽乡村建设标准，优化申报方案，发挥农民主体作用同时依据当地资源合理打造美丽乡村，显得尤为重要。

广东省社会主义新农村建设试验区——佛冈——在探索美丽乡村建设的道路上进行了大量的实践和摸索。在美丽乡村建设的前期，到底要不要建,建什么等都需要经过多方商议,其中既有政府,也有社会力量,还有村民等诸多主体都参与到整个美丽乡村建设中。具体来说,主要包括村民自主申报和政府指导相结合,在具体的建设计划上,既有政府的硬指标,也有村庄的自选指标。为实现项目申报机制的创新,佛冈一方面制定自主申报机制,所有的村庄比照申报条件,自主选择创建内容和方式;另一方面政府根据村庄创建进行评估,采取后期奖补方式进行选择性激励,鼓励村庄根据自身条件进行竞争性创建。至此,佛冈县突破了美丽乡村建设动力不足、意见不一、标准不完善的障碍,丰富了美丽乡村建设标准,提供了自主选择的空间,加大了政府指导管控的力度,成功地实现了项目申报机制的创新,为完善美丽乡村建设和全面建成小康社会奠定了良好的基础。

第一节 突破传统困境,创新申报机制

一 美丽乡村建设动力不足

新中国成立后,中国政府为进一步集中力量发展经济,加快社会主义社会建设进程,于 20 世纪 50 年代开始实行计划经济,并持续近半个世纪。随着计划经济的实施,全能政府作为计划经济的产物对中国产生了深远影响。因此在传统乡村建设中,政府以上级指标为准则,凭借自身意愿,依赖财政支出,对公共建设大包大揽,替"老百姓当家"。由此导致下级政府应付上级考核而开展的工作使建设流于形式主义。同时,政府的全权包办,使群众被迫站在自家建设的门外,成为旁观者、被教育者、被改造者,农民"等、靠、要"的思想越发根深蒂固。仅仅依靠财政支出开展大规模乡村建设,使有限的政府财政更显捉襟见肘。由此,乡村建设过程中不可避免地出现了违背历史、违背农民意愿的情况,乡村建设处于"建不好,不长久"的尴尬境地。面对乡村建设中的一系列问题,如何确立群众在建设中的主体地位,实现多元投入,形成"政府主导,农民主体,社会支持"的新型建设动力模式成为美丽乡村建设首先要解决的重要问题。

佛冈县毗邻珠三角地区，位于改革开放前线。政府为大力发展市场经济，在给予地方政策性优惠以及大量财政支持的同时，又以强硬的管理方式来求稳。在事事干预的强政府管理下，群众意愿被忽略，群众参与途径缺失，坐等观望思想严重。群众的主体性作用难以被发挥。导致佛冈县在承担全县 1295 平方公里面积、32.07 万人口的美丽乡村建设任务时，面临着人力、财力、技能、资源等严重缺失的问题。不发动群众力量，美丽乡村建设将缺乏动力、难以推进。

二　美丽乡村建设意见不统一

国务院总理李克强就美丽乡村建设进行指导，提出，"改善农民人居环境，承载了亿万农民的新期待。各地区、有关部门要从实际出发，统筹规划，因地制宜，量力而行，坚持农民主体地位，尊重农民意愿，突出农村特色，弘扬传统文化，有序推进农村人居环境综合整治，加快美丽乡村建设"。李克强的讲话充分肯定了农民在美丽乡村建设中的主体地位，为政府开展美丽乡村建设指明了方向。但在建设过程中，由于政府与群众之间上传下达的沟通机制受到了各种因素的阻碍，政府群众沟通不顺畅，同时由于政府各职能机构之间权责不明，往往容易出现职能重合导致各部门间产生分歧或者相互推诿的情况。

佛冈县在乡村建设前期，并未形成专门的职能机构，导致有些镇工作机构基本无落实工作的专职人员，下级上传的意见无法得到实时反馈，同时阻碍了改革精神和相关的改革政策真正传达到基层群众。沟通机制的缺乏，阻断了政府接收群众对于美丽乡村建设的需求，政府意志被迫再次成为建设的主导力量。政府改革精神难以下达，群众无法体会乡村建设的实质内涵，仍旧将美丽乡村建设归为政府的面子工程。政府与群众关于美丽乡村建设的理解不一致，使群众对政府工程不理解，不支持，甚至产生了抵制情绪，导致建设项目推进难，成效差，民怨大。为推进乡村建设，佛冈县形成了新农村试验区管理委员会和镇政府双重管辖机制。管委会对下辖的 6 个公共服务站没有行政权、财权、人事权，导致管委会在一些工作推动中往往"力不从心"。而镇政府与管委会在试验区建设中的职能又各有侧重，工作重心不一致，作为专门工作机构的管委会对很多非经济建设事项没有决定权，导致一些工作在推进过程中出现了相互"冲突"的情形，齐心协力谋发展之局面难以形成。

三 美丽乡村建设标准不完善

2015 年，质监总局、国家标准委发布《美丽乡村建设指南》国家标准，并于 2015 年 6 月 1 日起正式实施。标准共由总则、村庄规划、村庄建设、生态环境、经济发展、公共服务、乡风文明、基层组织、长效管理等 9 个部分组成。为开展美丽乡村建设提供了框架性、方向性技术指导，使美丽乡村建设有标可依，有据可考，使乡村资源配置和公共服务有章可循。《指南》在为美丽乡村建设引入标准化管理理念和手段的同时，也为乡村个性化发展预留了自由发挥空间，不搞"一刀切"，也不要求"齐步走"，鼓励各地根据乡村资源禀赋，因地制宜，创新发展。

但是在美丽乡村建设过程中，一些地方政府尚未摸清家底就编制整体规划，对各村庄人口转移趋势把握不准，没有形成分类实施、逐步推进的详细规划方案。同时因地制宜不足，"一刀切"现象比较严重。设计单位对各个村庄地理环境、资源禀赋、传统文化等情况的掌握不深不透，导致规划编制内容重复，形式单一，特色不足。此外，一些村庄按城市模式设计，搞大拆大建，使乡土味道、乡风乡貌留存不足，传统文化、地域特色没有得到很好的展现。加之只注重房屋建设，忽视环境、卫生、文化等现代文明元素，未能让农民充分享受现代生活的便利与舒适。这些都让原本古香古韵的乡村被建设大潮冲刷得一般无二，失去了自身特色，造成了严重的"百户一面""千村一面"的现象。

同时政府各级相关部门之间关于美丽乡村建设的具体标准存在差异，工作难以衔接。2016 年，清远市先行出台了美丽乡村建设相关文件，但与广东省出台的《关于全域推进农村人居生态环境综合整治建设社会主义新农村示范村的实施意见》的具体标准有差异，衔接不清，导致两项工作的衔接性、融合性较差。

第二节　丰富创建标准，优化申报方案

一　契合实际，创建梯级建设标准

党的十六届五中全会正式提出了建设社会主义新农村要按照"生产发展、生活宽裕、乡风文明、村容整洁、管理民主"这二十字方针稳步推进，随后，中共中央和国务院专门制定了《关于推进社会主义新农村建设的若干意见》，提出了社会主义新农村建设的目标和基本任务。至此，全国掀起一片建设社会主义新农村的高潮，以浙江省安吉县为代表，涌现出了一批通过资源开发、生态建设、产业引进等方式进行建设的地方模式。诚然，由于各地自然条件、建设基础、发展战略不同，很难寻找到一条社会主义新农村建设的"通用之路"。但是，各地新农村建设并不是完全隔离的，也存在可以相互借鉴的经验和普遍性问题，如整村搬迁、大拆大建、政府包办、逼民上楼等社会现象屡见不鲜。这就要求建设模式和建设标准契合当地实际情况。

佛冈县从社会主义新农村建设到现在的美丽乡村建设，经历了大胆的探索和试验。2011年11月24日，广东省政府下发了《关于同意广东省社会主义新农村建设试验区（佛冈）基本框架方案的批复》，开始逐步打造"宜居、宜业、生态、文明、和谐、平安"的社会主义新农村，并期望形成具有普适性且具有中国特色的社会主义新农村建设机制和模式。建设初始，如何凝聚人心？改变大家旧有的思想观念？这成为一大难题。乡村建设应主要依靠农民，所以要先改变农民的认识，树立农民的主体意识。老百姓齐心齐力才有利于村庄建设意见的统一，才能整合村庄的有效资源。那些整体规划基础较好的村庄一般不会损害村民的利益，但是其他村庄，难免会触碰村民的个人利益。

鉴于此，借助社会主义新农村建设的契机，各地制定了村庄建设和发展的新目标，第一步就是成立村民自治平台。随着清远市"三个重心下移"工作的开展，各村庄开始成立村民理事会，建设文化室。村民理事会是村民自己的议事平台，而文化室是村庄凝聚力的象征。走访中很多农民

都很自豪地提到，"我们村子能够修好文化室，主要就是我们村子人心齐，大家都有公益心"。村民理事会的成立和文化室的修建，为新农村建设和后期的美丽乡村建设奠定了基础。自治平台打造成功以后，第二步是整治房屋、街道，把村子里空闲的棚屋、杂货间都清理干净，该拆除的拆除，该修缮的修缮，实现道路的畅通。这一过程涉及村民的切身利益，不是每个村民的工作都容易做通。大田村的英姐就提到，"当时为了美化村庄我们家把村头的杂货间和棚屋都无偿奉献出来了，拆除了以后没有一点补偿。但是现在村子干净了，我们很是开心"。对于工作难做的村民，各村就充分发挥村民理事会的作用，统筹协调村民利益。第三步是整治村庄环境卫生。美丽乡村建设，最基本的就是要实现村容村貌的整洁，要求设置固定的垃圾投放点，每家每户负责自己门前的卫生，每天有专门的保洁员负责村里卫生的打扫。佛冈县通过这样的办法，初步实现了村庄的整洁，改善了村庄脏、乱、差的现象。

　　美丽乡村建设不但要改善村庄基本面貌，还应该精细化建设类型和目标。具体而言，就是要根据当地的实际情况，分门别类地建设美丽乡村，避免千篇一律，防止资源浪费。佛冈县在探索的过程中，升级了美丽乡村建设的"精细化"模式。不同的村庄在建设的时候，由于地理位置、资源条件、基础设施等的差别，形成了不同的发展风格，出现了以文化历史为依托的文化村、以观光旅游为主的旅游村等。为了进一步精细化村庄的建设标准和模式，2013 年 8 月 30 日，在贯彻落实党的十八大有关建设美丽中国的要求、推进美丽乡村建设工作、改善农村人居环境、传承地方特色传统文化的同时，中共清远市委、清远市人民政府制定了《关于推进美丽乡村建设的指导意见（试行）》。佛冈县认真按照该指导意见执行，把美丽乡村建设分为城郊发展型、旅游发展型、保留改造型、历史文化型四个类型，对不同的类型都分别给出了相应的指引标准（见表 1）。通过该意见的执行，佛冈成功地把美丽乡村建设的模式和类型进行了精细化，村庄的发展和建设方向更加明确。里水村公共服务站的书记陈金条说："当时有了这个标准以后，我们每一条自然村都可以根据自身不同的情况去建设了，一方面符合本村实际，可以减少建设成本，另一方面，还能发挥村庄的特色，使每条村都不一样。"

表1　清远市美丽乡村建设分类指引

美丽村庄类型	分类指引标准
城郊发展型	1. 对位于城市市区、县城或镇边缘，工业化和城镇化水平较高的村庄，要加强规划引导，结合城乡建设用地增减挂钩和扶贫开发异地搬迁政策，做好迁村并点，由农村向社区化转变； 2. 重点开展村域整合规划，按城镇社区标准进行更新提升，将城镇基础设施和公共服务向村庄延伸； 3. 行政村要建设一个以上"农村社区服务中心"，推进一站式服务； 4. 做好村民市民化的引导，加强文化建设，提升文明水平。
旅游发展型	1. 对旅游景区附近和交通沿线有条件的村庄，要结合农家乐、乡村旅游的发展； 2. 完善旅游配套设施，提升旅游服务水平，注重突出岭南和少数民族建筑风格，实现与旅游景点的协调统一； 3. 提升村庄基础设施和公共服务水平，按照清远市对外窗口的标准进行软硬件的综合打造。
保留改造型	1. 对经济一般的村庄或将来较长时间可能继续保留的村庄，实行以改造为主、适度建新的办法，重点开展以清洁保洁为主要内容的环境整治活动； 2. 要严格控制新建，拆除废旧禽畜舍、废弃房，清除露天粪厕和河塘沟渠，处理生活污水，修葺房屋外观，加强宅前屋后绿化，打通旧村道路等； 3. 要在环境整治的基础上，完善村庄内基础设施和公共服务配套设施，建设一批公共文化、休闲和体育设施； 4. 要注意拆旧与建新之间在空间格局、建筑风格、服务配套、给排水和道路系统等方面的衔接和协调。
历史文化型	1. 对自然和文化遗存保留完好、原有村落景观特征和地方特色明显、村庄布局独特或具有一定地域民俗风情，或者开发利用价值较高的古村落，要以保护性修缮为主，避免对古村落景观、文化遗产造成破坏； 2. 通过对古民居、古祠堂和纪念性建筑等文化遗产等资源的保护利用，完善村庄内道路和水系、基础设施、公共配套设施，提升村庄品位。

　　通过美丽乡村建设的推进和发展，佛冈县美丽乡村建设迎来了新的机遇。就建设的标准而言，佛冈从最开始的单一模式发展到多类型创建，再到现在创新的"梯级式"建设，按照基础的不同一步一步由最下一级向上

逐级发展。2016年，清远市制定并发布了《清远市"十三五"期间推进美丽乡村建设实施意见》，在遵循"党委领导、政府主导、农民主体、深化改革"原则的基础上，加强政策引导、宣传发动，充分调动农民群众的积极性和创造性，使农民群众这一美丽乡村建设的最大受益者真正成为建设主体。推广"四不补"经验，变"要我建"为"我要建"。坚持镇村同创，新型城镇化与新农村建设双轮驱动，按照"整洁村、示范村、特色村、生态村、美丽乡镇"五个层次，因地制宜，量力而行，梯度创建。佛冈县牢固树立创新、协调、绿色、开放、共享的发展理念，深化农村综合改革，以社会主义新农村建设"生产发展、生活宽裕、乡风文明、村容整洁、管理民主"的"二十字方针"为目标，开展了"整洁村、示范村、特色村、生态村、美丽乡镇"五个梯度创建工作。仅2016年度美丽乡村第一批考核验收就通过了19个村庄，其中包括3个整洁村，14个示范村，2个特色村。

二 软硬结合，政府提供多样选择

美丽乡村建设是一个动态互动的建设过程，完全依靠政府主导的建设是没有活力的，没有激活村民的内在建设动力。在以往的经验中，美丽乡村建设存在政府主导、政府控制的现象，标准单一，选择较少，很多地方没有办法根据村庄自身的发展情况选择建设类型和等级。这样一来，就留下了很多"烂尾"工程，村庄建设搞到一半，达不到政府硬性指标的要求，得不到合适的补偿，美丽乡村建设难以落地。自2013年开始，佛冈县根据清远市下发的美丽乡村建设分类指引意见，有选择地进行符合村庄发展条件和要求的美丽乡村建设，硬性指标和软性调整相结合，为美丽乡村建设提供了多样选择，避免了资源浪费，找到了适合村庄发展的建设之路。到了2016年，整个清远市包括佛冈县在内，都采取了指令性计划与自愿申报相结合的方式，坚持把创建美丽乡村和美丽乡镇与创建旅游名镇名村结合起来，软硬结合，拟集中力量分阶段创建一批具有清远特色的美丽乡村。

一方面，强调指令性计划，设定目标，严把建设硬指标。在村庄选点方面，不同梯级的村庄建设选定了不同的标准。

首先是整洁村选点，要求全面铺开，大范围建设，一是列入县重点发展项目区域圈内的名镇名村示范村、省级新农村试验区、打造培育村、旅游特色村、2013 年以来创建市美丽乡村建设的自然村或村民小组；二是各镇新农村连片示范建设规划圈内建设效果明显、可挖掘文化传承、生态自然禀赋较好的自然村或村民小组；三是以环境整治为突破口，在沿京珠高速和国道 106 线两侧，集中力量打造建设一批规划科学布局美、村容镇貌环境美、功能齐全生活美的美丽整洁乡村；四是非交通沿线基础较好、群众积极性高的村庄可按整洁村创建标准进行打造，自愿申报并认定通过后，同样享受资金奖补等政策扶持。

其次是示范村选点。以全县省级新农村试验区、新农村建设连片示范区域内（名镇名村示范村）的"示范村"、自然村或村民小组为主；农村综合改革启动以来改革成效，尤其是"三个整合"推动成效明显的村也可选择；2017 年起，以上一年成功创建"整洁村"的村为主，符合前款条件的也可纳入。

再次是特色村选点。以全县省级新农村试验区、新农村建设连片示范区域内（名镇名村示范村）的"名村"等自然村或村民小组为主；2017 年起，以上一年成功创建"示范村"的村为主；村庄建设成效明显，农村社会经济持续发展，农村合作经营有特色，农业"三品工程"推广效果明显的村可纳入。

复次是生态村选点。以上一年成功创建"特色村"的村为主，对集体和农户经济能力强，全村已基本形成规模化、产业化、品牌化的农业经营格局的村优先选择；自然生态环境优良，山水田园特色明显，具有休闲产业、观光农业、乡村旅游发展潜力的村可纳入。

最后是美丽乡镇选点。美丽乡镇实行镇村同创，镇域内的全部村庄完成环境卫生整治、成功创建 2 条以上特色村、1 条以上生态村的镇可创建美丽乡镇（以市美丽乡镇创建指标体系为准）。

除此之外，佛冈在不同的年份和阶段还制定了不同的建设目标，2016~2020 年，全县每年争取完成 20 个整洁村、10 个示范村、5 个特色村、1 个生态村以上的创建任务。其中，2016~2018 年，重点创建整洁村、示范村、特色村，已具备条件的镇，率先启动创建美丽乡镇工作，实现初步建成小康社会目标；2019~2020 年，重点创建生态村、美丽乡镇，完成五年创建工作任务，实现全面建成小康社会目标。

另一方面，注重自愿申报。各创建单位根据自身条件对照创建标准提出申请，制定创建方案，逐级向上申报。已经创建成功的村庄，次年可申报更高一级层次的美丽乡村创建工作。美丽乡村建设注重自愿申报，充分激发村民自主建设美丽家园的内在动力。第一是确定申报主体。美丽乡村建设需要整合全村的资源和人力，因此以什么样的单位进行组织申请显得尤为重要。清远市开展"三个重心下移"工作以来，村庄分别以自然村或者村民小组为单位成立了村民理事会，在村民理事会的协调下，自然村的村民自治情况有所好转，村民的意愿得以集中。鉴于此，美丽乡村的申报主体就被确定为20户以上的自然村或者村民小组。治理单元越小，民意就越集中。红崩岗村作为一个自然村落，在村民理事会的带领下，早早地走上了美丽乡村建设之路，更好地利用了政府的政策和村庄的资源。如果以行政村为单位进行申报，那么村庄的意见难以统一，会大大增加建设的难度。第二是保证申报自愿。村民在美丽乡村建设的过程中，实现了从"要我建"到"我要建"的转变。美丽乡村建设以后，村民是直接的利益相关者和受益者。政府包括村委会在建设中起到的主要作用是帮扶。龙塘村公共服务站的书记刘文健讲道："对于美丽乡村的申报，我们村委会只是起到帮助的作用，它们（指自然村或村小组）决定好要申请以后，我们就帮助他们填写申请材料，帮助他们申请到政府的奖补资金。"自愿申报不是硬性要求，但是意义重大。依据美丽乡村建设的考核标准，村民在验收合格之前，是需要自愿出资进行村庄建设的。这就意味着一旦建设不达标，政府将不会进行资助。自愿申报制度把美丽乡村建设的风险收益成功地转移到了村民自己手中，以此倒逼村民严格按照指标进行建设，大大提高了美丽乡村建设的效率和水平。

最后，政府在稳定指令性计划和自愿申请之间的平衡关系的同时，充分挖掘了村民的主观能动性，尊重了村民的建设意愿，走出了一条软硬结合、鼓励指引的发展道路。很多自然村争相修建文化室、篮球场，相继申请美丽乡村建设的整洁村，甚至有些村中的老板不惜自己掏腰包建设村庄，证实了美丽乡村的梯级建设制度是正确的，是可行的，是符合当地实际情况的。

三　对标建设，民企达成一致意见

美丽乡村建设是深化农村综合改革、提高"三农"工作水平的有效抓手，需要按照党的十八大提出的构建服务型政府的要求，充分发挥市场配置资源的决定性作用，着力构建"党委领导，政府主导，农民主体，部门协作，社会参与"的共创机制。在建设之前，要求明确建设标准和目标，收集多方建设意见，在有效激活农民群众积极性的同时有效提高社会各界的参与度。长期以来，很多地区的美丽乡村建设由于没有制定出符合本地实际的指标体系，在建设过程中缺乏政府的指导，同时没有社会力量的参与和协助，难以实现全民共创的目标。清远市通过细化建设指标体系、加强政府指导和吸引社会力量参与，赋予了农民自主选择建设标准的权利，并搭建起民企合作的平台，成功营造了同创共建的氛围，打通了社会参与的渠道，提高了美丽乡村建设的成功率，增大了美丽乡村建设的合力。

美丽乡村建设是一项系统工程。申请建设之前，明确建设指标体系是首要工作，在依托村庄建设条件的基础上，就近、就易选择建设目标，更有利于村庄的建设发展。佛冈县执行的美丽乡村建设指标体系翔实，不同的创建工程有不同的指标体系，占有不同的权重，需要建设的项目一目了然。其中，就创建指标而言，整洁村有 18 条，示范村有 26 条，特色村有 30 条，生态村有 32 条，美丽乡镇有 25 条。每一梯级的创建指标都在上一层级的基础上进行了增加和完善。村民在选择建设标准的时候，往往是从第一个梯级"整洁村"开始，期望实现"基础好、自治强、村容洁"的目标。就申请的一般过程而言，申报主体首先要召开党支部和村民理事会会议统一意见，然后再召开户代表会议统一思想，80%的户代表同意后，要在创建承诺书上签名、盖指模，之后村庄将相关资料一起交到镇初步审核同意，再由镇上报市、县两级美丽乡村办进行申报，经市美丽乡村办最终审核批复确认后，就可以启动建设。有些村庄基础较好，可以跨过整洁村的申请，直接申请示范村。黄塱村的益茂村民小组就是在经过村民商议后，直接从示范村开始建设，依靠原有的良好基础，实现了一个月成功创建第二阶梯"示范村"的目的。

美丽乡村建设的指标来源于政府，奖补资金的支持也来源于政府，最后的考核验收也是由政府把控，所以建设方案的实施和选择就有必要征求政府的指导意见。佛冈县在美丽乡村建设过程中，成立了美丽乡村建设办公室，主要负责美丽乡村的申请审核和验收工作。从 2016 年开始，从市一级、县一级到乡镇一级，美丽乡村建设办公室长年累月坚持工作在美丽乡村建设的第一线。佛冈县高岗镇的镇委郑书记介绍道："这些镇农办、美丽办的同事一年多了从来没有节假日，周六、周日都要加班加点工作，一方面是鼓励村庄申请建设美丽乡村，另一方面也要指导建设。"石角镇的副镇长林育忠也谈道："主抓美丽乡村建设工作以来，不是在村里开会，就是在去村里开会的路上，不但要给村民讲道理，还要给村民想办法，指导建设。"政府除了优化建设方案以外，还制定了美丽乡村建设的用料、用工标准，对于工程造价和施工有严格的控制，允许在控制价格上下浮动，成功地保护了农民的利益。

政府主导的作用不仅仅是要发挥村民参与建设的主体作用，还要对社会力量的参与进行引导和审核。确定建设目标和建设方案以后，需要寻找施工方。在调研的过程中我们发现，有一些村庄依靠村民自己的力量进行修建，或者是依靠村民中的包工头、搞建筑行业的老板，在最大限度节省物资的基础上完成建设指标。而大多数的村庄是依靠和外来老板的合作，大致分为两种情况：一是村民集资，购买施工方的服务，建设成功以后和施工方进行结算；二是施工方老板垫资建设，等到验收成功奖补资金到位以后，村民直接和垫资老板结算。佛冈县的美丽乡村建设力度大、速度快，民企之间的合作已经十分成熟，村庄为了规避风险，选择了由施工方老板垫资，验收合格之后再进行结算的方式。这样一来，村民不用出资，还可以就村庄建设的目标提供意见和建议，一样美化了环境，达到了美丽乡村建设的目的。民企合作的行为，巧妙地利用了政府的帮助和奖补政策的支持，让村庄建设更加专业化，风险降到最小，实现了多方共赢。

第三节　多元决策，促进自主申报

坚持以人文本，发挥群众的主体性作用，是美丽乡村建设的关键。佛冈县政府通过完善基层自治组织，促进群众参与，使村民"走进建设，说出需求"，为建设符合村民实际需要的美丽乡村建言献策。同时佛冈县加强宣传，树立群众对于美丽乡村建设的正确认识，增强村民自主申报的信心，并通过引入社会各界力量，全面建设"看得见青山绿水，留得住乡愁"的美丽乡村。

一 成立自治组织，统一村庄民意

过去的农村建设过程中，政府利用其强势主导力量，对于建设工作大包大揽，使群众被排除在建设之外，农民被迫依赖政府，成为只会"等、靠、要"的"伸手党"，政府建设出现"唱独角戏""政热民冷"的尴尬局面。同时传统基层治理以行政村为基本单元，"人口多，规模大，利益杂"使农民难以参与村庄治理。群众不愿参与建设，无法参与建设，使群众意见难以表达，政府工程建设难以符合群众的需要，建设成果难以让群众买账，增加了政府与群众之间的矛盾，极易引发冲突。佛冈县完善了自治组织的过程，扩宽了群众的参与途径，畅通了民意的反馈机制，充分发挥了村民的主体作用，使群众意愿得以表达，群众需要得以满足，群众主体性得到发挥，提高了美丽乡村建设的有效性。

首先，调整自治单元规模，落实群众自治。过去，佛冈县以行政村为自治单元，而集体产权落在村组，治权与产权相分离，导致以行政村为单位的村民自治缺少共同利益基础，无法实现村民共同参与和主动参与。同时，现实工作开展中，两权分离在一定程度上造成了治权对产权的"侵蚀"，激化了村民之间的矛盾，难以集中群众力量进行乡村建设。佛冈县为打破这一局面，在"三个重心下移"的趋势下，调整村民自治单元的规模，以"地域相近、利益相关、规模适度"为原则，以一个或者若干个村民小组（自然村）为单元设立村委会，实行"乡镇—片区—村（原村民小组、自然村）"管理。2015 年，佛冈县委书记华旭初提出以石角、高岗和水头三个试点镇为重点，深入推进"三个重心下移"，进一步完善农村基层治理体系。2016 年佛冈县通过村建改革，变原有的 6 镇 78 村为 167 个村，设片区党政公共服务站 78 个，经济联合社 78 个，党总支部 78 个，党支部 489 个，经济合作社 1913 个，村民理事会 1764 个，探索农村基层治理体系成效显著。使村委一级摆脱了行政事务的束缚，为村民自治提供了空间，提升了村民的自治意识，增强了村民的凝聚力。

其次，完善基层组织建设，畅通民意表达渠道。佛冈县通过调整治理单元规模提高了村民参与建设的可行性。为进一步完善村民参与治理的途径，佛冈县在自治重心下移至自然村和村民小组后，推行"村民理事会""村组干部代表会议""宗族+村干部+村民理事会"三种模式在村小组实行自治，建立"村党支部领导、村委会指导、村民小组提事，社员代表会议决事，经济合作社执事"的自治机制。同时佛冈县为提高村民理事会服务村民和解决问题能力，针对村民理事会成员进行培训。佛冈县高岗镇举办全镇的村民理事会会长培训班，针对三块内容进行学习。首先是了解学习各级政府关于乡村建设相关文件的文件精神，其次是学习乡村建设的相关业务，再者是观看各级政府对于乡村建设改革的专题片。通过对理事会会长的培训，使正确的乡村建设的精神能够传达到群众，提高群众的配合度和参与积极性。

最后，通过发动村庄能人，增加村民自治的领导力量。为了改变传统乡村建设中群众群龙无首、孤立无援的状态，佛冈政府通过发动村庄能人，让村庄能人成为领头雁，带领村民形成村庄建设队伍，通过以能人为链接，加强了村民之间的横向联系，让村民有了归属感、向心力，增强了村民的表达意愿和参与感。为挖掘更多能人，佛冈县各镇村干部通过走访调查、座谈讨论等形式对农村能人进行摸底调查，以支部推荐、群众推荐和个人自荐等方式，在"青苗工程"后备干部、村民小组长、种养能手、创业青年等人员中，以及村民理事会、经济合作社、行业协会等村级组织中发掘能人。佛冈镇级党委更是将30~50岁、思想觉悟高、愿为群众办事的"能人"列为重点培养对象，对农村能人进行登记造册。筛选并确定"能人"名单后，佛冈对全县能人进行了常态化培训，提升农村领头人的能力和水平，传递和贯彻党的方针政策。佛冈县汤塘镇通过将一批想干事、能干事、干成事的能人作为农村基层组织带头人，团结带领村"两委"成员，积极干事创业，成为带动农村发展致富的动力引擎。通过能人治村，汤塘镇在2015年人均纯收入达到7542元，村道硬化60公里，建成村级文化室40间、文化公园30个、篮球场28个，全镇90%以上村的安全饮水工程建设完成，农村垃圾"组保洁、村收集、镇转运、县处理"的清运体系建成并投入使用。汤塘各村面貌得到极大改善，农村经济得到稳定快速发展。

二 政府加强宣传，提高干群积极性

工作宣传是展示成果、鼓舞士气、凝聚人心的重要手段，是树立典型、推广经验、创新工作的有效途径。在过去的农村建设中，政府忽略宣传工作的重要性，导致农村基层组织和群众对乡村建设工作的认识严重不足。表现为政府基层组织和群众片面认为乡村建设是上级领导搞形式主义，做表面文章，以此作为向上级要资金的幌子，将其看作一阵风，能过则过。基层组织和群众对乡村建设的意义缺乏了解，认为农村只要把经济搞上去其他一切问题就会迎刃而解，或者认为只要改善一下居住景观和完善一下基础设施建设，不需要乡风文明软实力建设。认识不足导致基层干群参与美丽乡村建设的热情不高，主动性不强。佛冈县政府为打破原有基层干群普遍认识不足的问题，通过各种途径加强宣传，提高干群对美丽乡村建设的认识。

一是，加强基层组织学习，提升认识。佛冈县首先成立了佛冈县"美丽办"负责乡村建设的相关事宜，制定了《佛冈县"十三五"期间推进美丽乡村建设实施意见》，文件明确规定，在"十三五"时期，清远市财政每年安排美丽乡村建设专项资金，实施以奖代补政策。对创建成功的"整洁村、示范村、特色村、生态村"，分别根据其户籍人口规模实施以奖代补。以人口规模250人的村庄为标准，分别奖补20万元、60万元、150万元和400万元。全县各镇高度重视，在县"美丽办"的指导下，镇、村成立相关工作领导小组，各级部门召开会议深入学习有关文件精神。同时发挥好村民理事会的协调作用，带领各创建村正确解读创建内容的评分标准和要求。各村根据村庄自身条件和需求，进行查缺补漏后，申请符合标准的项目。同时佛冈县对各层级建设负责人开展培训，先后邀请省委农办、市委农办、市科技局、市美丽办等领导开展全县性培训班4批次，并组织外出到浙江省，广东省的连州市、阳山县清新区、英德等地参观学习7批次。在佛冈县内通过优先打造官墩围村、中华里村等美丽乡村建设典型，组织各村学习、参观，进一步增强各层级负责人对美丽乡村建设的信心。

二是，加强对民宣传，增加认同。佛冈县为加强群众对美丽乡村建设的正确认识，营造良好的建设氛围，以多样化的宣传手段促进了信息传达。首先佛冈县政府起草发放了《建设美丽乡村共享美好生活——致广大农民朋友的一封信》，以宣传页的形式，向广大村民宣传明晰建设美丽乡村和农村人居环境综合整治的相关政策。佛冈县政府利用电视、广播、报刊等传统媒介，总结宣传先进典型，提升群众对美丽乡村的关注度。其次，佛冈县委宣传部加大了对佛冈手机报、"佛冈发布"微信公众平台等新媒体和自媒体的规范管理力度。通过"佛冈发布"平台，为民众提供丰富的新闻政务资讯，及时有效地回应各种虚假新闻和网络谣言，协助政府处理各种突发事件，积极引导社会舆论。

三 吸纳社会力量，强化建设力量

2015年，习近平总书记在云南调研时强调："新农村建设一定要走符合农村实际的路子，遵循乡村自身发展规律，充分体现农村特点，注意乡土味道，保留乡村风貌，留得住青山绿水，记得住乡愁。"转变了原有"百户一面""千村一面"的乡村建设模式。

佛冈县将美丽乡村建设作为促进乡村发展、留住美丽乡愁的重要载体，立足地方特色和农民需求，引入社会力量，共同推进项目建设，取得了初步成效。首先，完善村庄环境，建立乡村新风貌。佛冈县政府开展美丽乡村建设，通过抓"三清"、拆"三旧"、促"三建"，全面整治村庄人居环境。抓"三清"即清村巷道乱搭建、乱堆放、乱拉线；清房前屋后杂草杂物、卫生死角；清沟渠池塘小溪（河）淤泥、漂浮物和障碍物。拆"三旧"即拆旧危房、旧残垣断壁、旧废弃猪牛栏和露天厕所（茅房）。促"三建"即建栅栏圈围、建污水处理设施、建垃圾卫生保洁机制。同时佛冈县推进美丽乡村公共基础设施建设，各村根据美丽乡村创建标准，完善村庄基础设施。建设中，政府通过以奖代补政策、吸引村民自发筹资、向社会热心人士筹资、企业垫资等方式先行建设。通过村民和社会力量分担了政府的财政压力。2016年，佛冈县率先在新农村建设试验区建成15个乡村公园、10间文化室，筹资200万元建设了乡村道路，进行了路灯安装，另筹180万元修缮了水利设施。

其次，以产业为引擎，注入动力源泉。美丽乡村建设的核心是发展产业，带动村民致富。佛冈县在美丽乡村建设中始终坚持大力培植和发展特色富民产业，将其作为促进农业增效、农民增收和美丽乡村建设的动力之源。佛冈县推进农村产权制度改革，实现农村产权确权到户，通过明晰农民土地权益，保障农民的土地收益。在产权明晰的基础上，佛冈县政府通过指导各村镇成立了农民经济合作社，让农民以土地入股的方式享受土地份额参与分红，实现了农村土地集约化经营与农民组织化同步进行。并且成立了经济合作社、供销合作社、信用合作社"三位一体"的经济共同体，打造了新型农民经济合作社，做活做实了最基本的经济单元，同时引入市场力量，在大力发展符合农村特色的农村产业的同时，也实现了让农民的腰包"鼓起来"。佛冈县石角镇大田村通过成立大田经济合作社，实现集约用地213亩，通过与广州华琪生物科技有限公司合作，打造华琪生态村项目，进行"水稻—甲鱼""水稻—鸭子"等立体农业生产。同时又搭建了9个大棚进行灵芝蚯蚓的种养，预计年产值可达到580万元。华琪生态村每年向经济合作社以每年每亩地800斤稻谷的额度支付保底租金收益，并向经济合作社支付公益金每年约3万元；大田村农民经济合作社共有社员283人，人均年增收1000元以上。

最后，以绿色为魂，彰显生态之美。佛冈县立足于当地丰富的岭南文化，以新农村建设试验区"乡村风情长廊"为切入点和突破口，把名镇名村建设、幸福村居工程、美丽乡村建设、全域风景化建设等工作融入试验区总体规划建设中，通过13个节点项目的建设，优化配置乡村景观、旅游驿站、产业园区、研发基地、幸福新居、风情乡村、文化古居等特色节点，通过完善产业发展基础，吸引广大企业入驻，如碧桂园、田野绿世界等，共同携手打造一个集现代农业示范园、休闲旅游养生园、农业体验教育园、农民生活宜居园于一体的，最具乡土民俗特色的"宜居、宜业、宜游、生态文明、幸福和谐"的美丽新农村。

第四节　政府评估，完善长效机制建设

美丽乡村建设是一项系统工程，也是一个动态过程，需要不断投入资

金，建立长效管理机制才能巩固建设成果。加快制度设计与规划，确保有利于乡村生态文明建设的一系列制度落地生根并发挥作用，也是美丽乡村建设成果得以持久保持的重要保障。长期以来，为了追求一时的政绩，缺乏制度管理的建设项目见怪不怪。根本性、全局性、稳定性和长期性，是制度刚性存在的四大特性。佛冈县的美丽乡村建设，从全局出发，充分考虑顶层设计和基层需求，让政府主导的作用贯穿始终，保证了美丽乡村建设的长效性，保障了美丽乡村建设的质量。政府评估，主要通过健全组织框架，强化组织领导，加强规划管理，提高规划水平，加强督促检查，以确保建设实效。

一 评估机制建设

美丽乡村的建设离不开政府的指导和监督。纵观美丽乡村建设的历程，不难发现，美丽乡村建设是个不小的挑战，而保证美丽乡村建设成果的长效性更是一个巨大的挑战。如何实现建设成果的长效性？美丽乡村的长效机制建设是首要选择。因此，佛冈县在美丽乡村建设过程中，建立了上下联动的监管机制，对美丽乡村建设的动态进行全程跟踪，同时对项目建设方案进行全面评估，实现了对传统发展模式的超越。佛冈县不断完善美丽乡村建设的长效机制，保证了美丽乡村建设的质量，避免了美丽乡村"昙花一现"的现象，真正让农民体会到了美丽乡村的"美丽"所在。

美丽乡村建设不是一蹴而就的，涉及方方面面的内容。项目建设申请成功以后，第一步是开展工程预算，对建设工程的总开支和经费进行预算。在预算的过程中，政府会制定项目建设的用工、用料标准，申请主体可以根据建设内容和用工情况计算项目预算资金；工程预算结束以后，要进行项目集资，除了集体出资，每个村庄还根据自身情况进行捐款、按人口摊派费用等，筹集一部分资金以后，如果不够，还可以找施工方垫资代建。开始动工建设时，村庄会通过项目公告公示制度，将项目的所有开支、工程建设情况和资金使用情况进行公示，村民也会把筹集资金的情况进行公示，并通过聚会和刻碑的形式进行庆祝和表达感谢。项目建设阶段村庄会接受政府、村民和社会的监督。很多村民表示，大家为了村庄的建设和发展都是出过钱、出过力的，钱花得公开透明，村庄环境变得整洁卫生，大家心里都很高兴。

政府评估主要是对美丽乡村进行考核和验收。美丽乡村建设的考核验收指标共分四个层级（整洁村18项计分指标、示范村26项计分指标、特色村30项计分指标、生态村32项计分指标），总分都是100分。考核验收总分达到90分以上（含90分），每个单项得分达到该项分值50%（含50%）以上的村庄才能通过验收，考核验收总分达到90分以上，某个单项得分达不到该项分值50%的不能通过验收。政府在验收阶段要求每年2月底前，各镇、村自行报县（市、区）政府，经县（市、区）政府审核后，以县（市、区）政府名义报市美丽乡村办备案。各县（市、区）向市申请考核验收时，需以县（市、区）人民政府名义向市美丽乡村办提出考核验收申请；县（市、区）要创建村申请考核验收汇总表，并注明每个创建村在册人口数量，示范村以上的要注明是否纳入市十件民生实事；县（市、区）每个创建村要提供自评考核验收计分表、完成创建指标证明材料，当地派出所要出具创建村在册人口数量证明、建设效果图3张，每个创建村的材料用A4纸独立装订成册。市美丽乡村办按县（市、区）备案情况于每年11月前组织有关部门进行考核，12月前公布结果。

通过政府实行的全面跟踪评估，佛冈的美丽乡村建设逐步走上了标准化、合作化、效果长效化的道路。就政府而言，美丽乡村建设不是一个短期的"面子工程"，而是需要长期坚持并为之奋斗的目标。如果不实行严格的评估制度，睁一只眼闭一只眼，美丽乡村建设的目标就无法实现，长期效益更无法保证。就村民和建设单位而言，美丽乡村建设是一个合作共赢的平台，只有民企合作，保质保量完成美丽乡村建设的目标，才能顺利通过政府评估和验收，同时村民可以收获美丽的环境，企业可以得到应有的利润。建筑公司的项目主管马经理说："我们在建设前和建设中都紧密联系村民，多沟通，同时也严格按照政府的标准进行建设，主要就是为了最后能够实现美丽乡村的建设目标，验收合格以后，拿到我们之前垫的钱，也能获得一点利润。我们的压力十分大，一方面要契合村庄的条件和村民的要求，另一方面要通过政府的验收，但是看到一条条村庄变得整洁漂亮起来，心里也十分欣慰。"

二　激励机制建设

中国有句古话叫作"授人以鱼不如授人以渔"。长期以来，政府主导下的美丽乡村建设就如把"鱼"直接赠予农村，这样的做法是不可取的，是无法解决农村发展问题的。因此我们提倡变政府包办为政府主导、以农民为主体，提倡机制创新。佛冈县的美丽乡村建设以标准为导向，以人为本，坚持以村民满意为根本标准，突出实效，落实美丽乡村建设工作考核认定及资金奖补机制，确保美丽乡村建设工作健康有序发展。同时，注重质量，不断完善，坚持边探索、边总结，在实践中不断完善考核认定及资金奖补机制，提高建设质量。

佛冈县美丽乡村建设的激励制度主要就是"以奖代补"。过去，政府大包大揽进行建设，村民难以参与其中，或者政府把项目的建设资金直接打给村庄，由村庄自由支配，没有后续的管理和激励。许多村庄拿着政府的项目资金却没有实际的建设成效，钱越投越多，效果却越来越微弱。鉴于此，佛冈县实行了"以奖代补"的激励政策。政策实行前期，不断增加奖励金额，整合资金来源。"以奖代补"的资金主要整合了三个部分：一是政府财政资金，"十三五"期间，清远市政府每年安排 1.5 亿~2 亿元的美丽乡村建设专项资金，同时各县市要按照南部县 1∶0.8 的比例、北部县 1∶0.5 的比例配套进行资金投入；二是项目资金，清远市要求各级各部门要把美丽乡村建设与在农村开展的各类建设工程有机结合，积极争取上级立项支持。将农业、林业、水利、扶贫、旅游、文广新、民宗、交通、工青妇等职能部门性质相近、用途相似的专项涉农资金和项目进行整合，集中投入美丽乡村建设。三是农民群众筹工、筹劳、筹资的资金，各村发动企事业单位、社会各界和热心乡贤踊跃捐资捐助，共同参与美丽乡村创建工作。充分利用"广东扶贫济困日"等平台，向社会筹集资金，推动贫困地区的美丽乡村创建工作。同时，积极争取金融机构的信贷支持，或以项目招商引资，吸引各类工商资本投入美丽乡村建设。

资金整合完毕以后，佛冈对村庄奖补的金额进行了讨论和设置。美丽乡村建设的申请单位可以是 20 户以上的自然村或者村民小组，这是户数的下限，考虑到还有以较大自然村为单位进行申请的情况，奖补政策进行了灵活调整。奖补政策规定：对创建成功的"美丽乡镇"，根据其在册户籍人口规模实施以奖代补。以人口规模 2.5 万人的镇为标准，奖补 1000 万元。按其人口规模折算，最高奖补 1200 万元，最低 800 万元。对创建成功的"整洁村、示范村、特色村、生态村"，分别根据其户籍人口规模实施以奖代补。以人口规模 250 人的村庄为标准，分别奖补 20 万元、60 万元、150 万元和 400 万元。具体按其户籍人口规模折算，最高奖补资金上浮 25%，分别为 25 万元、75 万元、187.5 万元和 500 万元；最低奖补资金下浮 25%，分别为 15 万元、45 万元、112.5 万元和 300 万元。

　　有了灵活的资金奖补标准，美丽乡村建设"诱惑"十足。各个自然村、村民小组都张罗着要进行美丽乡村建设的申请，不免会掺杂一些想要借机"套现"政府的行为，佛冈县为了实现建设的长效性，避免有些村庄出现建设动力较足、建设后劲不够的现象，建立了动态发放奖励资金的机制。对成功申报美丽乡村的村庄先拨付一部分建设资金，待全部创建完成且验收合格后，再拨付后期资金。此外，政府对获得美丽乡村称号的村庄还实行动态管理，两年内进行跟踪回访督查，对回访不达标的予以警告、降级直至摘牌；对回访达标的则给予一定的奖励（补发奖补资金），以此实现了管理的长效化。实际上，"以奖代补"的形式成功地将申请的主动权交到了村民手里，政府通过验收奖补，一方面提高了村民申请建设的主动性，另一方面也提高了美丽乡村建设的水平和管护的质量。

小　结

　　长期以来，美丽乡村建设强调要发挥农民的主体作用，坚持把农民主体地位、增进农民福祉作为美丽乡村建设的出发点和落脚点，尊重农民意愿，针对镇村规划建设、产业发展问题广泛听取群众意见，让农民自己做主。实现农民的主体地位，一方面，要求激活农民参与的内在动力，另一方面要建设吸引农民自主参与的机制。为进一步实现美丽乡村建设的目标，充分激活农民参与的内在动力，佛冈县在项目建设申请上进行了机制创新，丰富了美丽乡村建设的标准，整合了美丽乡村建设的力量，尊重了农民自愿申请的意愿，加大了政府管控的力度，真正实现了农民主动申请，变"要我建"为"我要建"。

可以说，佛冈县的美丽乡村建设经历了一个曲折、复杂而又颇有成效的过程。美丽乡村建设不可能一蹴而就，也不可能一劳永逸，只有不断进行机制创新，才能维护美丽乡村的建设成果，才有利于促进美丽乡村建设常美常新！

第三章

共筹：建立美丽乡村的多元投入机制

美丽乡村建设既要绿水青山，也要金山银山，是建设美丽中国的关键一环。然而，农村的基础设施、公共事业等的建设都需要资金投入，建设资金不足往往容易导致美丽乡村建设政策难以落到实处，进而影响美丽乡村建设目标的实现。因此，资金问题在一定程度上成为制约美丽乡村建设由"盆景"到"遍地开花"发展的瓶颈。所以，能否解决美丽乡村建设的资金来源问题，是其能否顺利开展实施的先决因素。

2012年11月，党在十八大上首次建议，在我国努力全面建设"美丽乡村"。财政部于2013年7月在全国启动美丽乡村建设试点，并确定了一事一议的财政奖补方式。美丽乡村建设必须认真贯彻党在农村一系列方针政策，坚持"多予、少取、放活"。但是，目前大部分农村的美丽乡村建设在资金筹措上面临"单、散、弱"的困境。具体来看，有以下三点。

首先，资金来源渠道比较单一。一是美丽乡村建设资金主要依赖中央和省级财政投入。中央和省（市）提出各级财政支农投入要体现"三个高于"，并不得搞"上进下退"，但多数县（市）级财政较为困难，只能维持基本工资保障支出，投入美丽乡村建设的资金远远不够。二是农民筹资配套难落实。随着工业化和城镇化进程的加快，农村的各类资源呈"漏斗型"外流。青壮劳力大部分外出务工，在家的都是妇女和老人，"以劳折资"难实施；而留守在家的妇女和老人往往不当家、做不了主，"一事一议"资金很难筹集。三是村级投入较为乏力。村集体经济孱弱，村办企业少，绝大部分村已经是"空壳"村，村组级对新农村建设的投入也心有余而力不足。

其次，资金的使用较为分散。主要体现在用于农业方面的资金，包括农业基本建设投资、农业科技支出、土地治理支出、支持农业生产支出、农业综合开发支出等资金都存在使用上的分散和交叉重复并存的现象。各个部门在贯彻中央"三农"政策时都会在资金的安排分配上面面俱到，在财政支农资金的分配上还没有形成一个有效的协调机制，资金使用分散和投入交叉重复现象比较严重，不利于资金的统筹安排和使用，资金整合比较困难，影响了支农资金整体效益的发挥。

最后，财权与事权不够明晰。一方面管理权限和职责不清，财权与事权不匹配。比如在美丽乡村建设中，哪些应由国家投入，哪些应由集体投入，哪些应由农民投入，没有明确具体的规定，往往造成单纯依靠国家财政投入，农民投入美丽乡村建设的资金非常少。另一方面事权和财权的划分，一般表现为基层事权大，财权小，上级事权小，财权大，从而出现财权与事权不够统一、协调。乡村建设投入资金的局限，加上以 GDP 为导向的政绩要求，使政府在美丽乡村建设中倾向于选择投入面较窄、投入资金较少的美丽乡村建设项目，美丽乡村建设一度成为"涂脂抹粉"的"面子工程"。

为此，广东省佛冈县在建设美丽乡村的过程中，注重从源头攻破资金筹集关，通过激活多方参与主体，并以"政府主导、市场撬动、社会聚力、村民自筹"四方共筹机制为关键，使美丽乡村建设有"源头活水"。

第一节　政府主导，以竞争性奖补机制为牵引

政府是美丽乡村建设的责任主体，美丽乡村建设的成效直接关系到政府行为的有效性。然而在以往一些地区的美丽乡村建设中，政府唱着美丽乡村建设的"独角戏"，政府主导成为政府包办，而不见社会、市场和农

民的身影。同时，政府资金在投入上往往存在失衡的现象，不能兼顾多数村庄的发展需求，倾斜性的政策投入难以激发村庄的内生动力，使村庄自主建设的意愿和行为较弱，受此影响，美丽乡村建设效果大打折扣。党的十八届三中全会提出，社会治理要"发挥政府主导作用"。应当说，将之前的"政府负责"改为"政府主导"，是对建立现代化政府、实现政府善治的更加明确的要求。佛冈县在建设美丽乡村的过程中，充分发挥政府的主导作用，在资金管理方面，将政府奖补资金分类打包，为所有符合创建条件的村庄提供平等的准入机会，并将奖补资金设置动态化，一方面按照创建成效进行梯度激励，另一方面动态追补，保障奖补有的放矢，同时通过整合各项涉农资金，让"小钱、散钱、零钱"能够干大事。

一 "你追我赶"：以竞争性奖补机制为先导

引入市场竞争机制以改善政府功能、增强政府灵活性及提高政府绩效，是打造"竞争型"政府的重要路径。佛冈县在美丽乡村建设实践中，将市场竞争机制从政府内部升级到外部，在竞争型政府治理的基本要求下，引导市场竞争机制楔入美丽乡村建设的机制创建中，借助竞争奖补机制破解美丽乡村建设困局。

（一）均等奖补标准，建设机会共有

普遍受益的前提条件为机会共有。以往的美丽乡村建设往往是由政府决定"哪个村该美丽"，同时政府在资金投入上也缺乏普惠的考量，往往花重金在少数村庄的打造上，动辄投入几十万、几百万元，而更多村庄的美丽乡村建设却无人问津。

为调动村庄建设的能动性和积极性，佛冈县突破过去将资金单一投向先进村，简单打造个别"样板村"的模式，给予所有符合创建条件的村庄以平等使用奖补的机会，即均等奖补机会。具体来看，均等奖补标准有三个方面的内涵：其一是起点机会公平。佛冈县鼓励各个村庄根据自身优势和特色，自筹发展资金，争取创建项目，在申报通过后，再按照申报建设层级的建设标准，自行建设美丽乡村，保障发展机会共享。其二是建设过程公平。在起点机会公平的基础上，佛冈县按照群众自愿原则，重点鼓励具有传统文化优势、自然资源禀赋好、农民建设意愿强烈等具备一定硬件

基础和筹资能力的村庄申请创建符合现阶段村庄条件的美丽乡村。如迳头官塅围村有着坚实的经济基础、优越的生态基础、良好的群众基础，自2013年开始，村庄就开展了广东省"名村建设"，在美丽乡村建设项目启动后，经过村庄和政府的一致同意，通过高起点规划，高标准建设，以及政府高位施力助推美丽乡村，将村庄建设成了美丽乡村最高层次的"生态村"，实现了高水平乡村建设的"一步跨越"。其三是结果公平。佛冈县规定对省级示范片主体村参加生态村创建按照30%的奖补标准予以支持，对非主体村则予以全额奖补，由此可以弥补基础较差的村庄在美丽乡村建设过程中的先天不足，鼓励后进变先进。

（二）梯度层次性奖补，建设效果保证

佛冈县在美丽乡村建设过程中，采用"阶梯式"分类办法，依次厘定出要梯级打造的"整洁村、示范村、特色村、生态村、美丽乡镇"等五个层次，鼓励各建设单元因地制宜设置梯度升级目标。具体来看，佛冈县将整洁村的创建要求定位于"基础好、自治强、村容洁"，以之作为美丽乡村的入门条件；将示范村的创建目标定位在"规划好、设施全、乡风淳"；与此对应，特色村、生态村和美丽乡镇的打造要求分别为"产业强、百姓富、文化兴""青山碧、绿水秀、乡愁驻""功能完善、环境优良、民富村强、社会和谐"。只有创建成功一个层次的村庄，才可于次年申报更高一级层次的美丽乡村创建项目。佛冈县以难度升级牵引美丽乡村成效升级，实现点面结合，全面提升建设广度与深度。

与美丽乡村的梯级建设相适应，佛冈县设置了竞争性奖补机制，分别对不同梯次的创建村庄进行不同标准的财政奖补，按照村庄在册人口规模实施以奖代补，以此牵引各村庄多元化创建不同层次的美丽乡村，保障整洁村"扩面"、示范村"升级"，如验收通过，清远市和佛冈县两级按照1：0.8的比例进行资金奖补。例如验收通过的整洁村，人口规模在188人以下的由市奖补15万元，县奖补12万元，市县合计奖补27万元；人口规模在188~312人的村庄，市奖补标准为800元/人，县奖补标准为640元/人，市县合计奖补标准为1440元/人；人口规模在312人以上的由市最高奖补25万元，县最高奖补20万元，市县合计奖补最高为45万元。再看示范村奖补标准，人口规模在188人以下的由市奖补45万元，县奖补36万元，市县合计奖补 81 万元；人口规模在 188~312 人的村庄，市奖补标准为 2400 元/人，县奖补标准为 1920 元/人，市县合计奖补标准为 4320 元/人；人口规模在 312 人以上的由市最高奖补 75 万元，县最高奖补 60 万元，市县合计奖补最高为 135 万元。可见，佛冈县既在纵向上对不同层级的美丽乡村进行差异化竞争性奖补，又在横向上细化以人口规模为基础的奖补差异，使建设在具有竞争性的同时，兼顾公平性。

（三）动态奖补"回头看"，建设效果持续

俗语常说"创业容易、守业难"。过去，各地对于农村的奖补资金往往采取一次性到位的方式，虽然程序简单，但是给资金的使用和监管带来了一定的麻烦，也不能保障资金使用能达到目标成效。要想保持美丽乡村建设成绩，使美丽村庄环境的管理常态化、制度化，就必须加强对美丽乡村的长期管理，对美丽乡村的资金管理常抓不懈。[①] 为此，佛冈县在开展美丽乡村建设时，创新性地采用了动态拨付奖补资金的做法，将美丽乡村各环节的建设成果与奖补资金拨付挂钩，实现对项目整体的督查。申报成功的美丽乡村，根据申请创建的村庄类别，县级首先拨付第一期以奖代补资金，在美丽乡村创建完成且验收合格后，再将剩余的"回头看"资金予以拨付。同时，在项目结束后，通过政府回访，如果原建设成果继续达标，政府将拨付一部分奖励资金。另外，对于逐步升级的美丽乡村，上一级别的奖补资金将从下次奖补中扣除，不重复拨付。动态的奖补资金拨付方式，实现了村庄建设的"环环落地"，让每一笔资金都用到实处，用出效果，使后期管护可以高效持续，真正解决农村"脏乱差"问题，打造一个环境优美、生活甜美的乡村。

二　聚沙成塔：以横向整合机制为聚力

按照中央《关于开展市县涉农资金整合优化试点的意见》的有关部署，清远市被确定为首个涉农资金整合优化地市级试点。省财政厅会同省有关部门印发《广东省清远市涉农资金整合优化试点实施方案》，将中央、省、市各级财政用于支持农业农村发展的 96 项专项资金纳入整合

---

① 刘亚龙：《强化财务人员执法意识关键要实现三个转变》，《交通财会》1993 年第 2 期。

范围，按照涉农资金整合模式，统筹用于农业综合发展、农业生产发展、水利发展、林业改革发展、农村社会发展、扶贫开发六个领域，推动政府支农政策体系进一步完善和优化，激发农业农村改革活力。佛冈县在清远市涉农资金整合要求的指导下，以横向整合机制为资金聚力，实现涉农资金的有效聚合。

（一）农村资金陷入"有分缺统"难发力

第一，部门分割，资金"条块状"分散。长期以来，政府各部门单向主导惠农政策的投入运营，未能将社会多方力量整合起来形成整体效应。一是分散运营，资源低效利用。以往政府不同职能部门之间的涉农资金和项目，都是各自投入、各自运营，如环保局打造生态村，旅游局建设旅游村等，导致惠农工程重复、低效开展。二是分散承接，资源监督滞后。如汤塘镇党委书记所言，"大量惠农政策涉及大量农户，每家领的钱又少，要把这个工作细致地监督下去，真是有心无力"。三是分环建设，投入成效难显。农村发展是一项系统工程，分散投入的惠农资金往往只能解决其中一环。如红崩岗村村主任所言，"国家投入好是好，但是只能解决小部分问题，我们农村还是这个样，没什么大变化"。

第二，主体分散，资金"碎片化"分布。在家庭联产承包责任制下，家户个体是农村资源的主要占有者。分散到个体家户的资源因缺乏有效的制度机制，难以发挥统一经营的优势。一是国家政策重给轻引。以往单向单一的惠农政策，不注重引导农民参与到惠农工程中去，使农民逐渐形成"等、靠、要"思想。如在里水陂角村，村民都不愿意主动筹资筹劳开展村庄公益事业，"一事一议"几乎形同虚设。二是重分轻合。"撒胡椒面"的惠农方式，分散了资金，也加大了资金整合使用的难度，使农民对惠农资金持"有胜于无"的低水平满意状态。如咸水村村民说道："其实粮食补贴总的一年也就几百块钱，干不了什么事，赶几次场就没了，但有总比没有好啊。"

第三，单元分化，资金"非均衡"分配。以建制村为单元实施惠农政策，由于自治范围过大，难以因村制宜地进行资源分配。一是村组分化，资源难分配。在建制村背景下，惠农项目分配难以满足多方需求，较易引发组际矛盾，以致民心不向。如石角镇黄花行政村党支部书记所说，"村内有新农村建设项目时，给了这个村小组，其他小组村民就闹意见"。二是权力分化，资源难利用。佛冈县绝大部分村集体资产和经济事务都掌握在村民小组或自然村一级，村委会很难整合利用各个自然村的资源，统一协调进行惠农资金、项目安排，导致惠农资源得不到有效利用。三是利益分化，农民难组织。在建制村背景下，各村民小组有着不同的历史根基和利益诉求，不同小组的农民难以有效组织起来，开展惠农工程。如三八村想修一个在自己村的文化室，但因为三八村属于鲤冈行政村，双方就文化室修建位置难以达成一致，一直修不起来。

（二）横向整合涉农资金，助力美丽乡村建设

一是政策助力资金整合。首先给指引，理顺建设体系。佛冈县按照新农村、产业、土地、公共服务和生态规划"五规合一"的要求，将不同政府部门的资金进行整合，形成一个指标体系，实现"一张蓝图绘到底"。其次给奖励，激发建设内力。为充分调动村民参与美丽乡村建设的积极性，佛冈县在资金使用、项目运作上下了一番功夫。如每年安排美丽乡村建设的专项资金，通过村庄自建自报、政府以奖代补的方式，激励各村积极主动建设美丽乡村。最后给政策。佛冈县通过"自治重心下沉"使自然村有了自主权，能够根据村庄实际和村民要求，直接向政府申请美丽乡村建设项目，做到有的放矢，事半功倍。如大田村自发申请"特色村"项目，规划村庄整体环境，整合各项资源，搞起了乡村旅游，实实在在地促进了村庄发展。

二是渠道整合杂项资金。一方面，整合政府资源。佛冈县坚持"渠道不乱、用途不变"的原则，将中央、省、市、县安排的各项可整合涉农资金，按照农业生产发展类、农村社会发展类、扶贫开发类三大类进行整合，统筹使用。佛冈县大量整合财政涉农资金，有效提升了美丽乡村建设水平。另一方面，整合农民资源。村集体在征得农民一致同意的前提下，将分散在村民手中的财政性涉农资金和分散细碎的土地资源整合起来，使村庄的经济社会发展有了"第一桶金"。如在迳头镇官埗围村，村中的公益事业建设需要筹措资金，官埗围村民理事会"经过讨论，全村签名通过资金整合方案：全村每户一次性捐献两年种粮植补和生态林收入，按种粮植补中 190 元/亩、生态林收入中 14.25 元/亩的标准，外出户每户一次性

捐出 1500 元"。理事长范秀军说，全村共筹集 7 万多元专项资金，用于聘请保洁员、建设污水处理工程、维护垃圾站等基础设施。

三是单元整合分散资金。为打破农民个体分散化的困境，佛冈县美丽乡村建设中除"美丽乡镇"外，其他四个层次的村庄原则上均以 20 户以上的自然村为单位，利用自然村资源，将分散于农民手中的资金资源重新整合起来。一是挖掘集体要素。利用自然村地域相近、文化相连、利益趋同等因素，激活农民的集体观念。如石角镇里水片大田村村民都属一公之孙、一脉相连，村民认为集体土地权属祖宗，从而具备了统一行动的条件。2013 年 1 月，在全村人一致同意的基础上，全村将 213 亩田地租赁给广州华琪生物科技公司，并将除地租外的 3 万元集体公益金用于美丽乡村建设的日常开支。二是借力基层组织。涉农资金虽少，却是离农民最近的国家给予的帮助与支持。因此，将涉农资金整合后，对于涉农资金的使用、监管方式方法的公开透明更为重要。佛冈县将村民委员会、党支部、监委会设置在规模较小的自然村，让村民能够更好地参与、了解涉农资金的使用情况。中华里村村支部书记感慨："以前村庄建设就是我一个人抓，实在忙不过来。涉农资金整合后，相当于大家都出了一份力，参与村庄建设的热情更足了。"

第二节　市场撬动：以市场资本投入破解建设困局

美丽乡村建设是一项资金投入大、体系复杂的系统工程，且规模日趋扩大化、多样化，政府是其责任主体，但是单凭政府的力量无法提供足够的支持，必须充分发挥市场的决定性作用，主动吸引一定的市场资本投入进来。为此，佛冈县在创建美丽乡村的具体实践中，采取了以奖代补的形式，政府对创建成功的村庄进行前期建设投入的兜底，有效减少了市场投资的顾虑，以致力于村庄建设为出发点，引进承建商垫资修建基础设施，积极吸引企业投资产业发展，最终实现村企利益共享，开辟了一条"市场撬动"的美丽乡村建设资金投入机制。

一 政策环境变化给市场资本投入"吃定心丸"

随着中央全面深化改革的逐步推开，市场力量在农村建设中的作用越来越被重视，从中央到地方相继把"充分发挥市场在资源配置中的决定性作用"纳入农业、农村发展的相关政策文件中。同时，支持资本下乡的学者自成一派，以翟文华（2014）、杨耀钦（2009）为代表的学者认为，工商资本下乡是中国农业现代化的重要推力。[①] 从工商资本下乡的结果来看，地方政府很欢迎，因为可以为地方增加产出、税收，促进当地农业产业化、集约化发展，产生示范效应。农民也欢迎，因为可以把他们从面积狭小的承包地中解脱出来，使他们有机会进行收益更高的非农工作，并获得比较公平的租金。资本下乡也创造了新工作机会，提供了比自耕更高的收入，总的来说，吸引金融资本、工商资本等市场资本投入美丽乡村建设是现阶段乃至未来村庄建设的有力举措。

但在具体引进市场投资的过程中，企业等市场主体始终是营利性的参与主体，唯有利益相关、有利可得其才有可能将资金投入进来。长期以来，民营企业参与佛冈县新农村建设的目的有两种：一种是工商资本以工业反哺农业，以帮扶家乡经济发展，但由于投资农业风险高，无政府相关支持农业产业的扶持性政策出台，只有极少的企业将资金投向农村产业；另一种是以土地整治项目为契机，利用土地资源发展设施农业，提升企业业绩。无论哪种目的，成功企业无偿以帮扶农村建设为目的的毕竟只是个例，多数企业总是以营利为目的，在项目建设缺乏激励机制时，企业在项目建设中没有利润可图，找不到投资的兴奋点，就不愿意无偿支持农村建设。为此，佛冈县在美丽乡村建设中，巧用利益联结机制，开始加大财政资金投入，实行"以奖代补"的竞争性财政投入政策，变"给钱办事"为"按结果奖钱"，在这个过程中"做得好的有额外奖励""复查不达标的要受到处罚"。有了政府财政的奖补兜底以及竞争机制的激励，加之国家的惠农、富农、强农的税费政策杠杆，在很大程度上能让企业放心地去投资

---

① 王文龙：《中国美丽乡村建设的动力整合及其制度创新》，《现代经济探讨》2015 年第 12 期。

"有利可图"的乡村建设。

二 利益需求机制给市场资本投入"装驱动"

在市场投资政策条件逐渐成熟的情况下，资本引入并不是盲目的，立足各个参与主体的需求和利益是引进市场投资的重要驱动机制。以市场资本投入美丽乡村建设必须明确为谁建、为了什么建的问题。美丽乡村建设首先是为了农民而建，为了发展农村而建，也为了企业等市场参与主体的利益而建，为了提升农民的幸福感、村庄"宜居、宜业、宜游"以及企业获取投资效益而建。在佛冈县美丽乡村建设的实践中，农民、村庄和企业三者需求形成相应的利益联结机制，为成功引入市场资本提供了重要的原动力。

首先，农民有美化家园的诉求。自美丽乡村建设启动以来，佛冈正面临产业转型，农民仅主要依靠工资性收入，收入较少，但群众有建设美好家园、改善生存环境的迫切愿望，无奈心有余而力不足，"农民对于改善村庄卫生和公共活动场所需求强烈，引进企业帮建，解决了农民'有诉求无处求'的大难题"。其次，村庄有建设发展的要求。佛冈很大部分创建村的村集体经济来源少，增收难度大，且在美丽乡村建设前期资金需求大，但各村尚未通过审核获得奖补资金，村庄缺乏投入农村基础设施建设和兴办公益事业的能力，这时市场资本的注入无疑是美丽乡村建设不可或缺的重要驱动力。最后，企业有创造利益的需求。除了政策上的吸引，随着物质水平的提高，绿色休闲产业成为市场的一大热点，佛冈农村特有的绿色休闲资源、浓厚的岭南特色文化吸引了越来越多的企业家投资加盟。例如，龙头企业华琪生物科技发展有限公司在共享大田村各种硬件设施与软环境资源的同时，为前方"店铺"开辟了后方"农场"。据统计，华琪公司年产值将达到580万元；而周永棠团队以投资陂角村建设特色村为起点，打开了整个汤塘温泉小镇项目的"南大门"，逐步实现了以点带面将整个项目"纳入麾下"，拿下了这个前景可观的大项目。

可见，政策上的支持为市场资本的投入提供了保障，而村企之间的利益联结机制则为市场资本投入美丽乡村建设"装上了驱动"。值得一提的是，在引入市场资本时，要避免村庄沦为资本逐利的"牺牲品"，在村企联建的市场化建设中，应以村庄建设规划和保障农民利益需求为出发点。

三　多措并举使市场资本投入"被撬动"

由于政策环境、村庄建设需求以及村企共建互利的理性选择，发挥市场的资源配置作用，撬动市场资本投入村庄建设成为美丽乡村建设的必由之路。面对市场资本这一活力源泉，一方面，佛冈各创建村根据本村的建设基础和发展规划，积极对外联系企业老板，动员企业老板来村垫资建设；另一方面，佛冈积极完善乡村金融支持措施，并主动创新农村融资方式，发展农村合作金融，充分利用融资平台为美丽乡村建设蓄力。

（1）承建商垫资。长期以来，农村基础设施落后的状况一直影响着农村经济发展、人居环境改善与社会进步，成为阻碍城乡一体化的屏障。谈起农村环境，"脏乱差"成为常态，虽然村庄农户都逐渐建起了高楼，但是村民的公共活动空间建设却无人问津。随着城镇化背景下"空心村"现象的普遍出现，村庄集体经济一度形同虚设，集体经济来源相当匮乏，改善村庄基础设施更加成为"空谈"。基于各创建村内部建设资本短缺的现实，援引外部资本投入村居创建工程是必要的。对此，我国已进行了很多有益的尝试，例如2003~2013年，浙江省投入1200亿元进行村庄整治和美丽乡村建设，以公共投资带动民间投资，将美丽乡村建设变成"企业行为"；而安吉县发挥财政杠杆的调节和激励作用，以每年1.2亿元的财政奖补资金，5年来成功撬动了60亿元社会资本投入美丽乡村建设中。

佛冈县美丽乡村建设的第一条内容即是开展人居环境创建工程，而基础设施建设的投入需求很大，创建村集体经济薄弱，如何让外部资本投入村庄建设，是佛冈县一直在不断摸索实践的问题。具体来看，佛冈县充分发挥市场在资源配置中的作用，把村庄基础设施建设的项目承包给相应的企业，由承建企业带资先建，通过验收后再由创建村以奖补资金补还，破解了基础设施投入乏力的困局。从具体实例来看，中华里村通过与企业老板达成共识，吸引企业老板以垫资方式加入村庄公园的修建项目，补齐了100多万元的资金缺口，在美丽乡村的奖补资金下发后，村庄将先付清企业老板的工程工资；同样地，陂角村以其优越的地理位置、古村落和温泉等市场资源，成功吸引了族内外村的房地产建筑商周永棠全程参与村庄规划，并带资进行美丽乡村整改，完成了雨污分流、路灯、道路、公共卫生间、篮球场、电线改造等，使陂角村于2016年底通过了示范村验收，获得政府补贴130万元，目前到账90万，支付了周永棠团队的垫付成本；再如，为了进行文化室建造，益茂村理事会通过"公开招标，价优者得"的机制，对多家工程队进行选择，以陈剑飞为首的工程队以"更低金额，更多项目"的优势，获得了文化室项目及示范村项目的承建权，进行垫资建造。目前益茂村已通过示范村验收，用奖补资金结算了陈剑飞工程队大部分的垫付资金。总的来看，由于政府出台了相应的支持政策，且村庄有前景，企业老板垫资先建也很放心。

（2）合作入股融资。将村庄的资源和市场的资本有效匹配起来，以入股作为市场参与村庄建设的连接方式，成为运用市场化的运作理念拓宽美丽乡村建设资金来源的一个可行方法。佛冈县通过"企业+合作社+社员"的信用互助模式募股融资，即运用市场机制，以当地龙头企业领办的合作社为基础，以利益共享机制发动农民以资金入股合作社，合作社与社员在形成担保的同时，也实现了融资，助力村庄建设升级。为适应市场化的发展需求，陂角村因势而动，在周永棠团队的带领下，成立经济合作社，让农民变股民，即根据自愿互利原则，采取"以田入股"和以资金认股的形式筹集资金，村内人人均可按照每股100元的标准参股。此外，通过将村内10亩公田的股份指标分给外村能人，使他们可以凭此指标以资金认股，将这一部分外村人的资金也吸纳了进来。通过充分运用市场运作机制，村庄集聚了80余万元资金，更好地投入了陂角村下一步的"特色村"建设中。

再来看佛冈县另一个模范案例——中华里村——是如何通过入股方式为乡村建设吸引资本投入的。中华里村理事会成员共同商量之后，探索了全村合作入股建设村庄的形式，首先通过土地整合、涉农资金整合成立了中华里大茅寮经济合作社；其次以市场化机制实行了多元入股方式，一方面发动群众以土地入股的形式将全村120多亩水田和2600亩山地整合入股到合作社，另一方面实行资金入股的方式，解决村庄建设的生产资本投入需求，采取了阶段性资金入股的形式，资金占股份的六成，每年按照5000

元/股的标准吸取资金，15 年后 100% 退还本金。基于"我要发展"的热切期望以及入股分红的吸引，在村的和不在村的甚至外迁的中华里人纷纷积极响应，将一部分私人资金以入股的方式投入进来。目前合作社共吸纳股份 525 股，股价总额为 2625000 元，"这实际上是向村民借钱、筹钱进行村庄建设"，理事会成员李庚原解释。通过合作入股集聚了土地和资金后，中华里村开始种植番薯、花生，以"合作社+基地+农户"的模式，建立了80 多亩的红葱头基地，并使之成为村主导产业之一，村民在 2017 年第一季度就享受了每人 200 多元的分红。中华里的成功试验证明，以市场化入股的方式吸纳群众的资金建设美丽乡村，一方面能在起步阶段筹得更多的资本投入，另一方面能使村庄、村民获得可持续的增值性收入，调动村民建设家乡的热情。

（3）企业投资。"优化产业布局，推进适度规模化、产业化生产"是促进富民强村的关键步骤，是美丽乡村建设的一个核心目标。招商引资、引进企业投资产业发展是美丽乡村建设持续升级、长效运行不可绕开的一个举措。而这已经在全国各地的美丽乡村建设中得到较好的验证。譬如，安吉县是最先提出"中国美丽乡村"建设的，其通过立足本地资源优势，引进企业投资，大力发展竹茶产业、生态休闲旅游业和生物医药、绿色食品等新兴产业，最终企业赢利，农民也有很多收益，仅竹产业每年就为农民创造收入 6500 元，占农民收入的 60% 左右。而南京市江宁区依靠政府财政引导，依托其自身资源特色，引入国有企业江宁交建集团参与美丽乡村建设，企业累计投资达到 1.2 亿元。佛冈县提出美丽乡村建设的时间比安吉和江宁都晚，其引进企业投资建设的机制或许没有它们成熟，也不可能照搬照抄。佛冈县依据其生态环境较好、古村文化浓厚、农业特性较为典型的特点，引进企业投资发展休闲农业、乡村旅游和现代民宿等，也相应取得了阶段性的成效。

从试验区①来看，一方面产业引进主体责任明确，以新农村建设投资公司作为引进企业投资的主体，另一方面，其按照"管委会+公司"的模

---

① 全称是"广东省社会主义新农村建设试验区（佛冈）"，简称"新农村建设试验区"。其包含的区域范围和构成情况参见第 134 页相关内容。

式运作，每个项目都有专人跟踪落实，对企业进行全方位服务。新农村建设试验区目前已吸引了 10 多家现代农业企业入驻，如以色列草莓基地总投资 600 万元，现草莓种植面积 25 亩，已搭建大棚 12 个，亩产 4000 斤；广东华琪生态村发展有限公司将大田村土地 213 亩流转过来，总投资 800 万元，该项目有机水稻已经收获多批，且已搭建 9 个大棚进行灵芝蚯蚓的种养，公司年产值约达 580 万元，大田村也因此每年获得集体收入 3 万元，村民也能享受"地租+分红"，实现成果共享。

试验区因为走在前列，美丽乡村富民强村工程成效相对明显。非试验区的美丽乡村创建村，虽然大多处在起步阶段，但引入企业投资的前景依旧可观。独王山村结合独王山生态环境的先天优势，在全村种植鹰嘴桃，在形成规模效益的基础上，吸引了外来企业（目前正在和企业老板商议合同签订）投资，发展成赏花摘桃、享农家乐等独具特色的产业，拟最终形成以"独王山"为品牌的生态农业观光旅游经济，推进美丽乡村建设步步升级；陂角村目前已与乡村旅游打造企业建立合作关系，企业已经向陂角村美丽乡村二期建设投入 50 多万元，助力陂角村建成"特色村"，陂角村区位优势明显，投资企业的盈利前景也很大。

总体而言，撬动市场资本投入美丽乡村建设，根本机制在于以村庄建设为出发点，以企业创利为联结点，以最终达到利益共享为关键点。

第三节　社会参与，以社会资本投入为助力

美丽乡村建设并非一帆风顺，时而陷入政府大包大办，投入多而见效少的"面子工程"或者是"样板房"农村中，时而推给农民自建，五花八门。究其原因在于，美丽乡村建设作为新时期的新农村建设，不应只是村容村貌的改变，更重要的在于村庄的政治、经济和文化等得到全面提升，要既是"绿水青山"，也是"金山银山"。而作为一项系统工程，单纯依靠政府投入，大手笔、全覆盖打造，既不符合现实，也不契合理想。政府虽然掌握着社会资源的权威分配，可是政府的力量和资金是有限的，无法全面覆盖，更难以激发内生动力。而随着工业化和城镇化的发展，传统农村逐渐衰败，造成了巨大的城乡差距，农村已经不再是农民愿意生活、劳

作、生产的地方，许多人背井离乡离开了农村，大多数农民宁愿奔波劳累在城市里买几十平方米的小房子，也不愿再回乡村建一年到头空着的乡村别墅。因此佛冈县在美丽乡村建设过程中，注重吸纳社会力量参与其中，弥补政府和农民在建设中的不足。因社会力量更为广泛，支持建设方式更为灵活，建设效果也事半功倍。

一 吸纳乡贤投入，引外援推动

2015 年中央一号文件明确提出："创新乡贤文化，弘扬善行义举，以乡情乡愁为纽带，吸引和凝聚各方人士支持家乡建设，传承乡村文明。"2016 年中央一号文件再次指出："培育文明乡风、优良家风、新乡贤文化。"可见，吸纳以乡贤为主体的社会力量参与乡村建设是现实所需。

一是捐资投入。一方面，乡贤投入对美丽乡村建设能起到直接的支持作用。佛冈县农村地区多为同姓宗族村庄，其内部沿袭着浓厚的客家传统，保持了血缘宗亲的凝聚力与生命力，在村庄举办活动，兴建项目，往往"一呼百应"，集中宗亲族人力量"办大事"的理念意识，深深扎根于村民思想中。在中和村文化活动室建设过程中，村民虽自筹了 8 万余元，但建设资金仍有缺口。为了筹集建设经费，中和村的经济合作社社长李东年、陈仕保、陈才胜自筹路费到深圳"化缘"，争取到了在外经商村民陈东培的支持。乡贤心系家乡建设，陈东培主动捐资 45 万元建设文化室，占投资总金额的 60%。文化室建成后，为村民提供了举办红白喜事、日常交流的公共平台。另一方面，新乡贤的资金注入也带动了资金筹集。中华里村将在北京工作的李庚原吸纳到理事会中来，李庚原利用个人人脉，联系企业老板，通过老板带资方式加入村庄公园修建项目，补足了 100 多万元的资金缺口。同时，李庚原发挥自身带头作用，号召村民筹资捐款十多万元，使村民也为美丽乡村建设贡献了一分力量。理事会成员李汉华说："2016 年，李庚原为美丽乡村这事从北京回来好多次，光飞机票、火车票加起来都花了几万块。他在外面发展得那么好，有房有车，也不忘为家乡建设出力，我们家就在村里的，能不积极参与？"

二是入股投入。美丽乡村建设是个不断持续、不断深入的过程，对资金要求也越来越高，而单靠乡贤的捐资并不能保证投入的长期性。为此，佛冈县探索出更灵活的资金筹集方式，即通过有针对性地吸纳乡贤入股，来保证美丽乡村建设资金的长效性。具体来看，首先，针对性入股是指在美丽乡村建设过程中，要选择为村庄做出较大贡献的人，而不是任何非本村人都可以以资本的方式入股。如汤塘镇陂角村，通过经济合作社运行本村的乡村旅游产业，原则上是本村的村民才能入股，但考虑到一部分村外能人为村里做的贡献，全村一致决定将本村的公田作为相应的入股份额，将入股指标分配给村外能人，村外能人根据意愿能力决定入股份额，并交纳入股金额。如周永棠理事长虽然不是陂角村人，但作为周氏宗族的副会长，他垫资积极投入陂角村的示范村建设，在接下来的特色村建设中，他打算以一万元资金入股到建设中，使村庄建设的资金更为充足。

二　金融机制创新，促杠杆投入

近年来，随着国家推进普惠金融的发展，农村经济组织也在进行不断的深化改革，积极探索新型农村合作金融发展的有效实现形式，在一定程度上推动了农民融资和农村发展。然而在满足农民大众的资金需求方面，政府资金投入少、银行资金门槛高和农民资金散的瓶颈日益凸显，并导致在美丽乡村建设过程中出现了农村外部资金难进来和村社内部资金用不上等难题。国务院《关于完善支持政策促进农民增收的若干意见》指出，要"发展农村合作金融，鼓励符合条件的农民合作社开展内部信用合作"。对此，佛冈县创新融资方式，发展合作金融，以资金内筹为特色，吸纳农村内部的零碎闲散社会资金，为美丽乡村建设添砖加瓦。

一方面，广东省佛冈县为了有效提高农村金融服务的有效性，增强金融服务农村的能力，根据广东省政府《关于全面推进强省建设若干问题的决定》，结合县情实际，确定试点成立了新型农村金融服务机构，即龙塘经济联合社信用合作部。积极探索创新农村金融体系改革，以农村金融助建美丽乡村建设"资金池"，实现"金融助农"。龙塘信用合作部依托农村基于宗族、血缘、地缘形成的熟人社会关系，帮助农民和集体经济暂时舒缓在农业生产、教育、医疗、日常生活等方面遇到的资金周转问题，是以"合作社入股、个人发起人入股"形式，探索"集体+个人"信用合作经济的组织。截至 2017 年 5 月 31 日，信用合作部有发起人会员 15 个，普通会员 233 个，合计 248 个，共吸收股金 276.7 万元；吸收 164 户的互助金共 461.5 万元；累计发放投放金 185 笔，合计金额 1857.46 万元；累计回收投放金 116 笔，回收金额 1206.9 万元；投放金现余额 650.56 万元。另外，为有效防范信用合作部的金融风险，县委、县政府还设立了 50 万元的农村金融风险担保基金，用于风险防控和损失补偿，真正促进了农民增收、农村发展，持续推进了美丽乡村建设大步向前。现阶段，试验区管委会正配合全县信用合作的推广计划，协助汤塘四九、高岗、水头、龙山等地开办信用合作部。同时根据市政府的工作部署，在全市 24 个乡镇全面推广"信用合作部"，让美丽乡村在农村合作金融的"栽培"中遍地开花。

另一方面，佛冈县设立了"新农村发展基金"。在试验区范围内组建了新农村服务公司，牵头设立"新农村发展基金"，进一步加强了与省金融办、广东银监局的沟通，加快村镇银行的筹建和设立工作，为试验区美丽乡村建设提供金融支持。改革和创新农村金融体制，对农业企业予以信贷扶持，不但可以拓宽市场融资渠道，而且可以充分调动企业、民间、农民参与试验区美丽乡村建设的积极性，并发挥辐射作用。佛冈县在试验区里通过金融机制创新，实现了"社会捐助、金融参与"美丽乡村建设的投入投资机制，多渠道筹集建设资金，实现了资金向农村回流的愿望。

第四节　村民自筹，以内部财力集聚奠定建设基础

美丽乡村建设不是给外人看的，不是"做盆景""搞形象"，而是要让农民群众得到实惠，给农民造福，提升农民的幸福指数，推进生态文明建设和社会主义新农村建设。因此，从规划、建设到管理、经营，自始至终都要建立农民民主参与的机制，而不能由政府一厢情愿地行动。佛冈县委书记华旭初介绍，佛冈各级政府积极引导村民在美丽乡村建设工作中努力做到"四自"，即建设遇到问题时村民"自己议"，建设资金的来源村民"自己筹"，在建设过程中要"自己干"，建成后村民"自己管"，引导村民自主筹资先建，从内部激活美丽乡村建设。

一　村民自筹有必要

一方面，建设资金不足。美丽乡村建设是一项系统工程，涉及方方面面，需要投入大量资金。同时，随着美丽乡村建设的推进，经济基础较好的农村相继建设起来且在不断升级，剩下的基础比较差的村庄也要继续攻坚，所以美丽乡村建设成本越来越高，公共财政压力会越来越大。据统计，清远市 2016 年市级奖补金额为 1171.72 万元，佛冈县县级配套奖补 937.38 万元；2017 年，清远市市级奖补金额达到 2250 万元，按照 1∶0.8 的配套比例，佛冈县县级财政至少要拨付 1800 万元对全县美丽乡村建设进行奖补，财政奖补金额上升 50% 左右。再加上，佛冈县美丽乡村建设实行的是"以奖代补"的财政投入机制，村庄要自己先"建起来"，通过美丽办验收了才可以获得奖补。建设前期的起步阶段财力缺口大，必须通过发动村民自筹，聚众人之资，来完成这一项艰巨而有意义的建设工程。

另一方面，内生机制乏力。自 2013 年中央将美丽乡村建设纳入政策体系以来，全国各地相继投入其中，并取得了一定的成绩，但也有不少地区走了"处处见政府，处处不见农民"的政府包办、农民主体地位缺失的弯路。在美丽乡村建设初期，容易出现美丽乡村建设"上热下冷""外热内冷"的现象，甚至出现"干部热情高，农民冷眼瞧，农民不满意，干部不落好"的情况。具体表现在：群众对新农村建设的主体地位缺乏正确认识，多数群众和一些农村干部对乡村建设的理解是，国家拿钱帮农民修路、通电、建房，什么都要等国家投资，存在观望和"等、靠、要"的依赖思想。创建村对美丽乡村奖励政策持观望态度，过度依靠政府财政投入建设，依靠政府承办，担心通过验收后是否能得到奖补具有不确定性，美丽乡村建设缺乏农民群众的能动作用，难以长效运行，甚至出现了类似"乡村运动、乡村不动"的困境，村庄内生机制处于"待机"甚至"死机"的状态。因此，鼓励和发动村民自主筹资筹劳，激活村庄建设的内生动力，可为美丽乡村建设增添动能，使之长效发展。

"党委政府不会大包大揽，一切依靠群众，引导村民抛弃依赖、坐等观望的思想，让农民'愿意、乐意、满意'，齐心协力建设美丽乡村。"佛冈县积极引导农民群众筹工、筹劳、筹资，层层传播相关政策精神，以"以奖代补""先建后补"的群众参与机制鼓励农民自发筹资，积淀起步资金，缓解创建资金缺口，以放手村民"自己建"引导村民自主筹劳，提升农民参与的积极性，激发农民的主人翁意识。

二　村民自筹有引导

随着城乡差距的不断拉大，刘易斯拐点的到来，中国农村青壮年劳动力大规模流失，而留守农民平均文化素质低、能力持续下降且偏老龄化，他们对传统农业都有些力不从心，更无力发展现代农业、建设现代农村，留守的这部分农民群体往往保守思想比较严重，保留着较浓厚的传统底色，导致农村建设内部"死气沉沉"。因此，在建设美丽乡村的过程中，要发挥农民的"主体作用"，让农民"自己筹资建设"，必须首先依靠政府等外力来引导，并上升至制度要求，"鞭策"村民自筹。为此，佛冈县积极采取了措施。

具体而言，首先，激发村民自筹的意愿。由于几千年来乡土社会固有的保守思想的影响，农民群体是一个很现实的群体，目光不够长远，思想不够开放，自主奉献意识不强，需要政府加以引导和鼓励，激发群众自筹的意愿。在美丽乡村建设启动时，佛冈县农办先给各乡镇政府起草了《建设美丽乡村共享美好生活——致广大农民朋友的一封信》，让各乡镇政府加强宣传，深入动员，切实将该信发至村民手中，发动各村积极建设美丽乡村。该信以诚挚的言语试图唤起农民群众对建设美好家园的情感支持，以简单纯朴的表述将美丽乡村建设的创建规程、内容和奖补办法告知了农民群众，并以"接地气"的方式动员群众自主筹资先建。

其次，使村民自筹制度化。由于美丽乡村建设的前期资金投入较大，村民自筹资金要达到一定的数额才能顺利展开。为此，佛冈县政府完善了美丽乡村创建申报制度，要求申报美丽乡村建设的村庄要有一定的筹资能力，即根据不同梯度的美丽乡村需求，对村民自筹资金提出了不同的要求：原则上，创建整洁村村民自筹创建资金不少于5万元，示范村不少于10万元，特色村不少于15万元，生态村不少于20万元。佛冈县创新性地将美丽乡村过程中的村民自筹制度化，将申报的标准明确化，有利于创建资金的落实。同时，根据自愿原则，"量力而行"，给美丽乡村建设"立门槛"，以制度化要求强化村民自筹，使村民自筹更有针对性，更好地保证了村民自主筹集的资金能真正有成效。

总而言之，迄今为止，相比城市市民，农民仍是一个相对传统保守的群体，但也是一个非常朴实的群体，因此，发动农民自筹建设美丽乡村，需要以政府这个权威的外力来支持和牵引，这样农民才能更放心地自愿筹工筹资，大胆高效地往前走。以下佛冈县引导村民自筹的方式可为其他地区提供可行的借鉴和参考。

三　村民自筹有方法

因地制宜，村民自筹有方法。佛冈县各个创建村根据实际情况，开展了不同方式的村内自筹。从佛冈各创建村的具体实践来看，主要有以下几种方式。

一是定额筹资。村民自筹直接涉及村民的具体利益，总会遇到各种不同的阻力。在佛冈创建村的自筹实践中，在内部关系纽带没有那么紧密的杂姓村，或者建设项目资金额度较为明确、资金需求比较急的村庄，更有可能采取定额筹资的方式。具体而言，即以村民理事会为依托，由理事会成员组织，按户或者按人头收取特定金额，即规定每户或者每人要交一定数额的资金，在此基础上积极发动能人富户另外自愿捐资。

以清和村的具体实践为例：该村理事长表示，清和村相比水头的其他村庄人心较散，更需要一种相对硬性的方式进行自筹。自清远市"美丽乡村"项目实施以来，清和村抓住发展时机，在镇政府的引导下，参与了"整洁村"项目的申报。2011 年，该村理事长牵头，通过动员会以及多次沟通做工作，最终确定以村民每户 800 元的定额筹资方式修建了村庄下水道，做到村容整洁，改善了村容村貌。2015 年，村庄要建文化室，在政府的补助资金未到位的情况下，征得村民的同意后，理事会发起人均 300 元的硬性定额筹款和村民的自愿捐款，总共筹集了 40 万元，投入文化室的建设中。在满足了整洁村的各项硬性指标后，清和村于 2017 年 3 月被县农业局正式验收为整洁村。

再从杂姓村红崩岗村来看，主要姓氏邱氏的村民和其他姓氏的村民之间相比单姓村紧密性稍弱一些，它也采取了定额筹资的方式。红崩岗村在启动建设美丽乡村的过程中，村庄文化室，道路硬化、亮化工程，后山道路，下水道以及后来的水泥路拓宽等基础建设均发动了村民自筹。其中，文化室建设、道路硬化和后山道路要求全体村民按人头定额筹资，文化室为1000元/人，后山道路建设为200元/人；亮化工程项目则只对年轻人有硬性的1000元/人的定额筹资要求；而下水道和水泥路拓宽项目则采取完全自愿捐资的方式，捐资额分别为100元/人和200元/人。在建设文化室时，理事会经过规划预算，提出每人1000元的集资方案，经过动员，多数村民表示同意，但1000元对于普通村民来说也算得上一笔较大的开支，尤其是对困难农户，理事会充分考虑到不同家庭的实际情况，"有些村民困难点的就晚一点，分了好几次，但没有不给的"。除了上级单位捐资，村民定额筹资约达10万元，加上邱观先额外自愿捐资5万元，补齐了文化室建设资金的缺口。自村庄改造以来，红崩岗村发起的村民人均自筹资金已超过2000元。

二是以工代资。在村民经济水平较低的村庄，村民自筹难免遇到瓶颈，村庄往往会根据情况在实行按户定额摊派的同时，对经济状况不理想的农户，要求其完成一定的工作量抵消需要交纳的资金，实行以工代资，以此自筹方式建设美丽乡村。

以横江村为例，横江村民小组只有28户农民，一共182人，村集体每年收入只有3000元，且1/3的人口均外出打工，在建设美丽乡村上，无论人力还是集体资金都是比较匮乏的，要搞建设，必须发挥出村庄闲散人力和资金的最大效用，即"有钱出钱，有力出力，经济困难者可以特定的工作量抵消一部分钱"。基于此，村民小组长兼理事会会长邓均旋带头提出采用按户固定筹资、外出热心人士自愿捐资的方式筹集资金，新建祠堂时按每户2400元筹资，到了装修外墙的时候则按每户2000元筹集资金；之后修建文化室，也采取了"按需筹款，以户摊派"的方式筹集资金。在此过程中，对于经济情况不乐观的农户，特别是对低保户、五保户等困难农户，理事会提出可以"以工代资"，即通过参加村庄改造的工作代替出钱，按照大工每人每天150元、小工每人每天130元的换算方式，以做工抵掉一部分筹资金额。一直到通过整洁村的验收，横江村包括以工代资部分每户一共捐纳了 4960 元投入建设。

自主筹资对于困难农户而言确实存在一定的压力，这部分农户"拿不出钱"会阻碍村庄自筹工作的顺利完成，使一些村庄的美丽乡村建设因全额筹款难到位而不能及时动工，需要组织者多次对延交款项的农户做工作，村庄人际关系也会因此变得紧张。在按户摊派的基础上，实行以工代资，以工补资，让村民"有钱出钱，有力出力"，不仅能有效减少带头人和村民之间的摩擦，还能进一步提高村庄建设的效率。但以工代资也是有前提的：村民自筹建设美丽乡村的最直接目的是要补齐前期建设的投入缺口，以工代资必须以必要资金能落实为前提，在必要资金得以基本保证的情况下，困难农户可选择以劳动来抵消或延缓交付部分摊派给自己的筹款，以确保村庄建设的顺利开展。

三是自愿认捐。随着物质文化水平的提高，农民对人居环境有了更高的要求，想要改善家乡环境的想法日益强烈，而美丽乡村建设为他们建设美丽家园提供了很好的契机。佛冈有些村庄在美丽乡村项目启动之前就开始自发组织村庄改造，这类村庄血缘底色较浓厚，规模较小，能人较多，村民建设美丽乡村的意愿比较强烈，热情很高。在这个过程中，理事会成员等牵头，遵循自发自愿的原则，创新方式引导村民自愿认捐，让大家的热情相互传递，相互带动。

以往，外出的村民很少能及时为村庄建设贡献力量，陂角村遵循完全自愿的原则，借助互联网连接村内村外，让村民之间更好地相互带动。陂角村全村有 282 人，90% 以上的青壮年劳动力外出务工，且在外面当老板、当白领的能人比较多；周姓为当地的大姓，宗族底蕴浓厚，而陂角村为周氏单姓村，村民"都是一家人"，民心较齐，近年来村民纷纷表现出改善村居环境的想法。于是，自 2016 年 3 月始，陂角村通过信息化宣传和交流将村民拧成一股绳，激发村民的"公益心"，创新性地采取"线上+线下"自筹的方式，村民既可以现场缴纳捐款，也可以通过微信在村微信群中认捐，以此筹资建设美丽乡村。其中，微信自愿认捐为外出村民参与村庄建设提供了非常便捷的途径。在微信群建立后，2016 年 5 月，村民就开始在微信上认捐，数额从几千到几百元不等。"认捐的时候，理事会带头出钱，有的人认捐了 2000 元，和他差不多条件或者比他条件更好的人看到了，就认为他都认了 2000 元，我不能比他少，都很积极地在群里认捐。"村民纷纷被乡亲建设家乡的热情所带动，村内下到 3 岁小孩，上至 90 岁老人，全部参与了集资，整个过程完全遵循村民自愿原则，仅线上自愿认捐方式就筹到资金十几万元，最终村民自筹资金共 25 万元。

同样地，益茂村在自主筹集建设资金上也采取了完全自愿捐资的方式。益茂村为陈姓单姓村，全村 370 人，99% 的年轻人外出到珠三角一带打工，还有不少村民选择在乡镇附近打工，外出能人多。"外出村民逢年过节回来看到村里的环境这么差，而且连个公共活动的场所都没有，于是一些要整治村貌的声音相继传出来，近几年愈加强烈。得知政府在搞美丽乡村项目，我和七三队组长一拍即合，认为我们村是时候搞起来了"，陈汝流回忆道。在建设美丽乡村的过程中，文化室建设是近来益茂村一个比较重大的工程，资金投入较多。除了极力争取一定的外来资金外，益茂村理事会充分利用村民"迫切想要改善村庄居住环境"的热情，组织村民进行自愿捐款，通过会议、走访、电话等方式动员他们自愿认捐，设置了"300 以上刻碑、300 以下上榜"的梯次激励办法，调动了全村村民"建设家乡"的积极性，并且相互传递，最终全村村民都为村庄建设做了贡献，外出人员中捐款最多的达 15000 元，就连村里最困难的一个"五保户"也主动认捐 10 元。村内原不打算收这位"五保户"的捐款，这位村民却说："我是村里人，是村里的一分子，我也想为自己村庄的建设尽自己的一份力。"

不难发现，以完全自愿认捐的方式自筹资金，受村民总体经济水平、需求状况以及村庄凝聚力大小等影响较大，故而对这些方面的要求也更高。

四是"借款"筹资。美丽乡村建设前期投入项目多，资金需求大，各创建村想尽办法筹集必要的资金，在其他方式都难以筹足的情况下，借贷往往是一个不可逃避的选择。然而，金融借贷对农民而言是一种门槛较高、程序较复杂、偿还压力较大的借贷方式。佛冈马一村的自筹采取了自愿捐款，外加以集体之名向村民"借款"的方式筹集了更多的建设资金。马一自然村整个围村只有 13 户 120 多人，为建设美丽乡村，马一村村民理事会召开了村民家长会，在全体村民自愿同意的基础上，开始组织村民筹集资金建设文化室。在得到村民一致同意后，理事会成员通过电话联系外出务工的乡亲和在本围村里串家走户等方式筹得村民自愿捐资约 25 万元。在村民自愿的情况下，村民理事会以自身名义向村民借款约 14 万元，前后"捐资+借款"共自筹资金约 40 万元，投入本村篮球场等各项基础设施建设。"虽然借款的村民没有要求获得高额的利息，也没有限定村民理事会还款的期限，但村民理事会还是承诺，只要村集体经济收入宽裕，就立刻还款给借款的村民"，村理事会负责人表示。概而言之，"借款"筹资主要有两个方面的实践意义。一方面，对于集体经济前景比较可观的村庄，在自愿捐资的基础上，可采取向村民"借款"的方式来筹得更多的建设资金，向自家人"借款"办自家事可以避免高额利息。佛冈马一村以村集体名义向村民"借款"筹资，对村集体收入有保证的村庄不失为一种较好的借鉴。另一方面，建设美丽乡村是一项系统工程，其资金投入并非能"一锤定音"，中间难免会出现少部分资金不足的情况，需要再次向村民筹资，如何能更好地减少村民的反感往往是很多创建村需要考虑的。受马一村自筹方式的启示，以"借款"的方式发起再次自筹是一个可行的解决途径。

小　结

佛冈县以机制创新攻克了美丽乡村建设"资金关"，通过政府主导下的竞争奖补机制和横向整合机制，市场撬动下的利益需求匹配机制，社会参与下的吸纳机制和金融创新机制以及村民自筹机制，使筹集美丽乡村建设资金成为政府机制牵引下农民主体、市场力量、社会力量等多方联动的自主行为，资金"活水库"成为佛冈县美丽乡村建设的亮点和关键。

具体来看，一是政府财政投入因其稳定性、低逐利性及其对整体改革目标实现的保障性，成为地方改革实践的主要投入力量。对于美丽乡村建设来说，有效的财政资金投入是带动创建主体积极性的"定心丸"。与传统模式相比，佛冈县以牵引型投入作为美丽乡村建设的财政机制，通过打造"先建后补""有偿使用""目标前置"等奖补规则，扭转了创建主体传统的"等、靠、要"思维。二是市场投入因其竞争性、逐利性，是实现资源配置最优化的必然途径，能够弥补政府财政投入在效率上和发展上的不足。以往村庄"有建设无发展"的主要原因在于村庄缺乏有效规范的市场化运作机制。佛冈县以村庄建设为出发点，引进承建商垫资修建基础设施，以合作入股和招商引资吸引企业参与、共享村庄产业发展，将利益激励机制、供给需求机制和多元支持机制落到实处，使村庄和入村企业实现经济效益和社会效益的双赢。三是社会投入与政府和市场相比虽在资金投入力度和深度上较弱，但因其公益性和广泛性，"涓涓细流，汇成大海"，社会力量的广泛投入成为美丽乡村建设不可或缺的资金筹集渠道。四是佛冈县将财政投入作为牵引资金，通过以奖代补方式鼓励农民先建设、后受益，使农民以多种方式自筹美丽乡村建设资金，充分发挥了农民的主体积极作用。在美丽乡村建设共筹资金的过程中，从四方投资的关系来看，政府主导是共筹的必要条件，农民主体是共筹的关键所在，市场和社会力量的资金投入则起着重要的推动作用。而更重要的是，在佛冈县美丽乡村建设中，甚至在全国大部分农村地区，能同时满足四个条件的村庄较少，大部分村庄只有一两个有效的资金来源。因此，在全国美丽乡村建设的资金筹集过程中，一方面是要注重四方共筹机制的建设，为美丽乡村建设打好制度基础；另一方面，也要因村制宜，注重挖掘村庄中的关键带动因素，或是市场的力量，或是政府的牵引等，因势利导。

第四章

共建：建立美丽乡村的梯度创建机制

　　李克强总理强调，要"坚持农民的主体地位，尊重农民意愿，突出农村特色，弘扬传统文化，有序推进农村人居环境综合整治，加快美丽乡村建设"。农民既是美丽乡村建设的受益者，也是美丽乡村建设的真正主体，如何将美丽乡村建设内化于农民的生产生活及其内心，激发农民建设家园的自动力，是美丽乡村建设持续发力的关键所在。然而长期以来，我国农民在建设村庄的过程中往往存在"等、靠、要"思想，建设美丽家园的积极性、创造性、能动性未能得到有效发挥，美丽乡村建设仅靠政府单一力量主导，作为美丽乡村建设主体的农民群众却"不干预、不参与、不相关"。由于缺乏有效的村庄牵引力量，美丽乡村建设出现了政府主导有余、农民参与不足的难题，导致农民群众在建设村庄过程中力量无处使、发展无人带，美丽乡村建设"上热下冷""外热内冷"。美丽中国的建设离不开美丽乡村的建设，而在美丽乡村建设过程中发挥农民主体性作用尤为重要，农民主体作用的有效发挥离不开政府政策的引导和相关有效机制的创建。

　　佛冈县位于粤北山区，地处珠江三角洲大三角边缘，是一个农业人口占多数的县，进行农村改革是一项兼具长期性和艰巨性的任务。佛冈县结合实践，勇于创新，在善于发现农民智慧、积极总结农民经验的基础上，挖掘了梯度创建美丽乡村的新模式，让村庄根据本村历史、文化、经济发展实际情况调动各方力量，逐步将村庄打造成为整洁村、示范村、特色村、生态村。具体来看，佛冈县建立美丽乡村的梯度创建机制，一方面引导村庄理事会成员带动村民根据自身条件和优势在建设美丽乡村过程中稳扎稳打、逐步推进；另一方面让各个村庄在美丽乡村建设中形成了良好的激励机制和竞争机制，找到了适合本村发展的道路。佛冈县美丽乡村建设打破了过去农村改革中政府与村民不同轨、干部与群众不齐心、村庄建设统一化的传统困局，通过建立美丽乡村梯度创建机制，让政府作为美丽乡村建设的设计者、引导者和帮助者，让农民自身成为美丽乡村建设的实践者、探索者和主体力量，自主吸引村庄能人、调动市场力量、整合各方资源，实现了从政府主导的外生性建设路径向村民发挥自动力持续建设内生模式的转型。

第一节 "外热内冷"：乡村变革的传统困局

从新中国成立初期的农村土地改革到改革开放初期的家庭联产承包责任制以及当前的农村土地三权分置，随着我国的发展进步和时代要求，农村一直处在不断变革中。从社会主义新农村建设到美丽乡村建设，各时代都有自己的改革任务和改革目标，农村改革一直是国家重要举措。但长期以来的乡村变革大多是自上而下的，政府对乡村从顶层规划设计到具体实施改革进行大包大揽，将农村、农民视为被改造的对象，农民的主体作用未得到充分发挥或者只发挥了形式上的作用而忽视了其自我服务、自我实践的效用。在美丽乡村建设过程中，地方政府在乡村建设方面往往"轰轰烈烈""大拆大建""一刀切"，使乡村建设沦为"政绩工程、面子工程"，农民关注的则多是政府的赔偿费和补偿款，甚至因此出现上访问题。大多数农民仍然将美丽乡村建设工作视为政府的政绩，农民享受了美丽乡村建设成果却"不领情"。

美丽乡村建设具有利国利民的公共性，理应发挥政府主导、规范和协调的作用，引导和动员社会各界、村民参与美丽乡村建设，规范美丽乡村建设的基本方向。然而，农民与基层党组织或政府之间缺乏制度性的关联，农村社会存在参与危机、信用危机，以及基层治理泛化或缺位，甚至本应作为村民自治组织的村民委员会治理也处于"真空"状态，造成了美丽乡村建设中严重的政府主导有余、群众参与不足以及干部出力不讨好的窘境。①

1. 政府大包大揽，村民不冷不热

在 20 世纪上半叶，政府对农村的管理已经相当深入且在一定程度上进行了控制。新中国成立后，人民政府在全国各地陆续建立，乡一级政府成为国家的基层政府，村一级社区的实际领导机构是党在农村的基层组织。在计划经济时期，政府建立了以"包揽一切"为核心理念的传统政府体制，旨在整合国家资源办大事。

党的十七大提出了"加快行政管理体制改革，建设服务型政府"的新目标，此时的政府改革主要着眼于更好地提高行政效能，在很大程度上给政府体制注入了活力，提高了政府的效率，并使政府逐渐完成了从全能型政府向服务型政府的蜕变，政府职能主要变为统筹规划、掌握政策、信息引导、组织协调、提供服务和检查监督等。

过去，进行美丽乡村建设，政府主导使美丽乡村建设具有全局意义，通过政府的"手"，农村在完善基础设施建设、加快公共服务设施建设、改善住房条件、整治村庄环境以及大力发展特色产业等方面所取得的成就显而易见。但当政府以高速度、高强度、高效率的态度和举措推进美丽乡村建设时，仍然无法避免农民对政府"等、靠、要"的思想，难以充分挖掘民智民力和实现农民对美丽乡村建设的真正参与。同时，在全国范围内进行美丽乡村建设，如果不靠农民自身的力量，政府将会背上沉重的财政负担和民意负担，"大包大揽"并非明智之举。

美丽乡村建设首先在于村容村貌的改善，"大包大揽"型政府多倾向于对村庄进行大拆大建，忽略村庄本身的历史、文化和特色，不尊重村庄发展历史。不尊重农民意愿的拆旧建新等行为只是一味地追求村庄表面美，忽视了村庄的内在美和长期美。村庄是农民生产与生活的家园，打造

---

① 龙海平：《打造自治、参与、合作的共同体，美丽乡村视角下的公共性问题》，《治理之道》2016 年第 1 期。

美丽乡村归根到底还是为了农民能够宜居宜业、幸福生活，但是政府大包大揽、不顾农民发展意愿的"包干"，既没有让农民真正获益，也没有达到美丽乡村建设的最终目的。另外，美丽乡村建设的一个重要目的在于找到适合村庄发展的产业，产业之路的探索和发展要发挥农民个体和村庄集体的智慧和力量，"大包大揽"型政府反而增加了产业发展的负担。

2. 治理条件有限，村民参与困难

20 世纪后期，我国通过民主实践探索出了基层群众自治制度，广大农村地区建立行政村，由村民选举村庄成员组成村民委员会。村委会作为基层群众自治组织，农民能够进行民主选举、民主决策、民主管理、民主监督，这项制度让农民群众能最大限度地发挥积极性和能动性，有利于我国农村区域发展、农村地区安定和谐。但随着实践的不断深入，村民自治存在农民的民主意识不足、参与意识不强、参与村庄事务较为被动等问题，且政府为了精简机构、节省行政成本，撤乡并镇、扩大村庄范围曾一度成为村庄改革的重要趋势，村庄治理单元过大、村小组利益弱化、干群关系陌生化等问题逐渐突出。美丽乡村建设离不开农民主体作用的发挥，也离不开农村带头人的积极带动，但有限的治理条件影响了美丽乡村建设。

佛冈县下辖 6 个镇，建制行政村（居委会）共 90 个，20 户以上的自然村有 665 个，其中，石角镇有 23 个行政村，20 户以上的自然村有 165 个，迳头镇有 11 个行政村，20 户以上的自然村有 108 个。佛冈县地处山区，农民居住较为分散，行政村管理的范围比较广，且各个自然村之间距离较远，长期以来在行政村层面开展的村民自治，面临着村委组织难、利益协调难、民众参与难等多重困境，使村民自治难以有效运转，也掣肘了美丽乡村建设。

首先是村委组织难。农村集体土地的产权多属于自然村或者村民小组，村庄治理权却在行政村。村庄进行征地时很难统一，村庄土地的分散化和细碎化导致土地难以整合、集体经济发展困难，且各村民小组之间有时会存在项目的竞争。农村土地产权和治权的分离导致行政村对自然村的管理心有无力，村庄经济发展滞后，美丽乡村建设组织困难。此外，村干部和村民在村庄的建设事务上难以实现有效沟通，一方面是行政村的村干部按国家标准为 3~7 人，但是大多数村庄人口多达几千人，法律赋予村庄的行政职能高达 100 多项，村干部对村庄建设的其他事务无暇顾及，对人民群众的真实想法无心体会；另一方面，一些地方的村民对村干部有抵触心理，对村干部的行为不认可、不配合，导致他们不理会、不参与村庄建设。进行美丽乡村建设需实现的土地、资金、人力等资源整合，在当前这些情况下还较难完成。

其次是利益协调难。南方的村庄不同于北方的村庄，后者有聚、大、合、稳的特色，南方村落往往比较分散，行政村内部难以形成有效的集体行动，行政村下面有多个村民小组，组与组之间距离较远，相互之间关系较弱，存在利益差异化、利益关系较复杂的问题，难以形成有效的协调。美丽乡村建设是惠及民生和真正让老百姓受益的工程，在各小组利益难以协调统一的情况下，政府需要找到真正统一的利益主体，方便进行美丽乡村的规划和建设。

最后是村民参与难。在数个村民小组组合而来的行政村，村民习惯了只关心本小组的事，各村小组之间距离较远，难以组织群众开会，凡是不涉及本小组利益的事情，小组长较少关心，开会时身在心不在，也不能提出关于村庄发展的建设性意见，开会流于形式，难以提高效率，不涉及村民切身利益事情的时候，村民更是不参与。群众对大村之事不关注，村民彼此生疏，民主效率低，村民参与无热情。美丽乡村建设不仅要靠政府的引导，还需要村庄农民的积极参与甚至是全民参与，民众不参与将会导致美丽乡村建设难以落地。

3. 经济利益考量，村民原子化危机

过去，佛冈县引入砂糖橘种植并将其发展成为当地农村的主要产业，成为佛冈县农民增收的重要途径，村民年人均收入曾达到 5000 元以上，大多数村民有稳定的收入来源，都愿意留在村里发展种植业。但自砂糖橘染上黄龙病之后，砂糖橘产业一度衰败。黄龙病被称为砂糖橘的"癌症"，很难找到解决办法，农民的经济收入来源被切断。佛冈县农民在未找到合适的发展产业之前，在养家糊口的现实困境以及比较收益的刺激下，村里很多农民放弃在家务农而选择外出到广州、深圳等经济发达地区务工，这成为佛冈农村大多数年轻农民主要的谋生方式，村庄的年轻人只有过年过节才会回来，村庄难以留住人。

村庄空心化、原子化危机严重。面对大量外出的农民，村组织鞭长莫及，管不到也管不着，难以开展村庄工作。接触了外面世界的农民有了新知识、新文化，有时候对村委会的管理看不惯、不看好，但是也常常漠视不提出意见，村民对村庄集体事务参与不足、信心不强。村里只剩下老年人和小孩子，行政村开会时大多数人只是去凑人数，遇到大事需要决定的时候他们都以年轻人在外拿不定主意为理由，无法提出相应的建设性意见，且老年人大多数比较守旧，不愿意接受新政策、新思想。村民外出务工的目的是挣钱，美丽乡村建设对他们来说只靠个人的力量无法完成，他们也不会去想这件事情，既无心参与也无力参与。

第二节　以梯度层次机制为导向，牵引聚合建设人力

党的十八届三中全会提出："全面深化改革的总目标是完善和发展中国特色社会主义制度，推进国家治理体系和治理能力现代化。"改革是永恒的主题，我国城乡差距大，仍然要走城镇化道路，不断进行农村改革，过去进行农村建设采取的是政府人员统一规划甚至是"一刀切"的模式，不注重村庄的底色和特色，忽略了村庄的优劣势和创建条件，村庄大包大揽打消了村民自主建设的积极性，政府为了村庄建设卖气卖力，村民却不满意，政府花十分的力气只能起到一分的作用。政府的工作难做，导致乡村建设难以达到好的成果。美丽乡村建设要发挥农民的主体作用，主要是源于农村地域差异的客观要求，农村的地域差异导致各地基础环境和发展水平总体不平衡，不同农村的风俗习惯也不尽相同。美丽乡村建设所面临的问题复杂，规划也是不统一的，这就要求充分发挥农民的主体作用，调动农民的创造性和积极性，努力挖掘本村的各种资源，实现美丽乡村建设的目标。[1]

佛冈县按照推进国家治理体系和治理能力现代化建设的总要求，深化农村综合改革，进一步完善农村治理体系，深入推进"三个重心下移"

---

[1]　娄海波等：《以农民为主体加快我市美丽乡村建设》，《农民致富之友》2016 年第 22 期。

"三个整合"，最重要的举措是将自治重心从行政村下移到自然村一级，成立村民理事会，使之成为农民力量的主要带动者。为有序推进建设改革，佛冈县将美丽乡村建设过程进行了"阶梯式"的分配重组，依次厘定出需梯级打造的"整洁村、示范村、特色村、生态村、美丽乡镇"五个层次，鼓励各建设单位因地制宜、设置梯度升级目标，步步上升。只有创建成功一个层次的村庄，才可于次年申报更高一级层次的美丽乡村创建项目，佛冈县以难度升级牵引美丽乡村建设成效升级。政府建立梯度层次机制，让各村庄找到了适合自己的发展道路，改变村容村貌，发展村庄产业，进行美丽乡村建设。

1. 搭建平台，发挥带头人牵引力量

长期以来，村庄治理单元以行政村为主，范围比较大，而村民小组长对村民的带动作用有限。为了改变村小组治理单元下"带而难动"的困局，佛冈县积极探索农村治理模式改革，通过尊重岭南特色的宗族关系和村落结构，找到了一条村民自治重心下移的道路，将自治重心从行政村下移到自然村一级。在美丽乡村建设之初，佛冈县便引导各自然村或村民小组搭建合适的建设牵引力量，村民理事会应需而设，使村庄有才、有德的人能够通过理事会平台带动本村村民建设美丽乡村。在美丽乡村建设过程中，佛冈县根据村庄的不同发展水平创建了梯度层次机制，让村民理事会能正视本村实际情况，申请建设适合本村庄特色的美丽乡村类型，带动村民牵引各方力量，探寻村庄长久发展道路。

水头镇西田党总支书记朱玉河介绍，随着农村综合改革启动"三个重心"下移，西田村在市人大、镇党委政府的指导下，始终坚持"村民自治、生态立村"原则，成立村民理事会，西田村各个村民理事会积极履行职责，发挥宣传动员作用。比如在建设芦笋基地初期，理事会多次组织召开村民代表会议商讨整合流转措施。针对部分群众对土地整合流转比较陌生、积极性不高的状况，理事会成员发动乡中贤士挨家挨户上门宣传解释。在龟咀原生态文明村建设中，理事会同样发挥了不可取代的作用，除了全程协调工程和建设资金支出监督外，还分头深入农户家中宣传农村综合改革及"美丽乡村"建设的政策和意义，通过理事会成员带头拆除和成功调解，做通了200多名村民的思想工作，成功拆除了休闲文化公园建设用地涉及的 30 多间废弃泥砖屋、1 间废旧厂房，加快了推进步伐。

2013 年 6 月起，迳头镇楼下村按片区分别成立了 16 个村民理事会，楼下村的官墩围村民理事会管理该村下片一、下片二、上片一、上片二共四个村小组。官墩围村理事会共有成员 7 名，其中，理事长 1 名、理事会成员 6 名。该村的村民理事会成员都是在村委"两委"换届选举村民小组长的同时，由全体村民投票产生的，理事会成员每届的任期都是三年，任期内要接受村民的监督。理事会成员中，除了兼任村民小组组长的成员外，其他普通理事没有报酬，理事会是一个公益性的民间治理组织。在村党支部的指导下，官墩围理事会积极发挥作用，如"指挥棒"一般，将村庄打造成了全县唯一的生态村。

在美丽乡村建设过程中，村民理事会的功能主要表现在以下几个方面。一是思想引导。在建设美丽乡村期间，部分村民认为美丽乡村建设是政府的事，参与建设的积极性不高。对此，理事会成员分片包户，教育引导其认清自己的主体地位，使其积极参与到美丽乡村建设中来。二是明确决策职责。平时理事会会把群众反映的热点和难点问题进行整理，然后选择比较有代表性的问题提交到理事会讨论，理事会采取走访等方式商议解决，小事由理事会成员决定，大事会召开村民大会进行决议，总体上坚持"党支部提事、村民理事会议事、村民代表大会议事、村委会执事"的民主决策路线，且能做到灵活变通。三是执行监督。理事会对美丽乡村建设的资金、进度等进行全方位的监督，村里每一个项目都由理事会成员对资金明细账和建设成果进行审核，确认无误后公示。

2. 凝聚人心，增强村庄集体观念

习近平总书记曾强调，农村不仅要留住青山绿水，也要让居民记得住乡愁。村庄不仅是农民生产、生活的地方，也需是能够留得住村民乡愁的地方。当前农民对村落的认同日益弱化，农民之间的互助合作精神逐渐消减，村社共同体也处在解体当中，产生了越来越多的治理和发展难题。① 佛冈县鼓励在自然村和村民小组这一有效治理单元建立理事会，通过理事

① 龙海平：《打造自治、参与、合作的共同体，美丽乡村视角下的公共性问题》，《治理之道》2016 年第 1 期。

会带动农民建设美丽乡村，实现人心"从散到合"的转变。美丽乡村建设要让农民切身感受到这件事情与自己的利益息息相关，使其愿意贡献自己的一分力量，并发自内心地投入建设美丽乡村过程中。

首先是寻找自然村利益相关、文化相近的因子，让农民直接参与本村庄建设，激发村民的自主性。石角镇中华里村是有四百余年历史的自然村，村民向来以勤劳淳朴、善良友好为本，对自己本村的事务也很热心。在中华里村成立理事会之前，村庄就经常组织村民做一些为了整个村庄利益着想的事情。早在 1990 年，村民李庚原就带头倡议村民们自愿捐款、出力，修建了村里主耕作区的休息亭"大茅寮"。在此之前，村民在村里耕作很不方便，一般早上出门到田里会带上午饭，但吃饭和休息没有专门的地方。"大茅寮"就是农民的田间休息亭，建成之后，耕作的农民可以在大茅寮进食、休息来补充体力，在天气不好的时候也能在大茅寮躲雨。

2010 年，正值外出务工的村民回村过年时，村民理事会积极组织村民修建中华里广场地笪。在村民捐资捐款后，理事会打算在正月初五开始动工。春节期间内亲外戚要走访拜年，每家每户就留一个人在家招待来拜年的客人，除此之外全村村民都出动干活，就连外出串门的村民也都是到别人家问个好就迅速赶回村内接着干活，等到吃饭的时候再过去。不料初五那天开始下冷雨，雨下得很大，理事长李庚原担心地说雨太大了，让大家停下干活，村民却说"反正内裤都湿了，我们就一干到底"。村民们一鼓作气，从早上天还没亮就起床，一直干到晚上有星星有月亮，终于在正月初六中午完工。在外工作没回来帮忙的村民听说此事感动得要"捐猪请全村人吃饭"。门楼地笪的建成使全村村民团结为一体，大大增强了村庄的凝聚力。

其次是找回村民对自然村强烈的归属感和认同感。保持对村庄的认同感十分重要，中华里村向来以"忠孝"文化为根，在村民理事会的带动下，村庄年轻人自主组织起来，于每年腊月二十八为村里 60 岁以上的老年人送保暖服，并亲自为老人准备一顿"敬老饭"，吃饭的时候村里人都会为老年人祝酒。每年的这一天，身在外地的老人都会赶来参加这一次活动，不是为了拿到这点礼物和吃这一顿饭，而是为了感受这一年一度的中华里大聚会，村庄的孝文化一直在延续。此外，理事长还号召村民逢佳节举行升国旗仪式，倡导爱国文化，通过一忠、一孝的活动，引导村民归心。为增强村民集体观念，中华里村民理事会还积极组织村民开展唱歌、跳舞、猜灯谜等文娱活动，同时举办接力赛、拔河比赛等集体项目，发动村民以村民小组为单位进行竞技比拼。通过激活各个村民小组的凝聚力，使村民拧成一股绳，为齐心建设美丽乡村打下了心理基础。

3. 共谋共议，纳入村民智慧力量

美丽乡村的建设离不开村民的参与和支持，村民参与美丽乡村的共建，不仅能够保证乡村建设的持续发展，还能够体现出村民的自治水平和治理水平。[①] 在建设美丽乡村的过程中，佛冈县各村村民理事会积极发挥"智囊团"作用，通过吸纳村民的智慧力量，共同处理美丽乡村建设事务。

一方面，自然村（村小组）在事务决策过程中摸索出一条通过"党支部提事，理事会议事，村民代表会议决事，村小组执事"处理村中事务的路子。美丽乡村建设要做到惠及全民，首先要吸纳大多数村民的智慧和力量，农民的事情让农民自己解决，这样能够在建设美丽乡村时减少阻碍因素，达到事半功倍的效果。村庄通过组织村民面对面开会，让村民们对棘手问题进行有效讨论。官埇围村民理事会会长范秀军说："平时我们会把群众反映的热点和难点问题进行整理，和党支部一起把比较有代表性的问题挑选出来，小事由我们理事会成员决定，大事都会召开村民大会进行决议，决定下来后，就放手去做。"在一些工作进行的过程中，总有一些村民难以被说服。2015 年春节，中华里理事会成员号召进行土地集中流转，引导村民以土地入股。最初，有 3 户村民不同意参加，理事会成员就协同乡贤、老村长等，通过召开"大围事"，向农户说情讲理。同年 4 月 4 日全体村民均签字确认同意。最终，在理事会的带领下，全村共整合耕地136 亩、山地 2600 多亩，为美丽乡村产业升级打下了基础。

另一方面，在互联网时代，村民们充分利用网络微信，助力村民议事。陂角村在外务工但热心村庄建设的村民多，为能让更多村民参与村庄发展，陂角村通过"互联网+"，搭建起理事会微信群、陂角村村民微信群以及"岭南聚龙湾温泉古村落"微信公众号等平台。一方面通过公众号文

---

① 朱开锋：《美丽乡村建设中的群众共建意识探索》，《农村经济与科技》2016 年第 12 期。

章激发村民建设家乡的热情，另一方面通过微信群将所有村民拧成一股绳，在群内实现了村内大小事务的及时讨论、协商和决策。"微信群现在200多人了，好的坏的都能随时在群里提出来，一个小小的互联网应用，就把全村人的心都连起来了。"提议建立微信群的周永棠非常感慨。中华里村同样通过微信建有"中华里理事会"和"中华里大家庭"两个群，理事长李庚原说："可能在城里，虚拟网络会成为妨碍人与人之间情感交流的屏障，但在中华里却反而成了促进村民团结、提升全村凝聚力的有力工具。"美丽乡村建设借助网络，让在家在外的村民能及时进行乡村建设情况的沟通，让美丽乡村建设真正实现了全体农民参与。

第三节　以标准递升机制为助推，
引导整合建设资源

过去，政府在农村建设方面目标要求单一，对不同条件的村庄没有建立不同的标准，统一设置一个标准让不同村庄难以找到适合自己的发展道路。一方面，条件好的先进村有改革动力，条件较显劣势的村庄，或者参与积极性不高，或者干脆放弃，发展没有后劲。另一方面，有些村庄缺乏有效的带动力量，村庄资源得不到开发利用，发展无力。想创业的农民缺门路、缺技术、缺平台，涉农企业缺劳动力、缺土地，缺资金，导致农村大量"沉睡"资源未被"唤醒"。

针对五个梯度的建设目标，佛冈县通过依次递进机制，为五个梯度设定了不同的建设要求，在整洁村基础上循序渐进，随着梯度上浮，村庄建设的标准和要求依次提升，美丽乡村建设的标准和门槛也不断提高升级。具体来看，佛冈县将整洁村的创建要求定位于"基础好、自治强、村容洁"，为美丽乡村的入门条件；将示范村的创建目标定位在"规划好、设施全、乡风淳"；与此对应，特色村、生态村和美丽乡镇的打造要求分别为"产业强、百姓富、文化兴""青山碧、绿水秀、乡愁驻""功能完善、环境优良、民富村强、社会和谐"。在标准递升机制作用下，美丽乡村建设主体想要达到更高层级的建设成果，在聚合人力的基础上，必须发挥自主能动性，由村民理事会带领村民共筹共建，进行美丽乡村建设资源的整合。

1. 规模经营，整合土地资源

土地是农村重要的集体资源，进行美丽乡村建设是要实现农村的长远发展，村容村貌是基本条件，但走产业发展道路才是最持久的发展方式。发展产业离不开规模化经营，为此，佛冈县把农村综合改革工作列为政府的"一号工程"，重点推进"三个整合"的开展。但是在村庄进行土地整合之前，常出现村民私占公共土地的情况，村庄环境杂乱无序，而且村民土地分散化和碎片化严重，难以形成规模效应。

佛冈县在美丽乡村建设过程中，除土地出租等传统土地流转方式外，还鼓励创建主体进行企业、村集体和农民的合作经营，农民将土地流转给村集体，村集体引入农业企业进行规模经营，按照基本租金与分红相结合的方式确保农民的土地权益，形成企业、村集体和农民之间的利益共享，更好地培育和发展集体经济。

水头镇西田村在土地整合方面的工作成效可圈可点，该村通过土地互换、大户集中流转、农户间分步整合流转等多种措施，使农户的土地"多块变一块、小块变大块"，很好地解决了困扰农业生产的土地细碎化问题，同时推进了农业产业的转型升级，推动了农业的适度规模化发展，使美丽乡村建设得以升级。西田的老围、清和两个自然村的党支部及理事会成员带头推动土地整合流转，他们利用党员会议、村民代表会议、宣传栏等平台进行宣传，并主动利用外地务工人员过节返乡的有利时机，向农民群众宣传土地整合流转的优势，使农户充分认识到土地流转的意义。据统计，老一村民小组 47 户 292 人三块共 58.1 亩土地、老二村民小组 52 户 219 人三块共 52.3 亩土地、老三村民小组 34 户 136 人三块共 37.6 亩土地，合计 148 亩土地全部整合流转到位，很好地推进了西田芦笋种植合作社的组建。

水头镇同兴村人均耕地不到 5 分，土地分散细碎，难以产生规模效益。理事朱光振讲："砂糖橘产业衰败后，村里更没有人愿意种地，土地都长满了高高的草，基本上都撂荒了。"为发挥土地效益，村民理事会带头组织村民通过土地置换和土地整合的方式，将小块土地变大块、碎块土地变整块，为后期村庄成立专业合作社、实现美丽乡村建设产业升级打下了基础。

通过土地整合和市场流转，陂角村过去种植效益不高、抛荒严重的土地也被重新利用了起来。现在，陂角村的规模化种植达到 102 亩，每年仅"花海"项目预计将吸引上万人前来参观。佛冈县的土地整合给美丽乡村建设提供了重要的土地资源，推行土地规模经营、实现规模效益成为其美丽乡村建设长久发展的捷径。

2. 内筹外引，整合资金资源

佛冈县通过建立标准递升机制，在美丽乡村建设中实施先奖后补政策，引导村民们首先积极自筹，先使用自筹方式保障美丽乡村建设的前期资金。政府对不同村庄标准筹集的资金数量有不同的要求，只有达到政府相关政策要求并且对村庄有一定程度的建设之后，政府才会根据相关政策标准对村庄实施奖励补贴。相比于过去政府无条件投入的资金，农民们通过发动多方力量筹集的资金来之不易，农民会将每一笔钱都用在刀刃上，发挥了资金的最大化效用，同时形成了一种可持续的资金使用链。这样不仅积极发挥了村民的能动性，而且为村庄人居环境综合整治工作和美丽乡村建设后期工程提供了可靠的资金来源保障。

长期以来，同兴村集体经济收入微薄，缺乏发展资金成为美丽乡村建设的一大难题。为此，村民理事会探索"领路"，开拓资金来源渠道。一方面鼓励"内筹"，邀请在村村民和村庄外出经济能人贡献财力；另一方面进行"外引"，理事会成员主动联系外村朱姓人捐款，同时做企业工作，争取企业带资投入。通过内筹外引，共筹集到 100 多万元的美丽乡村建设资金，缓解了资金压力。

为保障美丽乡村建设的可持续性，陂角村在资金有限的情况下，充分发挥市场的作用，开辟了多种资金筹集渠道，以"村民众筹+合作社募股"的方式，将村内外的资金合力激发出来，让村庄建设有了资金来源。

横江村民小组采取"硬筹资+软倡捐"结合的方式，鼓励一事一捐资。最开始新建祠堂，每户捐资 2400 元。然后进行祠堂外部装修，再次筹资，每户规定捐资 2000 元。之后修建文化室等，也是采取这种"按需筹款，按户摊派"方式筹集资金。理事会开展的第一步工作就是发动群众，筹集资金。理事会特意选择在过年村民都在家的时候召开筹资会议，对于经济情况不理想的村民，理事会提出可以"以工代资"，按照大工 150 元每人每天、小工 130 元每人每天的标准投入。通过五次筹款，每户共捐资 4960

元。对部分未按规定缴纳足额筹款的农户，理事会经讨论后决定，可以给其一定的时间，在 2019 年前完成规定资金余款的交纳。每年春节正月初一及清明节当天，外出务工的村民都会回乡，理事会正是借此机会举办慈善会议，发动热心村民捐款。此外，整合涉农资金也是重要的资金来源，横江村村集体收入较少，只有山地租金每年 300 元左右。钱少难办事，村庄在 2016 年后，通过征求村民意见，获得村民同意，将以前按户分配的农资综合补贴资金进行了整合，用于美丽乡村的村庄公共设施建设。

自 2016 年开展美丽乡村建设和人居环境综合整治工作以来，佛冈县累计兑现清远市 2016 年度第一批美丽乡村县级财政奖补资金 937.38 万元，村集体投资 1955.69 万元，农民集体集资或社会捐赠 991.65 万元，筹工筹劳 50906 小时，群众参与建设和整治的积极性被充分调动了起来。

3. 全民参与，整合人力资源

过去，美丽乡村建设被认为是政府的事或者是少数村干部的事，但是他们力量小、作用微，更多有能力、有热情的村民未被充分吸纳到建设队伍中来，村庄建设的人力资源没有被充分调动。人力资源是美丽乡村建设的基本力量，在佛冈县建立的标准递升机制牵引下，美丽乡村各创建主体开始积极调动村庄内外的人力资源，让村庄大多数甚至全体农民参与到美丽乡村建设中来，村民的力量得到了有效整合和最大化发挥。

首先，理事会成员带动和鼓励村民。理事会成员在责任和奉献的信念之下积极起带头作用，自愿出工出力，普通村民在他们的影响之下也会舍小家为大家，无偿出工为村庄做贡献，为村庄发展贡献自己有限的力量。同兴村理事会发挥了示范引路功能，如理事长朱然栋、理事朱光振两人无偿提供自家挖机并亲自拆除村庄旧屋，形成了示范效应，以此激发村民的配合积极性和能动性。横江村民小组理事长说："没有做美丽乡村之时，村里需要做义务劳动的，都没有人参加。美丽乡村搞起来之后，村民的意识发生很大转变，打扫卫生，除草，大家都主动来帮忙，自愿来做，思想意识提高了很多。"

其次，培养村民良好习惯，用村民的力量监督村民。如里岗村在"大清洁"活动前均组织座谈会，不但把"大清洁"日期定下来，而且把清理任务分解下去。此外，里岗村在每年春节与清明节均召开 2 次群众会，动员村民参与到"大清洁"活动中。队长朱炳良说："大家都积极参与，参会比例都在70%左右。"在村庄内部，村民与村民之间也一直在相互影响，包括家人、同村人等。有一对爷孙，爷爷抽了根烟，随手将烟盒扔在地上，小孙女见后，告诉爷爷不能随手扔垃圾，爷爷随即捡起烟盒扔向垃圾桶。以行动影响行动，村民们都在集体行动。同兴村在实施人畜分离期间，也采取了村民相互监督的办法，只要有人发现某一户擅自将禽类放养在村内，便可拍一张照片发到"同兴村大家庭"的微信群里，让理事会及全村人都来进行监督，有效避免了不自觉村民的坏习惯。

最后，完善人力资源市场化，让农民出力有收入。村民奉献出工多靠主观意愿，不是进行村庄建设的长久之计，此时就需要发挥市场对人力资源的重要作用。为了更好地调动村民的积极性，村民理事会同样发挥了市场的作用，采取市场用工的方式。在平时村庄的公共设施建设中需要用到人力时，村庄会按市场价请村民出工，让村民不出乡村也能挣到一些钱。同兴村在村庄的公共事务需要用工的时候，会鼓励有劳动能力的在村村民参与。理事会成员会在群里发布用工消息，哪一天需要多少人做什么工，村民们都会在微信群里报名，村民工资按市场价算，基本上就是80元一天。而陂角村在进行美丽乡村建设时则实行"排位制"：理事会按照工作内容进行用工分类，村民按照排位顺序轮流上工，保证公平。村民在村集体干活一天可获得70~80元报酬，这也充分解决了村内剩余劳动力问题，将村民的积极性调动了起来。

此外，大多数村庄在进行卫生整治时，成立了专门的卫生小组，包括一个组长和两个卫生员，大多数村庄请的是本村的村民，每月支付给这些卫生员600元的报酬，让其负责村庄的卫生保洁工作。他们既为村庄做了一些事，也靠自己的劳动挣到了一些钱。

第四节 以分步打造机制为标准，
引领推进建设升级

美丽乡村不只要美在外表，更要美在发展，美丽乡村首先是富庶乡村。"中国要强农业必须强，中国要美农村必须美，中国要富农民必须富"，这指明了美丽乡村建设的内在规律与工作重心。美丽乡村建设一定要有产业带动，没有产业带动，农民富不起来，生活不美好，农村也无法美起来。个别地区在探索美丽乡村建设过程中，只注重"涂脂抹粉""做盆景、搞形象"，导致美丽乡村建设"一股风"，村民难以持续受益。佛冈县设立分步打造、分阶梯升级机制，牵引美丽乡村建设升级，除了改善环境，更注重发展，让农民受益。

1. 以土生金，土地入股分红

运用市场手段使各部门资源进入美丽乡村建设中，使社会各部门有效地发挥自己的作用，有利于快速、高效地推进美丽乡村建设。[①] 在美丽乡村建设过程中，佛冈县让各村积极进行土地整合，解决土地细碎化、分散化问题，对土地进行连片种植、连片利用，提高土地利用率，让土地价值最大化。村庄积极成立农村经济合作社，让农民入股，更好地实现了村庄"资源变股权、资金变股金、农民变股民"。

中华里村为了解决村庄起步阶段力量薄弱的问题，在入股方式上进行了多元化配置：一是土地入股，将全村 120 多亩水田和 2600 亩山地整合入股到合作社；二是资金入股，按照 5000 元/股的标准吸取资金，目前共吸纳 525 股，股价 2625000 元；三是地上物入股，将果树等地上资源估价变成入股资金算股份。中华里村对收益的分红也很有特色，村庄每年对集体利润进行分配，先拿出 15% 作为村的风险金、公益金和公共设施建设资金，剩余的 85% 再进行四六分，资金股占股份的六成，15 年后 100% 退还本金；土地股占股份的四成，再按照 2∶8 的比例进行分红，其中 20% 按照中华里人口分红，不论外出务工人口还是迁移出去的男丁都可以分得一份，其余 80% 按照农业户口分红。

佛冈县陂角村为了破解过去土地零碎分散、土地效益低下的难题，以市场需求为出发点，积极引导村民自主进行村内"互换并地"，实现"一户一田一地"，充分激发土地作为"潜力股"的价值，并通过市场化流转（后成立陂角村经济合作社），将共有土地 102 亩采取"土地入股+资金入股"的入股配额办法，入股到经济合作社中，每股 1 万元，共发放 100 股。

---

① 杨磊、邹再进：《运用市场手段建设美丽乡村》，《城乡建设与发展》2016 年第 3 期。

例如村民以 1 亩地入股，按照正常市价作价 1200 元，剩余 8800 元则以现金补齐，从而完成一股股金的认购；若以 2 亩地入股，按照比例，土地作价 2400 元，村民再拿出 17600 元就可以认购二股。收益则按照股金分红，股份越多分红越多。2017 年初，本村 99%的村民都已经将土地入股，但遵循自愿原则，有一户外出就业的村民未入股，而是选择将土地出租给集体，每年可以获得 1200 元的租金，只是不能参与分红。陂角在收益分配时，首先提取 20%作为集体费用，用来进行日常管理，如古村落保护等工作，剩下 80%进行分红。

政府创建分步打造机制，让各农村找到了适合自己的发展道路和发展模式。村庄在取得一定成果之后，要积极将成果回馈给本村的老百姓，让村民共享美丽乡村建设成果。土地再也不是过去只能种几百斤粮食的土地了，而成为能够产生股金的土地，农民可以通过土地增加收入、获得收益。

2. 产业融合，一三产业联合发展

2017 年中央一号文件提出要"壮大新产业新业态，拓展农业产业链价值链，推动农村产业融合"。美丽乡村的创建过程同时是促进各项产业联合发展的过程，要保障美丽乡村建设可持续，必须有特色产业进行支撑。在传统农业基础上进行一三产业融合，与市场需求完美对接，是村庄发展的有力保障。在我国大部分农村，当前未能充分挖掘当地特色，未搭建起产业发展的平台，仅依靠传统农业的发展很难转变村庄面貌，也无法转变村庄发展模式。

佛冈县在美丽乡村建设过程中，建立了分步打造机制，通过编制规划、打造全域旅游等为农村产业发展定轮廓，保证农村产业发展"有据可循"和"少走弯路"。一方面，佛冈县大力整合文化、生态和特色旅游资源，高起点规划、高水平建设一批名村、特色村和精品村，从点上切入为产业融合做牵引；另一方面，佛冈引导各村按照"整洁村、示范村、特色村、生态村"四个档次分步骤、分程序创建美丽乡村，从面上铺开为产业融合造环境。

"三产"融合逐渐成为时代趋势，乡村旅游俨然成为旅游服务业的新热点。近年来，佛冈农村依托秀美的自然景观和上乘的生态资源、丰厚的文化积淀、古朴的风土民情，将美丽乡村建设与发展乡村旅游结合了起来。短短几年，佛冈县乡村旅游发展势头强劲，成为促进农业产业结构调整、增加农民收入、维护农村社会经济持续发展的新亮点。

从顶层设计来看，佛冈县创新思路，拓展农业本位功能，联结产业全节点；引入现代人文科技，增值产业全链条；发挥服务牵引功能，升级产业全环节，从策动内源和引入外流两方面入手推动产业融合，以产业融合保障美丽乡村建设富有成效，并有利于进一步打造高标准、高效能的美丽乡村。佛冈县政府以"产业融合"为导向，结合村庄特点，充分发挥了新型业态的拉力，以旅游业为抓手，升级了村庄的传统产业。

在政府引导下，官埇围村与红日莲藕公司、丰业葡萄庄园开展合作，分别培育了100亩观赏荷花池和103亩葡萄采摘体验园，建设了农产品自助购物一条街，成功实现了农业与旅游业的对接升级。"粤北盛夏花指路，荷香十里到迳头。"佛冈县迳头镇楼下村的千亩荷塘内，荷叶田田，莲花竞放，荷香四溢。以发展第三产业旅游业为目的，佛冈县北部新打造的"河西走廊"，呈现出一片"接天莲叶无穷碧，映日荷花别样红"的盛景，美丽乡村建设成效斐然。

3. 发挥特色，实现村庄持续发展

建设美丽乡村要以可持续产业为最终目标，根据村庄自我优势和特色，利用优势，升级优势，打造长远产业。佛冈县创建分步打造机制，让各村庄对自我准确定位，政府再给予一定的帮助和扶持，让美丽乡村建设实现可持续发展。

佛冈县陂角村作为汤塘镇旅游点之一，并没有局限于目前的发展，而是在汤塘旅游发展的整体规划下，充分对接市场需求，进一步推动了民宿、温泉等新项目的开展。周理事长介绍说："我们的美丽乡村不是达到特色村就行了，而是根据市场的发展，寻求更有利于村庄发展的产业和项目，保障村庄建设未来的持续性。"

官埇围村依托村庄自然生态资源以及环境优势，以美丽乡村为主导框架，规划建设了集花卉观赏、蔬果采摘、特色民宿体验、休闲农家乐、土特产购买、休闲生态旅游度假于一体的生态村产业链。为此，官埇围村统筹规划了300多亩全部可耕地，并形成了土地"一村两制"的特色经营方式。2017年，村庄荷花观赏园已开放营业，葡萄种植也已具规模，田园风

光产业与生态山林建设顺利投入运营。除此之外，蔬果采摘与土特产购买部分正在试运营，特色民宿建设计划也已提上日程。总而言之，官墩围村综合生态村产业链已经奠定了良好开端，产业链条仍待逐一完善。

中华里村在建成村庄的基础设施、成功申请为"示范村"之后，眼光放得更加长远。首先成立了中华里黄花鹅养殖场——"中华里草地鹅"养殖基地。通过"合作社+农户"的模式，将村集体的养殖场运行起来。其次成立了中华里村龙泉山庄。龙泉山庄是中华里村大茅寮合作社的一个项目，属于村集体企业。龙泉山庄利用当地丰富的生态资源，依托村里的现代绿色农业及生态养殖，将一饭一菜均打造成村里的特色，加快了农业产业升级，促进了乡村旅游发展，有望大大增加村民的收入。最后，中华里将"花海"项目提上日程，该项目于2017年6月30日动工。在此之前，为充分利用土地资源，村集体决定与企业合作种植80多亩的西瓜，利润按照企业得利润的60%、村集体得利润的40%分配。

村庄只有找准自己的定位，才能找到适合本村持续发展的特色道路。中华里进行美丽乡村建设的未来规划以"三整一心"为主体，即整合土地、整合资源、整体规划，计划创办卧龙谷绿色生态休闲区。接下来，中华里村还打算利用村里的山地与河流两岸的优美环境，在卧龙谷谷口设立停车场，在谷内建设多个游泳池，在梯田里种植紫云英、格桑花、油菜花，并鼓励村民把闲置的房屋和旧围屋改造成民宿，打造以绿色生态产业为基础，吃、喝、住、玩多位一体的旅游度假区，发展集观光、休闲、农家乐、摄影于一体的乡村旅游。

小　结

村庄是村民的共同家园，农民是建设美丽乡村的主体力量。长期以来，政府对乡村建设大包大揽，一方面，政府本身投资成本巨大，村庄建设压力过大，另一方面，村民容易养成"等、靠、要"的思想，抑制了村民积极性与能动性的发挥。此外，村庄建设没有合适的带动力量，美丽乡村也难以建成，合适的自治单元对建设美丽乡村能起到至关重要的作用，只有利益相关、文化相连的群体才能更好地开展美丽乡村建设工作。

　　佛冈县通过梯度创建机制引导建设美丽乡村过程，首先进行了农村综合改革，将自治重心下移，强调将自治职能和自治工作下移到自然村或村民小组，将自治还权于民，明晰了自治组织的职能定位，促进了农民参与的组织化，提供了农民参与的原动力。政府的政策引导为美丽乡村建设工作选择了优秀的带头人和掌舵者，村民理事会在美丽乡村建设中的作用十分重要。理事会成员带领村民对本村庄事务共谋共议，使美丽乡村美在共同参与。其次，佛冈县各村庄的村民理事会带领村民们根据自身条件和能力统筹人力、物力、财力，按照五个层级标准一步步建设美丽乡村，一方面政府统筹引导，分步打造，另一方面群众珍惜机会，步步提升。最后，农村的可持续发展要以产业为支撑，基于村庄本地区的资源建立完善的、规模化的、可开放的产业体系。

第五章

共管：建设美丽乡村的动态监管机制

习近平总书记强调："实现城乡一体化，建设美丽乡村，是要给乡亲们造福，不要把钱花在不必要的事情上，比如说'涂脂抹粉'，房子外面刷层白灰，一白遮百丑。不能大拆大建，特别是古村落要保护好。"长期以来，一些地方的美丽乡村建设只是简单落在"涂脂抹粉""做盆景"的任务上，导致美丽乡村建设仅成为一时的形象工程，可持续性不强，难以久久为功。这首先受制于传统的建设资金投入模式，地方政府"只投不管""投而无效"状况突出，对建设资金的收支状况缺乏跟踪与监管，使美丽乡村建设资金收效甚微；其次，美丽乡村建设缺乏有效完善的动态保障机制，许多地方将美丽乡村建设作为短期工作，过度追求短期效益，缺少自上而下的动态式跟踪维系机制，导致美丽乡村建设主体动力不足、后劲不够；最后，美丽乡村建设未形成系统化的联动机制，在建设过程中只是"头痛医头、脚痛医脚"，将美丽乡村建设作为单一的任务来完成，"入手"基础差，"着手"深度浅，使美丽乡村建设缺乏稳固的社会治理基础。

为破解美丽乡村建设难以持续的问题，广东省清远市佛冈县通过资金动态公示监管机制、动态回访督查机制、社会治理联动机制三管齐下，打造了美丽乡村建设成果的动态化保障机制。其一，促进了美丽乡村建设专项资金的使用公开化和效用最大化；其二，保障了美丽乡村建设的持续发力，避免美丽乡村建设效果成为"一日之功"；其三，夯实了美丽乡村建设的治理基础，通过打造治理联动机制保障了美丽乡村建设"硬件"与"软件"共同升级。佛冈县的美丽乡村建设不仅"美"在村貌，更"美"在与"硬件"相配套的基层治理能力、治理方式等社会治理水平的提升，打造出了可持续的美丽乡村建设范本。

第一节 建立动态公示机制，保障"美丽乡村"资金公开

十八届三中全会明确提出了"保障农民集体经济组织成员权利"，而有效监督是收益获得的重要保障，这就指明了美丽乡村建设资金的使用方法和方向，即以资金动态监管跟上农村发展转型升级的步伐。但长期以来，乡村建设发展资金普遍存在使用不透明、收支不公开、监管效果差等漏洞，并由此导致了诸如资金流失、干部腐败、干群关系紧张等一系列问题。

对此，佛冈县通过完善资金管理办法，明确项目补助标准，实行清单式管理，健全了资金动态监管机制，将美丽乡村建设资金的使用纳入"三资"监管平台，使美丽乡村建设资金公开、公示、公布，落实了社会群众的知情权和监督权，美丽乡村建设得以有效铺开。

1."内外互缚"：传统资金监管方式的局限

建设美丽乡村，是建设"美丽中国"在农村地区的具体实践。党的十八大首次将生态文明纳入"五位一体"的总体布局中，并提出把"生态文明建设"放在与经济发展同样重要的位置，要求建设"美丽中国"，打造"生态宜居、生产高效、生活美好、人文和谐"的乡村示范典型，以此来丰富和提升新农村建设的内涵，推进农业现代化发展和农村社会管理。

近几年，省、市、县各级人民政府对美丽乡村建设投入的资金量逐年增加，与之对应的资金使用透明化、资金监管动态化问题也随之而来，以往推行的政府与村庄"一体化"掌握、操作美丽乡村建设资金的办法已难以奏效。基层党委和地方政府在下达一项工作任务时，为了确保工作顺利进行、高效完成，层层安排考核指标，制定考核细则。但是上级主管部门

的考核验收过于注重工作成绩和效果，很少关注资金的使用是否符合规定，由此导致基层在安排建设和资金使用时，考虑的大多是如何尽可能加快工作进度，按时完成考核指标，对于项目建设如何规范操作，资金使用如何符合规定等，并不将其作为考察的重点。管理体制不完善，相关制度不健全，资金管理办法不严密，是导致美丽乡村建设专项资金使用不公开、不透明、监管弱等问题的主要原因。

一方面，村民对美丽乡村建设资金的使用状况"难知情"。我国农村集体经济长期以来都延续"信息不对称"的封闭监管模式，主要表现为"主体单一、权责不清、反馈滞后、方式低效"，致使村庄建设和发展资金陷入"上级监督太远，村务监督太软，村民监督太难"的困境。特别是村民等创建主体对美丽乡村建设资金的使用情况"难知情"，部分资金流失极易导致涉农产业发展面临资金匮乏、村庄发展动力不足、农业产业结构单一等问题，使美丽乡村建设举步维艰。佛冈县一位戈姓村民说："小组的钱什么时候发，发了多少，我们有权知道，但存在小组长私人账户里，我们想知道都难。"此外，虽然村庄都进行了村务公开，但只是结果公开，不少村民不了解具体工作，还容易误解或质疑村干部，影响美丽乡村建设聚合人力。"以前，我们队（村小组）里穷，全队一年到头才发1万多块，还得买农机。我精打细算着过，别人还说三道四，干着不舒心"，南下村小组组长刘永金说。

另一方面，传统资金监管方式有漏洞。资金资源始终是制约美丽乡村建设的重大问题，对美丽乡村建设专项资金的动态监管显得更为重要。以往，监管资金需要审计、农资办和纪检等多个部门分别统计信息，极易出现"监管盲区"，传统资金监管模式可操作性弱，往往造成监管"无据可依、无处下手"。在美丽乡村建设专项资金使用过程中，一是存在个别地方挤占挪用专项资金和乱发奖金的问题；二是资金管理不规范，存在支付大额现金问题；三是工程项目管理方面的手续不完善，部分工程没有竣工和正式验收报告，个别工程存在质量问题；四是个别项目立项不科学，出现闲置浪费问题。此外，过去农村财务管理多采用事后监管的方式，普遍存在财务人员水平不高、财务监控制度落实不到位等漏洞。特别是小组账目采用私人存折的现金管理方式，存在"入账不明、出账不清、管账不顺"等问题，容易衍生"坐收坐支"、"公款私存"、非法挪用等不规范和微腐败行为，掣肘了美丽乡村建设的可持续性。

2."源头治水"：探索"源头治水"的三道防线

加强美丽乡村建设资金的监管，首先要把满足农民群众的紧迫需要作为根本出发点和落脚点，把农民的满意程度作为衡量监管成效的重要标准，同时以保障农民的知情权和落实其监督权作为保证农民群众根本利益的方式。

佛冈县位于珠江三角洲边缘地区，多年以来，广袤的城乡大地得改革开放风气之先，农业和农村工作焕发了蓬勃生机和活力。2015 年，清远市财政局、中共清远市委农村工作委员会办公室印发了《清远市美丽乡村建设资金管理办法》《美丽乡村建设资金管理实施细则（试行）》，多措并举加强美丽乡村建设专项资金管理。2016 年，中共清远市委、市人民政府印发了《清远市"十三五"期间推进美丽乡村建设实施意见》，计划2016~2020 年的五年间，全市每年至少创建完成 200 个整洁村、100 个示范村、30 个特色村、5 个生态村。其中，2016~2018 年，全市重点创建整洁村、示范村、特色村，已具备条件的乡镇，率先启动创建美丽乡镇工作，实现初步建成小康社会目标；2019~2020 年，重点创建生态村、美丽乡镇，实现全面建成小康社会目标。到"十三五"期末，全面完成农村人居环境整治任务，至少创建 1000 个整洁村、500 个示范村、150 个特色村、25 个生态村和 8 个美丽乡镇。该《实施意见》初步打造了美丽乡村建设的目标和愿景。

在美丽乡村建设过程中，村庄内部通过土地资源、财力资源等的整合，再加上政府的奖补资金，形成了较大存量的隐性与显性资金。如何规范使用这些资金，将这些资金用在美丽乡村建设的"刀刃"上，对资金的监管提出了更高要求。为进一步加强对美丽乡村建设专项资金的管理，提高财政专项资金的使用效益，佛冈县采取三项举措确保了对美丽乡村建设项目资金监管到位。

一是专项资金发放堵漏，完善资金管理办法。佛冈县财政局出台相应文件，对美丽乡村实行项目化管理，明确了建设项目补助标准，县财政给予资金奖补。对于省级、县级美丽乡村中心村建设，上级政府给予重点支持，对乡镇政府驻地建成区整治按 300 万元/个、省级美丽乡村中心村按 200 万元/个、县级美丽乡村中心村按 100 万元/个进行安排，并报县美丽乡村建设工作领导小组审定。此外，佛冈县各个村庄的美丽乡村建设奖补资金均由镇纪委监督发放，并报县美丽办，杜绝奖补资金的使用漏洞。如发现私分奖补资金、将奖补资金挪作他用或镇干部"吃拿卡要"的情况，将由县纪委对镇相关人员进行问责；对村则取消今后县级对其村庄建设的支持，取消其继续申报更高层次美丽乡村的创建资格，并全县通报批评。这一更为严厉的惩罚措施，督促着镇一级和村两委干部严肃对待美丽乡村建设奖补资金的发放和使用，有效实现了对资金的高效监管。

2016 年，佛冈县农办出台了《佛冈县 2016 年美丽乡村第一批考核验收创建村奖补资金使用管理办法》和《2016 年通过市第一批考核验收的创建村下拨奖补资金的办理说明》等文件，进一步对应美丽乡村建设资金使用细则，指导各镇采用报账制度，规范相关资金分配、报批、核准等环节的程序和手续，确保资金使用依法依规。

二是保障资金专款专用，明确财政专项资金使用原则。佛冈县规定，凡美丽乡村建设的专项资金必须用在刀刃上，且须专款专用，不得用于美丽乡村建设任务之外的支出。在建设实践中，虽然绝大多数资金能够实现专款专用，但仍存在将美丽乡村建设资金用于非美丽乡村建设点建设的情况，个别乡镇打"擦边球"，挤占美丽乡村建设资金，甚至极少数创建主体将其挪用作为其他经费。佛冈县每年会拨付不少于 2000 万元的专项资金用于美丽乡村建设。面对巨大的资金流动量，佛冈县严格要求各个乡镇做好资金的全面统筹和使用把关工作，加强对于奖补资金的监督使用，杜绝借用、挪用现象的发生。同时，县财政部门还综合运用奖补、贴息、担保等手段，支持社会资金投入美丽乡村建设，鼓励农民实施适宜自建的美丽乡村建设项目。

整体来看，虽然美丽乡村建设整体资金投入大，但下发到各村的资金相对有限。为保障资金使用的专门性，防止有人利用美丽乡村建设的名义将资金挪作他用，佛冈县从制度上保障了资金的专款专用。首先，镇政府下达明确要求，下拨到村庄的奖补资金，只能用于满足当年的美丽乡村验收标准以及村庄公共设施或公益事业项目的建设，不能用于祭祖和祠堂修缮建设（创建村此前有上级专款项目资金的不得重复计算）。其次，对于美丽乡村建设资金的专款专用，各类村庄的建设承诺书已有明确规定，对于专款专用未达标的村庄，有关部门将在审核验收时扣除相应的分数，以此确保专款专用。最后，佛冈县建立了专项资金收回机制，对发现并查实违规使用专项资金的，将按违规金额的 2 倍收回。

此外，佛冈县将村务公开和民主管理工作纳入了年终综合考核，采用平时督查和年终考核相结合的方法对资金使用进行监督，村干部如果不按时交账，要进行责任追究。如前两次未按时交账，镇驻村班子、驻村镇干部、村支书、村主任、村报账员将被罚款，第三次未按时交账，则将被问责。同时，美丽乡村建设的各创建主体通过村民大会、村务宣传栏和"三资"服务平台的汇总公开栏目，可与过程留痕中的账单进行对照。"我们每月开一次'家长会'，会堂之前门外的展板上都贴好了上个月'村廉通'① 里打出来的账，很清楚，知道钱都花哪了"，村民刘南胜说道。

三是建设资金流动过程监管。以往的资金监管模式通常是事后发布信息，而不以动态信息支持决策，经常导致出现"有监无管"的尴尬局面。现在，当美丽乡村建设项目的奖补资金发放到村后，其使用的规范情况将是资金监管的重要内容。为了保障奖补资金在使用过程中合法、合规、合乎村庄发展需求，佛冈县对美丽乡村建设资金的流动过程采取全程监管。

首先，建立严格的报账制度。佛冈县要求所有后续建设项目都必须建立项目库上报镇级单位同意，并报县美丽办备案，所有经费的使用均被要求严格报账。美丽乡村建成后，由镇审核验收并下拨奖补资金，资金均被要求半年内全部用完（用于清洁卫生的可适当延迟），若半年不能使用完毕，将由镇政府向县美丽办申请后安排到其他村的美丽乡村建设中。同时，建立公示监督制度。不仅有政府监管美丽乡村建设资金的使用，村委会还要公示各个项目的资金使用情况，接受村民和社会的监管。佛冈县陂角村每一季度均在微信公众平台中及时公示美丽乡村奖补资金的使用情况，村民有疑问的可以随时提出质疑，并请理事会成员及时回应。此外，

---

① "村廉通"是佛冈县为保障农村资金管理透明化和规范化，借助现代电子化金融手段加强农村集体资金监管的服务平台。

组级资金的流动由农村村务监督委员会进行核查和对账；村干部和镇驻村干部组成的勤廉监督室，对村级收支进行监督，对村内"三资"管理严把关。"我是镇上派来的驻村干部，村账到我这里'备案'，上级到我这里'查账'，我在村里监督，上面下面都放心"，勤廉监督室林委员说道。

其次，规范监督管理过程。佛冈县对美丽乡村建设专项资金实行资金使用公示制，自然村（村小组）在进行美丽乡村建设过程中，其资金使用需要经过村民理事会、村小组、经济合作社共议，同时报行政村一级审核，规范报账流程。专项资金实行县级报账制和国库集中支付制度，明确项目开工前、建设中、竣工后资金审批、支付的具体程序，由使用单位提出申请，经项目所在乡镇政府、财政所初审，县财政局审核后，按国库集中支付制度办理报账支付，严禁现金支付。此外，项目所在村必须在村务公开栏醒目位置公示建设内容、筹资渠道和资金使用情况，主动接受群众监督，同时必须接受审计、纪检监察、财政等部门的监督、检查。除此之外，项目竣工验收合格后，还需将建设工程交给村委会管护，由村委会制定专门的管护制度，确定管护人员，落实管护职责，确保所建工程长期发挥应有的效益。

最后，建设农村党风廉政建设信息平台，利用痕迹监管，对美丽乡村建设资金的使用进行全流程监督。一是狠抓源头，防控结合。佛冈县通过在村（居）委会设置POS刷卡机，实现了美丽乡村建设资金收取和支出"无现金"消费，通过"村廉通"这一载体，美丽乡村建设的每一笔资金都得到了全程监管。二是收支过程全天候跟踪。佛冈县将村庄及村民小组的美丽乡村配套建设资金全部纳入村廉通专用银行账户进行监督管理，专用资金的每一笔收入和支出都会由银行发送实时短信到县驻村干部、村两委干部以及村务监督委员会成员的手机上，以此进行多方位实时监控，超过500元的资金支出必须由村务监督委员会成员确认后才能使用，并要做好详细记录备案在册。三是"大数据"结果透明化。村庄及各个村民小组的美丽乡村建设资金收支情况，将由"村廉通"平台自动生成汇总数据，并每月公布在县级"三资"监管平台上，收入、支出、资金剩余情况一目了然。

第二节　打造动态回访机制，维持"美丽乡村"建设后劲

十一届三中全会以后，我国广大农村逐步实行了家庭联产承包责任制，家庭分散经营代替了原来的集体统一经营，农村的经营机制和管理体制都发生了重大变化。新时期以来，不同地区相继开展了新农村建设和美丽乡村建设，面对新的体制和机制，如何管理和使用已经建成的基础设施和公共设施，如何让新农村建设的成果最大限度惠及多数人，如何让美丽乡村建设的成效长期保持，如何划分国家与农民、集体与个体之间的责任和权利等问题，都还处在探索的过程中。过去的地方改革中，只见政府主导未见农民主体，缺乏后续保障机制，往往只顾前期打造忽略后期维护，"只重面子不重里子"，"有硬件无软件"，导致改革成效难以持续，改革动力后劲不足。

基于过往的经验与教训，佛冈县打造了动态化回访督查机制，同时与后续奖补资金划拨挂钩，使美丽乡村建设不再仅是阶段性任务，而成为村民的永久性习惯；不仅有形象美，更有内在美。通过建立政府投入和考评机制、农民参与机制、有效的引导激励机制，激励创建主体的改革定力。为保障激励资金利用的"靶向"效应，佛冈县对所有美丽乡村建成村的奖补资金使用与效用进行了全域式动态管理，通过监管、验收、督查等环节，实现长效化管理，使奖补有效落地。

1. 动态考核，全域式验收

美丽乡村建设是新时期农村工作的一项系统性、全局性的重大战略工程。2013 年中央 1 号文件明确提出了"努力建设美丽乡村"的战略布局，几年来各级政府投入了大量的资金、人力、物力进行美丽乡村建设，成效斐然。但是，在以往的美丽乡村建设验收评估过程中存在一些政策制定和实施上的误区，在评审标准制定过程中没有充分考虑"立地"的问题，在评估验收时容易"一刀切"。佛冈县通过增强美丽乡村创建工作的导向性和针对性，明确创建要求和创建程序，完善了创评标准。在评审验收组织上，成立联合评审组，体现验收的客观公正；在创建单位

申请验收程序上，条目清晰，方便创建单位的申报和对照；在考核验收指标上，实行五个档次梯度创建，实现美丽乡村建设的因地制宜、量力而行。

一是县乡成员单位与第三方机构联合成立评审组，对美丽乡村创建单位进行评审验收。在传统的评审中，政府既当"运动员"又当"裁判员"，容易引发评审不公和自我表扬。评审考核既是"风向标"也是"指挥棒"，精准的评审结果可以发现真实问题，凸显工作难点之所在，为政府后续工作指明方向，因此，引入具有专业性和独立性的第三方很有必要。"第三方"一般是具有权威性的中间组织或机构，由他们制定一系列评价标准来对各组织进行评定，得出具有说服力的结果与报告，能够弥补传统自我评估的缺陷，显著提高评估效果，突出验收的系统化、科学性，同时也让基层单位从繁重的事物中解脱出来，把更多的精力放在美丽乡村建设的工作中。佛冈县在进行美丽乡村建设过程中，与专业科研学术机构进行合作，成立联合调研组、评估组，开展不同项目的调研和评估，确保评估结果科学公正，系统梳理美丽乡村建设的做法、成效、存在的问题以及建议，作为决策部门进行美丽乡村建设的重要参考。在美丽乡村创建单位进行评审验收时也遵循此类工作办法，同时丰富了评审的层次性，形成县级具体把关、市级实际验收的模式，每年年底由市美丽乡村办组织相关成员单位与第三方成立的评审组对创建单位进行验收评审，报市领导小组审定后公布结果。

二是在创建单位申请验收程序上，条目清晰。佛冈在进行美丽乡村建设申报时，采取自愿申报和指令性申报相结合的办法，各创建单位根据自身条件对照创建指标进行申报，逐级向上。每年2月底前，由各镇人民政府将当年列入美丽乡村建设的申报创建主体名单报县美丽乡村办，经县美丽乡村办汇总初审后，以县政府名义报清远市美丽乡村办，市美丽乡村办提出审查意见后报市领导小组批准，开始创建工作。创建工作达到考核标准时，由各县（市、区）向市申请考核验收，验收时需提供以下资料：①县（市、区）以人民政府名义向市美丽乡村办提出考核验收的申请；②县（市、区）各层级创建村申请考核验收汇总表，并注明每个创建村在册人口数量，示范村以上的要注明是否纳入市十件民生实事；③县（市、区）各层级每个创建村自评考核验收计分表、完成创建指标证明材料、当地派出所出具的创建村在册人口数量证明、建设效果图 3 张，每个创建村的材料用 A4 纸独立装订成册。

三是美丽乡村实行梯度创建，考核验收实行分级评审。在创建时，佛冈县注重加强政策引导、宣传发动，充分调动农民群众的积极性和创造性，使农民群众这一美丽乡村建设的最大受益者真正成为建设主体，推广"四不补"经验，变"要我建"为"我要建"。同时，坚持镇村同创，新型城镇化与新农村建设双轮驱动，按照"整洁村—示范村—特色村—生态村—美丽乡镇"五个层次，因地制宜，量力而行，梯度创建。在验收时，按照考核验收积分表，由评审组按照验收程序对照指标进行打分，整洁村 18 项计分指标（见表 1）、示范村 26 项计分指标、特色村 30 项计分指标、生态村 32 项计分指标，总分均为 100 分。考核验收总分达到 90 分以上（含 90 分），每个单项得分达到该项分值 50%（含 50%）以上的才能通过验收，考核验收总分达到 90 分以上，某个单项得分达不到该项分值 50% 的不能通过验收。创建成功的村庄，次年可以申报更高一层级的美丽乡村创建工作。

表 1 佛冈县美丽乡村建设"整洁村"考核验收计分

创建工程	序号	创建指标	权重	考核验收形式	自评分	考核计分
人居环境（75 分）	1	整治规划编制及执行率	15	查阅档案资料		
	2	新建住房报建率	9	查阅档案资料		
	3	危旧泥砖房改造及清拆率	9	现场检查、查阅档案资料		
	4	垃圾收集达标率	10	现场检查		
	5	生活污水排放暗渠化达标率	5	现场检查		
	6	禽畜圈养率	4	现场检查		
	7	安全饮用水达标率	3	现场检查、查阅档案资料		
	8	卫生厕所普及率	3	现场检查		
	9	村庄林木覆盖率	5	现场检查		
	10	公共设施建设	10	现场检查		
	11	殡葬改革达标率	2	查阅档案资料		

续表

创建工程	序号	创建指标	权重	考核验收形式	自评分	考核计分
绿色发展 （4分）	12	清洁能源使用率	2	现场检查		
	13	生态保护	2	现场检查		
富民强村 （8分）	14	土地资源及涉农资金整合	8	现场检查、查阅档案资料		
基层治理 （9分）	15	农村基层组织建设	3	现场检查、查阅档案资料		
	16	村务公开	6	现场检查、查阅档案资料		
和谐共享 （4分）	17	农村社会事业发展	2	查阅档案资料		
	18	贫困人口建档立卡率	2	查阅档案资料		
合计			100			

2. 动态观察，全过程追踪

不管是新农村建设还是后来的美丽乡村建设，都是一项长期性和艰巨性兼具的历史任务，在取得成绩的同时，也面临着进一步发展的现实要求。很长一段时间以来，国内也涌现了一大批美丽乡村建设模式，回溯不同地区美丽乡村建设的历史，其固然取得了可喜的成绩，但是只重短期效果忽视长期目标、重建设轻规划的问题依然存在，一些地方在美丽乡村建设试点中，注重设施建设，但不注重美丽乡村建设的总体规划和建设成果的保障机制；注重政府大包大办快速成型，但不注重农民的主体性和参与性，导致建设一阵风，短期效果明显，长远设计少。为此，佛冈县不断寻找新的美丽乡村建设路径，建立美丽乡村建设的长期维护和保障机制，超越美丽乡村建设的传统模式。一是在创建过程中，进行实时督查，保障建设有实效；二是在创建成功后，进行后续追踪，特别是在环境卫生保持方面，引导创建村庄形成可持续的规范制度。

首先，在创建美丽乡村过程中，实时督查。佛冈县规定各有关部门要定期或不定期地到各美丽乡村建成村进行暗访和督查，对建成村进行过程化检查，督促各镇巩固美丽乡村建设成果，确保美丽乡村长效管理落到实处。在开展农村人居环境综合整治工作中，全面推行"户收集、村集中、镇转运、县处理"的垃圾收运处置机制。在村级层面，佛冈县制定《试验区清洁工程考核表》，让保洁员工资与联评结果关联，根据考核得分计算奖金，每季度考核 1 次。保洁员王文发说："有了村级联评，清洁不认真是不行的，要不没钱赚。"

其次，保洁时间固定化、保洁服务模式化和保洁任务责任化。佛冈县在美丽乡村建设中配套制定标准体系，使规划内容从文件中走到村庄中，将规划内容分解成定性、定量的具体内容，转化成行动计划，细化为具体的实施项目，保证了美丽乡村建设的质量和效益。佛冈县里岗村村民自我积极组织，每月 15 日开展"大清洁"活动，村庄垃圾存量减少，农村公共服务建设迈出了重要一步。村支委朱炳良说："每家每户出工 1 人，大家积极性都很高。"小梅村根据各村庄地形、经济条件等特点，建立了两套服务模式："垃圾—桶—箱—填埋场"模式建立在公用地充足的村庄，让垃圾不落地；"垃圾—桶—填埋场"模式建立在公共用地不足的村庄，让垃圾运得快，真正因地制宜提供服务。各村保洁任务村民共担责任。里岗村在进行大清扫时，将马路分成 4 段，分段清理，里一、里二、里三和三里四个经济合作社各自"认领"自己的地段，带头清理，分区负责。

再次，美丽乡村创建成功后，以竞争促维系。国务院办公厅在《关于创新农村基础设施投融资体制机制的指导意见》中明确指出："建管并重、统筹推进。坚持先建机制、后建工程。推进投融资体制机制创新与建设管护机制创新、农村集体产权制度改革等有机结合，实现可持续发展。"佛冈县试验区实行联村考核评比模式，以实际卫生状况给各村打分，每季度考核 1 次，不及格者将通报批评并减少奖补，从而激励村组争先评优。负责卫生工作的肖钊雄主任强调："我们制定考核表主要还是为了奖励卫生搞得好的。"石角镇里水村里岗自然村在村庄修建水渠和卫生扫除活动中，发挥小队专责优势，分段建设，按段监工。各小组组长发挥"领头雁"作用，通过自我评价，与其他小组竞争，让美丽乡村建设真正体现农民的主体性。里一社长讲到，"自己社里都打扫不好，怎么说得过去"。

最后，以监督促合作。美丽乡村建设要让农民真正享受建设成果，因此，从规划、建设到管理、维护，佛冈县自始至终将农民民主参与机制放在首位，保障了农民的知情权、参与权、决策权和监督权，让改革成果真正落地。特别是在美丽乡村建设最基础的卫生保洁环节，不同创建村庄探索出了不同的可持续方式。邻里之间监督是公共服务有效实施的重要手段，里岗村民各家门前卫生如果出现问题，邻里都会主动找到存在问题的家庭，督促该户村民打扫。该村支委委员朱炳良说："村庄卫生是大家的事，邻里监督是各家责任。"干部监督是进行卫生整治运动的重要推手，为此，红崩岗村建立了完善的理事会、党员监督体系，每月"大清洁"前，党员及理事会成员会提醒村民参加清扫，在清扫过程中党员与干部监督各小组，严把清洁质量关口。除此外，部分创建村庄通过村规民约推进美丽乡村建设规范。大田村借助村规民约形成了较为完整的生态补偿机制，对乱砍树木者等进行处罚。"2015 年，我们村对 1 名砍树者按照 1 棵树100 元的标准进行了处罚，通过村规民约的约束，乱砍滥伐者不再出现了"，大田村理事长戈国星如是说。管委会负责卫生管护的肖钊雄称："过去，小梅村村民抵制垃圾桶入村。后来，看到其他村环境变靓后，村民主动申请垃圾桶，邻里之间自觉联合起来建设水泥面，欢迎垃圾桶进村。"

3. 动态拨付，全面性督查

长期以来，政府财政资金都是"撒胡椒面"式的拨付，使拨付对象形成了对财政资金的依赖，成为单一的"汲取型"主体，对财政资金的使用却收效甚微，未能有效调动资金收益对象的发展后劲。在财政拨付上，清远市和佛冈县按照比例进行配套奖补，大大增加了财政资金投入力度，保证了佛冈县美丽乡村建设的有效展开和行稳致远。佛冈县对村庄创建情况进行评估，采取后期奖补方式进行选择性激励，并鼓励村庄根据自身条件进行竞争性创建。

清远市财政每年安排美丽乡村建设专项投入资金，实施以奖代补政策。对创建成功的"美丽乡镇"，根据其在册的户籍人口实施以奖代补，最高奖补 1200 万元，最低奖补 800 万元；对创建成功的"整洁村、示范村、特色村、生态村"分别根据其户籍人口规模实施以奖代补，以人口规模为 250 人的村庄为标准，分别奖补 20 万元、60 万元、150 万元和 400 万元，以此来鼓励各创建单位积极参与创建工作。佛冈县主要是对通过清远市验收的美丽乡村按照 1∶0.8 的比例配套奖补，每年县财政至少拨付1800 万元用于奖补美丽乡村创建单位。

市、县奖补资金的发放主要是通过后补资金形成激励，但激励是有选择性的，鼓励先进，同时给后进以机会，督查改进，以此牵引创建村庄自主维护美丽乡村建设成果，保障美丽乡村建设长效化。一方面，对通过验收者（合格）直接实施奖补，对创建未达标者给予一年整改期，达标后再奖补。另一方面，对于验收合格者，实施"两年内回头看"，跟踪回访督查，在此期间发现不达标者，予以警告、降级甚至摘牌；对回访中的达标者，则进行额外奖励。

过去，涉及农村的奖补资金往往采取一次性到位的方式，虽然程序简单，但是给资金的使用和监管带来了一定的麻烦，也无法保证资金使用的成效。为此，佛冈县在开展美丽乡村建设时，创新性地采用了动态拨付奖补资金的做法，将美丽乡村各环节的建设成果与奖补资金拨付挂钩，实现对项目整体的督查。申报成功的美丽乡村，根据申请创建的村庄类别，县级首先拨付第一期以奖代补资金，在美丽乡村创建完成且验收合格后，再将剩余的"回头看"资金予以拨付。同时，在项目结束后，通过政府回访，如果原建设成果继续达标政府将拨付一部分奖励资金。另外，对于逐步升级的美丽乡村，上一级别的奖补资金将从此次奖补中扣除，不重复拨付。动态的奖补资金拨付方式，实现了村庄建设的"环环落地"，让每一笔资金都用到实处，用出效果。

自开展美丽乡村建设以来，经清远市美丽办认定，2016 年度佛冈县申报创建美丽乡村共 97 个，其中整洁村 73 个，示范村 20 个，特色村 3 个，生态村 1 个。通过验收的情况为：申报 2016 年度美丽乡村第一批考核验收的创建村共 21 个，其中整洁村 3 个，示范村 15 个，特色村 2 个，生态村 1 个。申报验收率为 21.65%。其中有 19 个美丽乡村创建村通过验收，其中整洁村 3 个，示范村 14 个，特色村 2 个，验收通过率为 90.48%。

第三节　夯实治理联动机制，助推"美丽乡村"建设升级

如何建设乡村这一问题在中国经历了近百年的思考和探索，也相继有人提出了乡村建设、乡村复兴、乡村革命和新农村建设等解决方案，不同的历史时期有不同的议题，也就有不同的思考与实践。新时期以来，我国

进入改革攻坚的深水区，随着城镇化进程的加快，农村综合改革也逐渐被提上议程，中国政府在新农村建设的基础上又推出美丽乡村建设，作为农村综合改革的重要抓手。建设"美丽乡村"不只要美在外观，同时也要美在发展，要不断完善村级治理，提升公共服务，打造多元建设主体，更好地为群众办实事，让农民增收致富。

过去，地方改革往往"头痛医头、脚痛医脚"，缺乏整体性、联动性的发展机制，限制了改革成效。佛冈县在进行美丽乡村建设时，将奖补政策与村庄治理、公共服务、多主体互通等联动，夯实社会治理联动机制，推动美丽乡村建设向更高层级推进。

1. 让奖补与治理要素对接发力

挖掘不同情况下村民自治的有效实现形式，从中央到地方、从理论到实践都在持续不断地进行探索。人民公社解体后，原本政社一体的基层治理方式也宣告结束；随着家庭联产承包责任制的实行，村民自治作为广大农民群众直接行使民主权利，依法办理自己的事情，实行自我管理、自我教育、自我服务的一项基本社会政治制度开始实施。但是，随着社会经济的发展和基层社会环境的变化，近年来以行政村为载体的村民自治遇到很多困境，甚至产生了村民自治的"空转"问题。如何让村民自治在新环境、新土壤中落地发芽，并与美丽乡村建设合缝对接，是很多地方亟须破解的难题。

佛冈县将村民自治纳入美丽乡村建设的重点工程，通过深入推进"三个重心"下移，充分发挥基层党组织的领导核心作用，健全村委会、村民理事会、村务监督委员会等基层组织，实现了村民自治的有效落地。为了保障基层治理与美丽乡村同步发展，佛冈县在美丽乡村建设承诺书中明确提出了基层治理需要达到的标准，将奖补与治理要素直接对接。

一方面，激发村民参与积极性，落实自主治理。佛冈县以美丽乡村建设为载体，以激活村民的主体作用为目标，对村民自筹创建资金提出了不同等级的要求。同兴村本来集体经济薄弱，刚创建美丽乡村整洁村时有心无力。但其以美丽乡村建设为契机，成立村民理事会，通过本村村民自主投票、民主选举产生的村民理事会改变了过去小组长独自管理村庄、村民有力无处使、公益事务无人管、政府政策难落实的困境。同兴村理事朱然光说："过去我们村组织开会的时候大家都不愿意来，想解决问题也解决不了，现在成立了理事会，理事会成员有 8 个，来商量事情的人就多了，事情自然而然就解决掉了。"在理事会的组织和推动下，同兴村"共议共谋""共筹共建"，解决了美丽乡村建设的资金难题，经过全村村民的共同努力，该村不仅一次创办成功整洁村，还实现了从"远山穷"向示范村的转型，获得了政府的整洁村和示范村创办奖励资金，为以后的进一步升级打下了坚实基础，成为落实村民自治和建设美丽乡村成效明显的一个范本。

佛冈县在推进美丽乡村建设的过程中，要求各创建主体事关美丽乡村建设的重大决策必须经村民代表大会的签名和公示，并要求建立规范的党务、村务和财务公开栏，同时，要求村庄制定村规民约，落实村民主体的作用，推动基层治理的发展。佛冈县各村组通过村务公开制度，以张榜公示、会议纪要等形式，落实党务公开、村务公开、财务公开，让村民看得见、管得住，同时依托微信群载体，实时发布村务动态，让外出村民充分参与到美丽乡村建设中来。基于佛冈县多宗族的客观实际，在上级政府的指导下，各村制定村规民约，如益茂村就通过召开"家长会"，由村民结合村庄治理实际需要，共同制定了益茂村村规民约，让村民共同遵守，定期组织群众性文体活动，每年举办精神文明教育活动 3 次以上，并开展了"平安村""卫生村""文明村"等类型的创建活动。在佛冈县官埔围村，村民制定的《官埔围村村规民约》对环境卫生做出了严格的规定，禁止村民将饲养的山羊、鸡鸭等放到村落的两条街边上，借此使美丽乡村建设理念潜移默化地成为村民的行为习惯。村民范茂全说："自从有了村规民约，卫生好多了，自己都形成习惯了，要是乱扔垃圾，村里面其他人都会站出来指责。"通过有效自治，各村始终将村民融入美丽乡村建设中，保持群众的持续参与，实现全员参与共建。

另一方面，严格控制上访数量，稳定基层秩序。佛冈县通过将美丽乡村奖补政策与村庄治理、社会维稳等联动，实现美丽乡村建设推动村庄社会治理建设。佛冈县对不同类别的美丽乡村提出了不同的上访要求（例如生态村不能有任何上访案件，示范村不能有任何县级以上的上访案件等），鼓励村庄处理好与群众的关系，办群众所需要的实事，同时要求其满足不能有上访案例、保护生态环境等条件。将村庄稳定等作为前置条件，一方面是美丽乡村创办的硬约束，另一方面是村民自治的软要求，村庄稳定了，佛冈县的美丽乡村建设就有了可靠的保障机制。经确定为当年创建村后，因民事问题而退出或被取消资格的村庄将被纳入黑名单，原则上未来五年不再考虑纳入创建。

表2　佛冈县关于创建2017年美丽乡村整洁村的承诺书

镇政府、县美丽办：

　　我村位于　　镇　　村委会　　村小组，本村共　户　人。为进一步改善我村的人居环境，根据《清远市"十三五"期间推进美丽乡村建设实施意见》（清委发电〔2016〕1号）文件的要求，经召开户代表会议，做出如下创建承诺。

　　一、创建完成时间：2017年12月31日前

　　二、创建完成工作内容

　　1. 自筹创建资金不少于5万元，用于创建启动项目建设；

　　2. 由本村根据实际情况制定村庄整治方案，建立美丽乡村建设项目库，并经过村民代表大会签名确认并公示；

　　3. 新建住房必须100%实行报建制度，制定宅基地使用管理方案并经过村民代表大会签名确认和公示，落实"一户一宅"的政策；

　　4. 对无人居住的C、D级危旧泥砖房、茅草房进行清拆。6月底前完成80%清拆，12月1日前100%清拆；

　　5. 在村庄公共区域合理设置分类垃圾箱，每户农户均设生活垃圾分类回收箱；

　　6. 村庄生活污水排放暗渠化，铺设雨水污水管网；

　　7. 农户家庭式饲养必须按要求100%实行圈养；

　　8. 村中合理设置卫生公厕；

　　9. 村庄要进行绿化美化工程；

　　10. 村道、巷道全部实现硬底化；

　　11. 村庄建文化活动场所、体育活动场所、儿童游乐设施其中一项；

　　12. 村庄主要道路、巷道出入口安装路灯；

　　13. 本村殡葬改革100%达标；

　　14. 保护生态环境，不在野外露天焚烧秸秆，对农膜及农药等农业生产废弃物进行及时回收；

　　15. 在群众自愿基础上开展土地互换及土地整合和普惠性资金整合；

　　16. 村中按要求建设规范的党务、村务和财务公开栏；

　　17. 普及义务教育、农村合作医疗、农村养老保险及社会救济救助制度，覆盖率达100%；

　　18. 后续资金使用严格按美丽乡村管理规程执行，不能用于祭祖祠堂建设，此前有上级专款项目的不重复报账；

　　19. 村不能有市级以上的上访案件；

　　20. 村级需自筹环境卫生保洁经费；

　　21. 美丽乡村建设用地需征得国土部门同意。

　　三、在建设美丽乡村期间，必须按照美丽乡村指标解释建设，不大谈风水、大搞封建迷信等。如不按指标要求和上级部门的指导，而造成（总分达不到90分，或单项分不超过50%的不能通过验收）未能如期通过验收、没有奖补则所有责任由本村负责。

村民小组（盖章）
年　月　日

户代表签名（盖指模）

2. 以社会服务能力提升做助力

社会服务能力提升是美丽乡村建设不断升级的重要保障。长期以来，农村公共设施落后、公共服务供给不足的问题比较突出，农民占有的教育、文化、卫生资源较少，与城市相比，农村公共服务供给水平一直相对较低，经济社会发展不均衡，重经济建设、轻社会服务的现象在农村表现得尤为突出。随着经济的发展，原有的社会服务水平已经远远不能满足农村、农民、农业的需要，必须根据当前农村地区的发展实际，将全面推进基本公共服务项目进农村社区、提升公共服务供给水平、努力实现城乡基本公共服务均等化作为美丽乡村建设的重要组成部分。佛冈县在建设美丽乡村的过程中，尝试搭建"一站式"社会服务平台，建立公共服务委托代理机制，健全农村社会服务体系，优化农村基层治理模式，以此提升佛冈地区社会服务能力，助推美丽乡村建设。

其一，积极推进社会服务平台的整合。佛冈县依托县、镇、村社会综合服务中心（站），建立了农村产权流转管理服务平台，通过提升基层社会服务能力，构建了一个集农业服务、生活服务、医疗服务和乡村旅游服务等于一体的社会化服务体系，为美丽乡村建设助力。首先，佛冈县以便民服务中心为依托，通过与电信、邮政、阿里巴巴等企业合作，提供农副产品代销、水费代收、快件收送等便民服务，实现了生活服务的一站化。其次，为了不再让村民在政务需求上"跑断腿"，佛冈县通过打造便民综合服务中心，将过去分散的政务服务变为集中服务，服务效率大为提高。最后，为指导村民生产，佛冈县建立起"三农"问题经验交流分享平台，通过微信公众号和QQ群等方式，让村民和专家、政府紧密联系起来。美丽乡村建设，不仅实现了村容的焕然一新，通过提升社会服务能力，也让村民的生活焕然一新。

其二，大力推进社会服务能力提升与体系完善。佛冈县为提高美丽乡村公共服务能力，充分发挥妇联、供销、共青团、民政、农业、林业、水务等部门的优势，让公共服务不断向农村覆盖。同时，引导宣传、电视广播、网络、娱乐、文体等资源不断向农村倾斜，让群众在建设美丽乡村、感受到环境变化的同时，更能体会到生活的便利与优质的服务，过上更有品质的生活。

其三，不断优化农村基层治理模式。佛冈县在美丽乡村建设中将村级治理改革与乡镇政府职能转变作为"强筋健骨"的重要举措来抓，以期实现与美丽乡村建设互融共生，并以此推进美丽乡村建设治理升级，不仅让村容村貌改变，同时也让美丽乡村的治理水平、精神文化水平升级。在农村治理改革方面，村级治理一直是国家治理体系的重要组成部分，不同地区在有效实现农村基层治理的不同形式上不断进行着探索。其中，佛冈县进行的农村综合改革作为一个有效的基层治理模式，其创新点在于创新党组织建设和完善村民自治。为了发挥好基层党组织的领导核心作用，农村基层党组织的设置由"乡镇党委—村党支部"提升为"乡镇党委—党总支—党支部"，将支部建立在村小组或者自然村，增强了支部的战斗力。同时，佛冈县健全了村委会、村民理事会、村务监督委员会、经济社等基层组织架构，理清各组织的职能，全面实行村务公开，建立"党支部提事、村民理事会议事、村民代表大会决事、村委会执事"的民主决策制度，激发了基层活力。

在乡镇政府职能转变方面，佛冈县过去的乡镇行政管理体制无法满足当下经济社会发展的需求，同时，权责不对等导致乡镇在处理基层问题时不及时、不彻底。因此，佛冈县开展了乡镇街道行政管理体制改革，按照"权责一致"的原则，以镇（街）功能定位为基础，在法律明确属于乡镇应履行但乡镇履行缺失的职责、乡镇履行超出范围的职责、乡镇应该加强的职责等方面进行改革，进一步转变政府职能，科学设置街道工作机构，以简政放权为改革方向，加强镇（街）农村工作办公室、乡镇规划办公室建设，充实干部力量，落实专职人员，确保美丽乡村建设各项工作都有人抓。

3. 以多主体互通联动为保障

美丽乡村建设作为一个系统工程，内容多，涉及面广，建设要求高，对于基层的管理能力提出了较高的要求。过去，各部门在农村改革中一直是"分头突围"，难以形成建设合力；同时责任分散，难以有效落实。在新时期，美丽乡村建设需要各个相关部门协同，一切以村庄发展为出发点，将基层治理的联动作用充分发挥出来，才能有序保障美丽乡村建设的推进与落实。为此，佛冈县以加大专项管理力度作为抓手，严格要求各镇必须指定"美丽"工作的负责人，要求专人跟进美丽乡村建设的管理工作，不定期对辖区内各村的整治情况进行检查，及时发现和解决问题，确保美丽乡村建设的管理工作有序进行。对于在基层治理中出现的问题，镇一级的相关负责人必须及时处理，确保村庄建设的稳定推进。

一是建立协调性牵引力量。佛冈县为加强对美丽乡村建设管理工作的组织领导，专门成立了县美丽乡村建设管理领导小组，其中，组长由县委书记担任，成员单位有县委农办、县住建局、县国土资源局、县财政局、县水务局、县交通运输局、县环保局、县农业局、县林业局、县旅游局、县扶贫办、县民政局、县卫计局、县妇联、县供销社、团县委等。领导小组下设办公室，办公地点设在县委农办，由领导小组办公室具体负责全县的美丽乡村日常管理工作。

二是打造长效责任制。美丽乡村建设有其艰巨性和长期性，因而长效保障机制不可或缺，佛冈县在探索中建立了"县领导挂乡镇，乡镇干部包村，村委干部包村（组），村组干部到户"的美丽乡村管理责任制。其中，县政府是责任主体，镇政府是实施主体，自然村或者村民小组是创建主体，规划、住建、财政、旅游、农业、农办等部门分别牵头负责，其他部门也密切配合。在美丽乡村建设过程中，佛冈县要求各级政府部门要根据各自职责，制定具体的工作方案，明确目标任务，落实工作责任，做到责任主体明确、工作目标明确、完成时限明确，使各项工作有人抓、有人管、有人去落实，确保各项工作落到实处。在工作节点到期后，佛冈县要求各相关职能部门按照各自的工作职责，继续抓好美丽乡村的各项后续管理工作。同时，还明确了村党支部书记、村委会主任作为美丽乡村长效管理具体责任人的任务，使其负责协调做好当地美丽乡村长效管理工作，真正做到常抓不懈，常态管理。而村民理事会会长作为村组长效管理的具体管理人，主要负责落实村小组的长效管理。

三是落实科学管理和督查。在美丽乡村建设中，佛冈县要求各镇加大对美丽乡村建成村的管理力度，不定期对创建单位的整治情况进行检查，及时发现和解决问题，确保美丽乡村建设管理工作有序进行。同时，规定政府部门要参与指导创建单位开展旅游布局、产业发展等方面的详细规划，在经充分征求村民意见后，形成符合当地实际的发展规划。美丽乡村创建主体在进行旧村改造和硬件升级时，要对村民建房用地进行规范，如同兴村、大田村等村统一规划了本村建设用地，严格执行了本人申请、村小组公示、村委会初审、乡镇联审联批、县国土部门备案的县、镇、村、组四级审核审批制度，让村庄建设规范有序，确保农业用地不用作他途，监管部门做到批前选址到场、建时放线到场、建中巡查监管到场、竣工验收到场，实现了督查的零距离、无死角。在增大管理力度的同时，佛冈县进一步完善督查通报制度，成立了美丽乡村建设督查小组，组织人员不定期对各地工作推进情况进行督查，对工作不力的责任单位和创办单位进行通报批评，以此形成压力层层传导，确保美丽乡村建设的各项工作落到实处。

小　结

推行美丽乡村建设以来，国家贯彻了众多惠农政策，各级政府也提供了许多资金，但是政府下发的美丽乡村建设专项资金缺乏相应的监管机制，无疑加大了农村公共产品维护和基层社会治理的难度。没有高强度的资金保障机制，便难以启动"资金建村"，政府相关建设资金的监管缺口，让美丽乡村建设的发展缺少了第一保障。佛冈县管委会蔡处长说道："政府给的补贴很少用来辅助农村金融，很难运营农村信用组织。缺少政府保障，村民心里也没有底儿。"

为进一步将美丽乡村建设与村庄公共服务完善、社会基层治理创新等结合发展，通过美丽乡村建设推动村庄社会治理建设，佛冈县率先通过加强农村集体"三资"监管，明晰了集体产权，缓解了干群矛盾，化解了信任危机。首先，建立美丽乡村建设资金动态公示监管机制，保障资金使用公开化、透明化；其次，打造动态回访督查机制，激发美丽乡村建设的持续动力；最后，夯实社会治理联动机制，在保障美丽乡村建设成效的基础上，助推美丽乡村建设完美升级。

佛冈县美丽乡村建设动态监管机制的创新，斩断了资金使用封闭的信息链条，加强了村民、村干部对美丽乡村建设资金的全方位监管，有效避免了"吃、拿、卡、要"现象，提升了基层干部的公信力，融洽了干群关系，堵塞了"暗箱操作"的管理漏洞。同时，通过美丽乡村建设资金的使用过程公开化、使用结果透明化，完善了村庄公共服务体系，增强了村庄公共服务能力，提高了基层社会治理水平，最终在保障美丽乡村建设成绩的基础上实现了美丽乡村建设的可持续发展。总的来看，佛冈县美丽乡村建设的动态监管机制走出了一条广东山区美丽乡村建设的"佛冈道路"，成为优化我国城乡二元结构、全面推进城乡发展一体化的改革利刃。

第六章

共享：激发美丽乡村建设的内动力

习近平总书记指出："中国要强，农业必须强；中国要美，农村必须美；中国要富，农民必须富。"可见农业、农村、农民的发展问题关乎新时期国家的建设与发展。党的十八大第一次提出了"美丽中国"的全新概念，要建设美丽中国，重点在建设"美丽乡村"。让人民群众共享社会改革发展的成果，激发农村的建设动力，是党和政府一切工作的出发点和落脚点。而如何实现美丽乡村建设与群众成果共享的有机结合，是摆在党和国家面前的重大问题。

"共享"作为一种发展理念贯穿于经济社会发展的方方面面，它既是理念，更是行动的目标；既是发展的出发点，更是发展的落脚点。"美丽乡村"是广东省佛冈县新农村建设的精彩之作，是社会主义新农村建设在佛冈县的具体实践形式。佛冈县通过政府与村民合力共建美丽乡村，使村庄展现出"科学规划布局美、产业增收生活美、村容整洁环境美、乡风文明素质美、管理民主和谐美"的新农村之貌，最终实现了让村民共享乡村建设的"美丽之果"。

第一节　佛冈力量的内涵

美丽乡村建设既是美丽中国建设的基础和前提，也是推进生态文明建设和提升社会主义新农村建设的新工程、新载体。佛冈县作为社会主义新农村建设的试验区，美丽乡村建设的实践者，在不断地探索总结经验教训、改善政策的基础上凝聚形成了"佛冈力量"。所谓"佛冈力量"是指佛冈县在积极政府的引领下，以市场机制为牵引，激发村民的自主参与动力，以机制体制创新为保障，助推多方力量间的机制性协同与常态化联动，使美丽乡村建设得以自发、自为、自动，实现了由政府主导的外生性建设模式向多元协同主导的内生模式的转变，激发了美丽乡村建设的内在力量。

（一）积极政府的引导

积极政府是推动美丽乡村建设的重要力量，"美丽乡村"的打造升级离不开政府的引导与积极担当。政府作为地方改革的重要角色，承担着规划引领、建设发展与制度支持的重要功能。在改革初期，更是一切发展都需要政府的资金扶持、相关政策倾斜、系列制度生根等来确保地方实践得以步入正轨。然而，在过去的村庄建设中，政府往往以"撒胡椒面"式的财政支出、"一刀切"式的规划进行，建设成效不大。美丽乡村建设作为美丽中国建设的重要一环，需要政府转变过去的建设思维，勇于"挑起大梁"，承担"火车头"责任，在优化结构、增强动力、化解矛盾、补齐短板上发挥统筹与引导作用。佛冈县在新农村发展过程中重点把握住了政府的引导作用，通过统筹规划、财政竞争性奖补、动态监管、梯度创建机制等，使政府有担当有作为，吸引村民因地制宜自愿参与建设，助推美丽乡村建设向更高级迈进，使新农村建设真正成为惠民利民之举。

一是因地制宜科学规划。规划先行是美丽乡村建设的起点与基础，也是决定村庄日后发展的关键性环节，但其中最重要的题中之义在于因地制宜的科学规划。佛冈县许多村落拥有厚重的历史资源和丰富的旅游资源，如佛冈县的陂角村是一座始建于明末时期的岭南特色文化古村落，现仍保存有相对完整的岭南特色围屋群，历史文化资源与旅游观光资源都具有唯一性与独特性。佛冈县政府在美丽乡村建设过程中，特别注意对这些古村落的保护，着眼村庄特色，规划利用现有的山水资源，因山造势、因水造景，塑造试验区独特的生态景观，突出岭南水乡街巷空间、特色建筑物的整体格局和特色。官塅围村的规划打造便是政府因地制宜与科学规划的完美结合。在遵循"一村一韵"的原则下，政府着眼于村庄青山绿树的生态特色、古色古香的建筑特色，依托广东省建筑规划局专业的规划团队，在征求农民意见的基础上，将官埗围村打造成了一个环境优美、历史悠久的"客家风俗名村"。政府立足村庄基础与特色，量身定制了一套集特色性、科学性、优质性于一体的规划，为美丽乡村建设筑就了高起点。

二是引导村庄自主建设。在美丽乡村建设的过程中，政府的作用并不应是一手包揽所有的大小事务，而是应当作为积极政府，将建设的自主权交由村庄，划出管理边界，给村庄留足充分的自我发展空间。而如何引导村庄进行自主建设？何时放手合适？如何放手能将村庄建设的接力棒稳步交至村庄？都是积极政府要应对的一个个挑战，佛冈县政府的做法便是积极政府引导村庄自主建设的成功之举。一方面，佛冈县政府放手市场，通过市场的"无形之手"实现村庄资源的优化配置，以市场之力助力村庄发展多元化。官埗围村在政府进行高品质规划后，将发展经济的权利充分下放给公司、企业等市场主体，以市场力量发展多元产业，让乡村获得再生力量。2015年官埗围村引入专业公司发展"农旅一体化"，将村庄细分为"农业采摘体验区""民宿文化体验区""荷塘摄影观光区"等区，形成"以农为本、以文为心、以旅为轴"的多元产业链。另一方面，佛冈县政府在规划发展之后，放权理事会来管理村庄，实现村庄的自主化发展。政府将村庄发展的权利下放给理事会，理事会通过"项目群众定、工程群众干、事务群众管"等来带动村民一起参与美丽乡村建设，最终实现村庄的自我发展。中华里村理事会更是根据村民生活需要，召开村民大会，投票通过自来水建设计划，动员群众共筹共建，实现了自来水全村通。

三是机制创新保驾护航。在美丽乡村建设过程中，横在改革道路上的一个严重问题是农民千百年来所固有的"等、靠、要"思想。过去，新农村建设往往是"政府干、农民看""政府热，农民冷"，但仅依靠政府建设的思想是不切实际的，毕竟公共产品的供给是有限的。依据诺斯的"路径依赖"理论，存在某种机制使制度变迁一旦走上了某一条路径，它的既定方向会在以后的发展中得到自我强化，沿着既定的路径，经济和政治制度的变迁可能进入良性循环的轨道，迅速优化，也可能顺着原来的错误路径往下滑，结果在痛苦的深渊中越陷越深，甚至被"锁定"在某种无效率的状态之中。符合实际的机制创新对于保证改革的成果、激发美丽乡村建设的动力具有十分重要的作用。佛冈县通过创新财政竞争性奖补、动态监管、梯度创建等机制，为美丽乡村建设加上了"多重保险"，以体制机制创新为杠杆，撬动资源，激活农民，发展农村，使美丽乡村建设高速运转了起来。

（二）市场机制的牵引

推进社会主义新农村建设，一方面，需要政府提供大量的农村公共物品，另一方面，也需要大力发挥市场的作用，实现新农村建设的优化升级。鉴于此，美丽乡村建设需要发挥市场的牵引作用，以市场机制调节农村的人力、物力、财力，实现资源的优化配置。佛冈县利用市场机制牵引推动美丽乡村建设，通过市场竞争机制，吸纳社会资源，汇聚人力、财力；通过竞争性的项目申请、选择性的奖补、产业融合等机制，激活了建设动力。

一方面，以市场需求优化资源配置。佛冈县以市场需求为导向，优化村庄的人、财、物优势，为美丽乡村建设助力。一是吸纳人才资源。过去，村庄建设往往被认为是少数村干部的事情，他们力量小，作用微，更多有能力、有热情的村民未被充分吸纳到建设队伍中来。为汇聚所有人的力量，佛冈县通过开放的市场理念，成功激活了村内外的人力资源。二是集聚财力资源。为保障美丽乡村建设的持续性，佛冈县充分发挥市场的作用，开辟了多种资金筹集渠道。三是挖掘村庄内部资源。在借助市场力量将人力、财力资源充分调动起来的同时，佛冈县以市场需求为出发点，通过土地整合、环境优化、民宿开发等方式，将村庄内部沉睡的物质资源成功唤醒，为美丽乡村的建设开拓了更加广阔的空间。仅靠发展农业是很难实现村民增收的，而规模化经营是我国农业现代化的发展方向。此外，不少村庄内部有着丰富的旅游资源，为发挥产业群的集聚带动作用，佛冈县准确瞄准近年来兴起的乡村旅游热潮，找准村庄的潜在特色，实现了旅游亮点与村庄特色的完美对接，打造了多条集农业观光旅游与特色旅游于一体的旅游线路。

另一方面，以开放市场形成产业链。美丽乡村建设不仅需要政府的引导规划，更需要政府适时放手，给市场留足可自由发展的空间。佛冈县通过牵引型政府，为美丽乡村建设创建了一个开放、竞争的市场化环境，以开放的市场理念，将传统农业与第三产业进行了融合，进而以产业链的形成推动乡村发展。首先，以开放竞争牵引多元投入。佛冈县的不少村庄拥有区位好、能人多、资源广的优势，佛冈县充分利用市场重开放、效率、竞争的特性，顺利地将外来企业、老板等资源吸引到美丽乡村建设中来，为村庄建设添动力。如陂角村将同姓外村老板引入本村的美丽乡村建设中来，老板不仅带资参与建设，更是带动村民入股合作社，通过旅游开发实现了村民增收、村庄升级。其次，以市场经营打造品牌效应。在美丽乡村建设过程中，佛冈县引入市场经营理念，依托村庄自身资源，打造品牌效应与口碑力量。如井冈村在美丽乡村建设过程中，通过土地整合发展黄牛养殖产业，打造清远黄牛特色品牌，形成品牌效应，促进了黄牛养殖产业的发展，进而为本村的美丽乡村建设提供了助力。最后，产业融合形成产业链。近些年，随着旅游热潮的兴起，乡村观光旅游也迎来了新的一波发展高潮，不少村庄抓住机遇，通过一三产业的融合发展，将农业种植业与乡村观光旅游业相结合，以产业融合发展提升产业价值，形成产业链。2013 年，官埠围村的理事长依靠自身人脉资源，介绍老板入村承包了村里整合好的 200 亩土地分别进行种植。其中，100 亩土地承包给红日莲藕公司培育观赏荷花池，另外 100 亩土地承包给丰业葡萄庄园规模种植葡萄，借助荷花种植观光项目和葡萄庄园项目，该村形成了产业链，使村集体收入来源大大拓宽，实现了集体和村民的同步富裕。

（三）村民自主参与

佛冈县在美丽乡村建设过程中，充分发挥政府的引导作用，以乡贤能人汇聚理事会力量，再以理事会带动村民参与，形成"能人+理事会+村民"的发展模式，使村民真正成为美丽乡村建设的主体力量，实现了村民合力"共谋共议""共筹共建""共理共管"，为美丽乡村建设提供了可借鉴的实践范本。

一是现代乡贤注活力。在我国的传统社会时期，乡贤在农村社会治理中的地位依然重要，他们协调冲突、以身作则提供正能量的作用不可或缺。他们虽外出奋斗，但根依然扎在乡土，他们的思想观念、知识和财富都能影响家乡，因而乡贤在村民心中有着天然的可信任优势，对于凝聚民心、统一村庄发展步调具有重要作用。中华里的李庚原就是外出奋斗的新乡贤，他一方面扎根本土，对家乡的建设发展怀有一颗公益心；另一方面具有新知识、新眼界。因而，在新乡贤李庚原的带领下，越来越多对家乡建设有公益心的村民聚到了一起，成为美丽乡村建设的有力"助跑者"。

二是理事会凝心聚力。随着佛冈县农村综合改革启动"三个重心下移"，不少村庄都成立了村民理事会。村民理事会作为社会组织，一般都由本村的能人、乡贤等人组成，对于村庄的管理和发展具有重要的指导作用。与此同时，理事会也是连接村民与基层管理者的重要桥梁，带村民共筹共建美丽乡村。过去，佛冈县同兴村组织开会，村里人都不愿意来，随着2011年理事会的成立，同兴村发生了重要变化。同兴村理事会通过"户代表建议+房理事提议+理事会决策"的议事方式，有效化解村民间的争议，赢得了村民信任，进而调动了村民参与的积极性和热情，越来越多的村民参与到了共同商议美丽乡村建设的事项中来，实现了由"远、山、穷"村庄向美丽乡村的完美蜕变。

三是村民积极参与。新农村建设无疑是以政府为引导，以农民为主体的。让农民成为新农村建设的主体，是新农村建设的根本标志，没有农民的参与，社会主义新农村建设将会成为无源之水，无本之木。怎样让农民成为新农村建设的主体？如何激发大多数群众参与新农村建设的积极性？是我们要着重思考的问题。广东省佛冈县以乡贤与理事会为轴心，有效聚合村民自主参与美丽乡村建设，使农民真正成为新农村建设的"主力军"。佛冈县益茂村村民小组通过村民推荐、自我举荐等方式，汇聚组内的乡贤能人，组成一支热心公益、乐于奉献的8人队伍，通过乡贤助力，将村里有公益心的能人与村民有效地聚合起来，共同为美丽乡村建设建言献策、出钱出力。佛冈县陂角村外出务工但热心村庄建设的村民较多，为能让更多村民参与村庄发展，陂角村通过"互联网+"搭建起了理事会微信群、陂角村村民微信群以及"岭南聚龙湾温泉古村落"微信公众号等平台。陂角村理事会在微信群内实现了村内大小事务的及时讨论、协商和决策，进而将所有村民拧成一股绳，为全村的美丽乡村建设群策群力。可见，吸引村民积极、高效地参与村庄建设是新农村建设的生命力所在。

（四）体制机制的创新

在美丽乡村建设中，政府作为农村建设的引导者，需要市场机制、社会力量的参与，更需要农民的自主参与。那么，如何在美丽乡村建设的过程中充分调动市场、社会力量、农民的参与？如何保障和检验美丽乡村建设的成果？这就需要政府通过创新各种体制和机制，让美丽乡村建设有章可循，有规可依，让美丽乡村建设更长效、有保障。

一是项目申报机制。佛冈县创新推出政府规划与创建村庄自愿申报相结合的方式，即美丽乡村创建主体可根据自身条件对照梯度创建标准提出申报申请，并制定创建方案，逐层申报。佛冈县打破以往单一的以行政村为基础建设单元的模式，将美丽乡村建设单位划定在自然村或村民小组一级，村庄可根据自身的人口分布、居住距离、资源基础等实际情况，自行确定适合本村庄的建设单元，使美丽乡村建设能够从实际出发达到最大的建设效果。自主申报机制一方面要求村庄根据实际情况选定创建内容，保障了创建主体规划的科学性，避免一拥而上；另一方面要求村庄内部形成美丽乡村建设的一致意见，如要求意愿创建村庄召开户代表会议，80%的户代表同意且在《创建承诺书》上签名、盖指模后，村庄才能达到申报条件，此举充分尊重了农民群众的意愿。

二是多元投入机制。长期以来，乡村建设往往依靠政府单一力量的支持，然而政府的资源毕竟是有限的。为破解美丽乡村建设中投入力量不足的问题，佛冈县通过多元投入机制牵引，重拾村民参与村庄建设的热情，有效拓宽了多元主体投入的参与渠道，让"村民愿参与、建设有载体、发展有组织"。一是"先建后补"机制。佛冈县鼓励村民先动起来，进行美丽乡村建设，再以政策扶持为村民的建设"买单"。与此同时，政府积极调动多方力量投入美丽乡村建设，鼓励村民自筹、老板代资、能人捐资等多种投入方式为美丽乡村建设聚资，为村庄建设免去后顾之忧。二是"有偿使用"机制。过去，村庄外出务工人员较多，耕地抛荒严重，宅基地废弃，致使村庄大量可利用资源闲置，反而造成村庄公共土地"脏乱差"等现象，资源得不到有效利用。为此，佛冈县以美丽乡村建设为契机，通过有偿使用机制唤醒村庄"沉睡的物质资源"，为美丽乡村建设注入了发展资源。三是"目标前置"机制。经济基础的支撑是美丽乡村建设与发展的必要保障。为了破解美丽乡村建设资金分散、建设成效低下的问题，佛冈县通过目标前置机制，为不同村庄进行美丽乡村建设留足了选择空间。各村可依据既有目标与村庄实际来聚合财力，通过村庄自主内筹、施力外引、鼓励投入等方式，将村内资金、发展资金和社会资金集聚起来，让小资金发挥出大效用，进而为美丽乡村建设夯实经济基石。

三是项目梯度创建机制。为破解长期以来"推倒重建"式的改革路径，佛冈县引入梯度创建机制，推进有序建设。佛冈县将美丽乡村建设过程进行了"阶梯式"分配，依次划出"整洁村、示范村、特色村、生态村、美丽乡镇"等五个层次，鼓励各建设主体因地制宜，设置梯度目标。此外，为避免创建主体急于求成而导致基础不稳，佛冈县规定避免越级创建，即未创建整洁村的主体不能申报示范村，未创建整洁村、示范村的主体不能申请特色村和生态村建设等，以此规范美丽乡村建设程序。针对五个梯度的建设目标，佛冈县通过依次递进机制，为五个梯度设定了不同的建设要求，随着梯度上浮，美丽乡村建设的标准和门槛也不断提高升级，奖补力度也逐级加大。与此同时，只有创建成功的村庄，才可于次年申报更高一级层次美丽乡村创建项目的机制，以难度升级牵引着美丽乡村建设成效升级。

四是责任联动机制。美丽乡村建设离不开监管机制的有效约束，为保障美丽乡村建设的每一个环节都得到有效的管理，佛冈县通过动态观察、动态考核、动态拨付，实现了全过程追踪、全域式验收和全面性督查，将动态回访机制深入建设过程中，建立了责任联动机制。首先，建立项目公告公示制度，要求各村将项目内容、资金投入和使用情况等进行公示，对于不符合建设要求和村民质疑的事项，村干部要及时做出回应与整改。其次，对于获得"美丽乡村"称号的村庄实行动态监管，通过跟踪回访督查，对回访不达标的予以警告、降级直至摘牌。最后，实施奖补资金的动态拨付。佛冈县将美丽乡村建设各环节的成果与奖补资金拨付挂钩，实现对项目整体的督查。申报成功的美丽乡村，根据申请创建的村庄类别，县级首先拨付第一期以奖代补资金，在美丽乡村创建完成且验收合格后，再将剩余的"回头看"资金予以拨付。

第二节　佛冈力量的成效

改革开放以来，社会主义新农村建设已经不再局限于某一方面的发展，而是谋求包括"生产发展、生活宽裕、乡风文明、村容整洁、管理民主"的全面发展。佛冈县坚持"规划先行、机制创新、产业支撑、生态共建、服务覆盖、资源共享"的工作原则，开展实施"人居环境、绿色发展、富民强村、基层治理、和谐共享"的五大创建工程，设置了"整洁村、示范村、特色村、生态村、美丽乡镇"五个梯度创建层级，并在此基础上形成了"以政府的规划先行，以村民自主参与建设，以市场激活资源，以产业带动发展，以机制体制创新为保障"的发展模式。这是佛冈力量的核心和本质，也是佛冈县新农村建设取得丰硕成果的根本原因。

（一）人居环境改善，"村变美"

佛冈县将美丽乡村建设与人居环境创建工程相结合，强化村庄规划的统筹引导作用，落实"一户一宅"政策，开展镇村人居环境"三年整治行动"，改善生活配套设施，实现资源环境与人类社会的可持续发展。

一是"脏乱差"变"宜居地"。自开展农村人居环境的综合整治工作以来，佛冈县农村的乡村生活垃圾得到了有效处理，合理设置生活功能区域，推行"自然村绿化美化"工程，使人居环境得到了有效改善，村民更安于居住。同兴村理事会朱然栋回忆称："以前，满街都是老鼠，卫生很差，玉米没得收，水稻也没得收，都被老鼠吃了。"美丽乡村建设开展以来，理事会引导村民改善生产生活环境，带领村民全面清理房前屋后的生活垃圾和废弃杂物，并统一设置垃圾箱，修建垃圾池，定期处理垃圾，使村容村貌焕然一新。2017年初，同兴村被评为县美丽乡村建设"示范村"，村庄成为宜居之所。

二是"无序"变有序。过去，佛冈县的不少村庄面临着村民常私占公共土地、村庄环境杂乱无序的境况。不少村民说："（一些）原本属于集体的土地，村民在长期的生产生活中慢慢占用，各家在门前屋后种上竹林占用土地，时间久了，村民已经将这部分土地和竹林当作自己的私产。"陂角村由村庄理事会牵头进行土地整合与规划，给村民做思想工作，让大家主动将过去的菜地让出来进行文化室和广场建设，村庄逐渐变美，村民享受到了环境变化带来的益处，开始主动进行维护。以前，佛冈县的不少村庄在砂糖橘产业衰败之后，大部分村民长年在外打工，村里只剩老人和小孩。环境的"脏乱差"更是加剧了"空壳"程度，很多外出年轻人都不愿回乡看望。陂角村的理事长周永棠说："将村子建设好，环境干净整洁了，基础设施完善了，村民们不只在重大节日才返乡，平时工作休闲时间也会从广州回家来看看，我们家亲戚朋友都爱来村里面玩，村庄变化太大了！"

三是"不文明"变规范。在美丽乡村建设的过程中，不少村庄在政府规划的美丽乡村框架下因地制宜，结合本村实际，制定出了保护村庄环境的村规民约，保障了美丽乡村的美丽效果得以延续与长效。益茂村通过动员村民签署各种承诺书，如《卫生公约承诺书》等，让村民在思想上重视起美丽乡村建设。"想到自己在责任书上签了名，都不敢再随便扔垃圾了。"与此同时，承诺书里还设立了惩罚机制，对于违反村规民约、规章制度且屡教不改的村民，取消其"文明家庭""优秀村民"等评选资格，同时禁止其使用村庄文化室设施，以此促进村民遵规守约。通过取消评优资格等惩罚，有效防止了村民破坏环境的行为。

（二）产业经济增效，"发展强"

产业是支撑村庄可持续发展的重要支柱。美丽乡村建设需要产业发展为村庄的建设、发展提供源源不断的经济支持。与此同时，产业发展也是村民增收的重要途径，经济发展强弱直接决定着村民的增收幅度。佛冈县在美丽乡村建设的过程中，不仅注重村庄村容村貌与基础设施的建设，也注重调整村庄产业结构，优化产业布局，打造特色产业，通过经济发展，最终实现了村强与民富的共同发展。

一是一三产业融合，延伸产业链。佛冈县是广东省的农业大县，不少村庄都属于县级农业规划区，以农业种植为主要产业，通过美丽乡村建设，村庄环境得到升级，村庄的各项人力、财力、物力资源都被充分调动起来，不少村庄走上了一三产业融合之路，以产业融合延伸了农业种植业的产业价值链，促进了农村经济与农村社会的发展。农民不仅在美丽乡村建设的过程中实现了增收，村庄也在产业融合发展过程中获得了稳定的发展资金。中华里村依靠产业模式转型，形成了村庄的自主发展方式，利用美丽乡村建设的契机，鼓励村民通过合作社进行土地入股，延伸了农业的产业价值链。同时，村庄发展龙泉山庄项目，打造以绿色生态产业为基础，集吃、喝、住、玩于一体的休闲旅游度假区，为村庄带来了可持续的收入。

二是产业与生态和谐，实现绿色发展。党的十八大把生态文明建设纳入了中国特色社会主义事业"五位一体"总体布局，首次把"美丽中国"作为生态文明建设的宏伟目标。在佛冈县美丽乡村建设过程中，政府引导村庄将产业发展与生态保护紧密结合，依靠良好生态环境带动产业发展，又通过产业发展促进生态的可持续，实现了两者的良性循环发展。官垱围村将生态优势转化为产业优势，利用村庄后山公园与百亩花田以美丽的自然风光吸引游客前来，极大地拉动了村庄旅游业、民宿与农家乐的发展。同时佛冈新政府在引进产业的过程中，注重产业过滤，侧重发展绿色产业，在推进产业发展的同时也促进了生态环境的可持续发展。官垱围村依靠产业收益反哺村庄，使民宿经营收入的70%归集体所有，用于村庄的卫生清洁和生态保护。产业的绿色发展让美丽乡村的生态建设成效更加可持续。

三是产业支撑，村与民共富。佛冈县以美丽乡村建设为契机，在以产业发展促进村庄发展的同时，实现了村庄与村民的稳定增收。以迳头镇陂角村为例，过去村里的集体收入很少，每年只有外租20亩公田获得的2.8万元的租金，现在，通过将农业种植与旅游业的融合发展农业观光旅游产业，村集体每年还能收取经济合作社支付的10亩机动田的租金共12000元，并能享受经济合作社25%的利润股，村集体的收入来源大大增加，村庄总收入也大幅提高，集体和村民同步富裕起来了。同兴村在2010年时是水头镇最穷的村，村集体经济只有6000元，通过美丽乡村建设，同兴村依托本地自然景观、生态产业和传统文化优势，摸索出了适合本村的资源型集体经济模式，并使之成为美丽乡村建设产业发展的可持续动力。现在，同兴村每年的集体经济收入达到了4万~5万元，为产业的进一步发展积蓄了能量。

（三）公共服务均等化，"成果享"

当前我国基本公共服务存在规模不足、质量不高、发展不平衡等短板，突出表现在：城乡区域间资源配置不均衡，服务水平差异较大；基层设施不足和利用不够并存，一些服务项目存在覆盖盲区，社会力量参与不足等。佛冈县通过美丽乡村建设实现城乡公共服务均等化，在提高村民生活环境水平的同时，让村民共享了文化服务带来的"美丽改变"。

一方面，卫生服务升级，便利农民生活。佛冈县在美丽乡村建设的过程中，既注重乡村建设外部环境，更关注村民能够切身享受到的服务体验，实现了生态环境与卫生服务的同步升级。政府在引导、支持官埗围村进行生态保护、卫生清洁的同时，为村民提供了优质的公共卫生服务，通过合理配置垃圾桶、定期开展环境保护知识讲座、发放《垃圾分类指导手册》等活动，为村民普及环保知识，提供环保服务，让村民共享美丽乡村生态环境改善给大家带来的美好体验。

另一方面，文化服务升华，树立文明乡风。为进一步提升美丽乡村建设质量，政府支持官埗围村建设"特色文化驿站"，搭建一个集宣传教育、文化活动、休闲娱乐等功能于一体的公共文化服务平台，为村民提供丰富多彩的公共文化服务。村民范秀芳说："村里有了文化驿站，没事了可以看看文艺演出、电影，每天还能听听'乡村大喇叭'，日子比以前丰富多了！"中华里村民在新乡贤牵引下进行美丽乡村建设的过程中，增强了共筹共建的自动力和主动性，村庄的每一点变化都成为村民们的期望。在2014年国庆节庆典暨中华里乡村公园开园仪式上，出现了"千人迎国庆"的盛况。新乡贤李庚原回忆称："开园那一天，外出多年的出嫁女都回来了，很多年都没见到过的面孔在那一天都看到了，村容村貌一下子提高了很多，村民们都看到了希望，大家的凝聚力也都大大增强了！"文化服务使美丽乡村不只美在环境，更美在村庄的文明乡风。

（四）基层治理有序，"人心聚"

乡村是社会机体的"细胞"，乡村强健，社会机体自然强健；基层是社会机体的"毛细血管"，党和政府的基层治理能力提升了，"毛细血管"才能自然顺畅。佛冈县通过美丽乡村建设，牵引乡贤，聚力理事会，通过创新乡村治理方式，大力推进治理能力现代化，提升基层治理水平，取得了实效。

一是政策深入民心。佛冈县按照推进国家治理体系和治理能力现代化建设的总要求，进一步完善基层治理体系，深化农村综合改革，深入推进

"三个重心下移"，使村民自治活动进一步向自然村和村民小组延伸，通过村民理事会平台，填补村庄的"治理真空"，提升了村庄的管理服务水平。一方面，依托理事会，干群沟通得以畅通无阻。2016年，官埠围村村民理事会共召开理事会议30多次，村民代表会议5次，使村民都能参与到村庄管理中来。与此同时，官埠围村还设置了"大榕树下的小讲堂"固定宣讲点，及时进行政策宣讲活动，让村民对政府的政策有"看得见""摸得着"的感受。2016年，官埠围村共计开展"小讲堂"活动10场次，95%以上的村民都参与其中，有效传达了政府政策。理事会还在文化室专门设置了"群众心愿树"，通过"匿名投意见，理事会定期记录，筛选集中反馈，政府统一回应"的方式，收集群众心声，目前共收集到心愿60余条，90%以上的问题都得到了解决，村民们高兴地说："村里的心愿树是老百姓的连心树。"另一方面，在美丽乡村建设过程中，新乡贤出力、出资、出智，为村庄和村民提升福祉义务奉献，提升了村民对新乡贤群体的认同感，反过来更加支持美丽乡村建设。中华里村的理事会成员李汉华说："李庚原2014年回村十几次，光飞机票、火车票加起来都花了几万块。一有事他就会马上赶回来，这种真正为村子着想的人，整个黄花地区都难找。"在新乡贤带动下，村民相比之前更乐意"舍小家为大家"，从过去的不参与、不配合转向主动参与、积极配合，实现了美丽乡村建设主体从政府向村民自身的转型。

二是治理方式多元化。随着互联网的发展，佛冈县不少村庄借助互联网治村，创新了治理方式，其中，应用较为广泛的便是微信治村。运用微信的群聊功能以及运营微信公众账号，充分发挥了微信在村庄治理方面的功能，在及时迅速地解决村民之间矛盾的同时，也实现了村庄的村务、财务公开，丰富了村民的自主管理方式。陂角村通过"互联网+"，搭建起理事会微信群、陂角村村民微信群以及"岭南聚龙湾温泉古村落"微信公众号等平台，一方面通过公众号文章激发了村民建设家乡的热情，另一方面通过微信群将所有村民拧成一股绳，在群内实现了村内大小事务的及时讨论、协商和决策。村民通过"互联网+"平台，在微信上广泛参与村内议题的讨论，已经将村庄建设中的大小事情均当作自己的事，而不再像以前一样置身事外。美丽乡村建设不能仅依靠村委会、村民理事会或者村小组，更需要村民的自主参与，然而村民由于外出务工，对于村庄情况的及时了解和沟通受地域空间的阻隔，而微信治村方式的使用，有效解决了这一难题。中华里新乡贤牵头建立了属于村民自己的"中华里·兄弟群"微信群，借此互联网平台开展线上议事，使关于美丽乡村建设的各项事务均能提交在群里讨论，加快了信息共享，提高了办事效率。到 2014 年底，中华里村每家每户都至少有一个代表参与到微信群中，微信平台丰富了"中华里·大家庭"的自主管理手段。益茂小组创新动态网络机制，利用互联网技术，创建村组微信群，让村民时时掌握最新村态。外出村民通过"美丽乡村建设青年微信群"，可第一时间获得村内消息，消除了时间和空间的阻隔，实现了实时化监督。

三是治理水平逐步升级。党的十八届三中全会通过的《中共中央关于全面深化改革若干重大问题的决定》指出："推进国家治理体系和治理能力现代化。""创新社会治理，必须着眼于维护最广大人民根本利益，最大限度增加和谐因素，增强社会发展活力，提高社会治理水平。"美丽乡村建设是推进生态文明建设和深化社会主义新农村建设的新工程、新载体，是统筹城乡发展、建设社会主义新农村实践的又一重大创新。过去，村民对美丽乡村建设不理解、不参与、不支持。如益茂村在拆旧房时，有老人躺在路上阻止拆除，导致工程中断。随着美丽乡村建设取得成效，村民开始转变态度，支持理事会的工作。特别是修建文化室占用到部分农户的土地，村民均配合拿出，文化室建成后成为村民的娱乐活动中心，村民得到了实在的收益，参与建设的能动性进一步提升。美丽乡村建设使干群关系再次实现了"鱼水情深"，也使基层政府得以重获村民信任。以美丽乡村建设为载体，在使广大村民获得实在益处的同时打通了基层治理的"命门"。

第三节　佛冈力量的价值

佛冈县以机制创新为改革切入点，以此撬动农村资源、激活农民发展积极性、建设美丽乡村的模式，不仅保障了美丽乡村建设稳扎稳打、拾级而上，而且推动了美丽乡村建设得以自发、自为、自动，实现了由政府主导的外生性建设模式向多元协同主导的内生模式的转变，对于其他地区的美丽乡村建设具有深刻的现实价值和长远的启示意义。

（一）美丽乡村建设需要建立政府牵引投入机制

美丽乡村建设是党和中央政府在深入推进社会主义新农村建设方面的重大决策。要使这一决策顺利实施，还需要有各级政府相关政策的配套加以推动。清远市政府制定的《清远市"十三五"期间推进美丽乡村建设实施意见》给全市人民描绘了一幅美好的乡村建设蓝图，为全面建设美丽乡村奠定了重要基础。佛冈县政府主动出击，通过建立"先建后补"，以奖代补有偿使用、目标前置等机制，重拾了村民参与村庄建设的热情，有效聚合了多元主体力量，唤醒了村庄"沉睡的物质资源"。此外，政府施力外引，鼓励引导各方力量参与投资，将村内资金、发展资金和社会资金集聚起来，让小资金发挥出大效用。佛冈县政府的牵引作用主要体现在组织发动、部门间的协调、规划引领以及财政支持上，形成整体联动、资源整合和社会共同参与建设的格局。可以说，佛冈县政府的牵引投入机制为其他地区的美丽乡村建设提供了可借鉴的现实路径。

（二）美丽乡村建设可持续必须激活基层内动力

习近平总书记在其发展理念中指出发展要"人人参与、人人尽力、人人享有"。美丽乡村建设的最终目的就是要让农民得到全面发展，实现小康，提升生活质量。美丽乡村建设必须以农民为主体推进，一旦美丽乡村建设脱离农民的愿望，忽视农民的主体作用，就不可能真正体现以人为本的"共享发展"理念。基于此，佛冈县政府切实将农民作为美丽乡村建设的参与者，也是最大的受益者。在乡村规划建设中，佛冈县政府积极调动各村庄党员干部、群众代表外出调研考察，学习其他地区农业发展以及乡村规划建设的经验，让农民干部亲眼看到、亲身感受其他村庄改造整合的美好前景，逐步让村庄改造升级的观念深入农民内心。因此，政府应在美丽乡村建设中充分发挥农民的主体作用，调动农民的创造性和积极性，努力挖掘乡村的各种资源，实现美丽乡村建设的目标。佛冈县将美丽乡村建设内化于农民的生产生活及其内心，激发了农民建设家园的自动力，这成为其美丽乡村建设持续发力的关键所在。

（三）多元主体聚力是美丽乡村发展的有效保障

长期以来，乡村建设往往只见政府这一单一力量，作为建设主体的广大村民却成了美丽乡村建设的旁观者，"不干预、不参与、不相关"。而佛冈县在美丽乡村建设中聚合多元主体，让"村民愿参与、建设有载体、发展有组织"。其特点就在于，一是政府积极引导搭建村民理事会平台，让更多有能力、有公益心、有权威的村民加入理事会，以理事会的积极参与带动更多村民参与到美丽乡村的建设过程中来；二是村庄充分吸纳新乡贤的力量，凭借其对家乡的深厚情感和个人的突出能力，以少数人带动多数村民，实现了情感"聚心"、资源"聚力"、发展"聚智"；三是村民理事精准对接市场需求，牵引市场参与，让乡村的各类资源配置到最适合的位置上。通过步步为营，佛冈县逐渐形成了政府引导、市场推动、上下协同、多方参与的工作合力，不仅为美丽乡村建设聚合了多重力量，而且维系了美丽乡村建设的生命力，为美丽乡村建设保驾护航。

（四）体制机制创新是美丽乡村发展的生命源泉

十八届五中全会已明确提出"创新、协调、绿色、开放、共享"五大理念。新常态下，我们需要用"五大发展理念"去解放思想、寻找路径、创新突破。以五大发展理念引领"三农"发展，创新势在必行，关键在于机制体制的创新。佛冈县将体制机制创新视为美丽乡村建设的生命源泉，主要体现为以下三点：一是以顶层设计完善美丽乡村建设推进格局。佛冈县形成了以一号文件为统领的政策体系，构建了"四级联动"的推进机制，形成了规划引领的建设思想。二是以众投共建健全美丽乡村建设的投入机制。佛冈县政府充分发挥财政资金的导向作用，构建了财政资金、金融资本、工商资本、农民群众等多渠道、立体式的"众投共建"美丽乡村建设模式。三是以融合发展夯实美丽乡村建设的基础，加快推进城乡融合、一三产业融合发展，为美丽乡村建设的全面、深入、可持续创造了良好的条件。总之，佛冈县的体制机制创新本着因地制宜、量力而行的原则，宜工则工、宜农则农、宜游则游，分类推进美丽乡村建设，努力形成了具有佛冈特色的新模式，对全国其他地区在美丽乡村建设中的体制机制创新树立了榜样。

第四节 佛冈力量的未来

美丽乡村建设是一个不断探索的过程。佛冈县美丽乡村建设已然取得了不错的成果，在全国美丽乡村建设中树立起了可供借鉴的改革范本，但仍有进一步完善、继续探索深化之处。

（一）美丽乡村建设与村庄特色有待进一步融合

美丽乡村建设作为一项民生工程，其发展任重而道远，非一朝一夕能促成。美丽乡村的发展建设受各区域经济及社会发展水平的影响和制约，不同社区发展模式的适用范围也不尽相同，各地区需根据当地经济社会发展水平，选择不同的发展建设模式。除此之外，美丽乡村的发展建设也是一个动态发展变化的过程，每个模式都只是某一个阶段的方案和目标，是发展变化的，随着我国社会经济发展水平的不断提高，还会向更高的层次发展。因此，各地进行美丽乡村建设不可机械地仿效某一村庄的发展模式，要根据自身的发展条件，选取与之相适应的建设发展模式，追求更全面的发展。

目前，佛冈县已认识到美丽乡村建设没有统一的模式可循，但必须有统一的发展思路。每个地方都有自己不同的区位条件、地缘优势、产业优势，应该准确定位，科学决策，选择符合自身特点的发展道路。例如政府打造下的官锻围村、市场领跑下的陂角村、新乡贤发力下的中华里村等。其中，中华里村的实践表明，山区村的资源在山水，潜力在山水，山区村的发展完全可以摒弃常规模式，走出一条通过优化生态环境带动经济发展的全新道路。

（二）多元力量的自主参与渠道有待进一步丰富

美丽乡村建设，离不开政府的大力支持。然而政府过度或不切实际的干预，偏离基层实际需求，在很大程度上会影响美丽乡村的健康发展。在美丽乡村建设的过程中，不少地方是政府唱独角戏，采取传统的行政动员方法，群众参与度不高，导致农民的积极性、主动性不能得到很好的发挥。为了避免"一只手独奏"，政府在新农村建设中应始终坚持以人为本，尊重农民的发展理念。农民群众始终都是村庄创建发展的参与主体，佛冈县始终坚持把维护农民利益放在首位，尊重他们的知情权、参与权、决策权和监督权，充分发挥农民的积极性和创造性，引导他们加快建设美丽家园，充分发挥其积极性、主动性和创造性，变"要我建"为"我要建"，变"等等看"为"主动干"，实现广大村民"思想"与"行动"双转变，不断拓宽村民参与美丽乡村建设的渠道。同时，政府还应该搭建创新创业平台和载体，鼓励"大众创业，万众创新"，提升吸引多元要素自主参与的能力，汇聚多元力量与主体参与到美丽乡村建设过程中，为美丽乡村建设提供新思路。通过创业创新构建富有活力的创新生态圈，聚集创业者、风险投资、孵化器等高端要素，促进创业链、创新链和人才链的耦合，实现资金与人才的完美融合。与此同时，地方政府应依托互联网拓展市场资源，推动新技术、新产业、新业态蓬勃发展，为多元力量的有效参与拓展渠道。

（三）美丽乡村建设的长效保障机制需完善落实

佛冈县的美丽乡村建设既是由政府自上而下发动的，也是村民自下而上的行动，二者相辅相成，共同促成美丽乡村步步升级。为了使美丽乡村建设持续深入地推进落实，仍须进一步强化长效保障机制。

佛冈县政府在美丽乡村建设中，通过创新支持机制、程序机制和激励机制等，使美丽乡村建设更加制度化和规范化。在进一步落实、巩固、提高阶段，政府当然不能做"甩手掌柜"，应进一步稳步推进，狠抓落实，严格监督。面对这项涉及面广、政策性强、任务艰巨、责任重大的系统工程，各级党委、政府要站在全面建成小康社会的战略高度，顺应农村经济社会结构、城乡利益格局、农民思想观念深刻变化的新趋势，结合村庄劳动力、资金等要素支撑现状及变化特征，建立要素稳定支撑机制；同时要加强农村思想党建工作，不断推进农村基层民主政治建设，提高农村社会管理科学化水平，建立和完善公众参与、监督制度；建立责任制，划分责任区，逐步建立起人居环境管护的长效机制。以制度的不断完善，为美丽乡村建设的稳定健康和有序发展保驾护航，使人民群众真正实现共享改革发展成果的美丽愿景。

评估报告

广东省清远市佛冈县新农村建设
试验区评估报告

党的十九大提出乡村振兴战略，按照"产业兴旺、生态宜居、乡风文明、治理有效、生活富裕"的总体要求，建立健全推进城乡融合发展的体制机制和政策体系，加快农业农村现代化，为新时代"三农"工作做出了整体的部署和具体的要求。自 2011 年以来，在广东省委、省政府的大力支持下，佛冈县启动了广东首个新农村建设试验区，承担着"在以农业生产为主的地区，寻找一条可持续、可复制、易推广解决'三农'问题道路"的重任。经过五年多的试验探索，试验区在新农村建设和乡村振兴上采取了一系列措施，取得了一定的成效，积累了一些经验，为全省推进乡村振兴提供了重要参考。因此，2017 年 6 月 12 日至 6 月 21 日，佛冈县委县政府委托华中师范大学中国农村研究院，本着客观、独立、公正、科学的原则，对广东省社会主义新农村建设试验区的改革实践情况进行了总体评估。现将评估情况报告如下。

一 佛冈县新农村建设试验区基本情况

（一）基本情况

广东省社会主义新农村建设试验区（以下简称"新农村建设试验区"）于 2011 年 12 月正式设立，是根据广东省人民政府《关于同意广东省社会主义新农村建设试验区（佛冈）基本框架方案的批复》（粤府函〔2011〕310 号），由省委农办、国家开发银行广东省分行、清远市人民政府、佛冈县委县政府四方共同建设的省新农村试验区。

新农村建设试验区位于佛冈县城以西的石角镇（原龙南片区）所辖区域内，由小梅、龙塘、里水、石铺、小潭和山湖 6 个行政村，154 个村民小组组成，总人口 1.86 万人，规划面积约 118 平方公里。其中农业用地面积 2681.87 公顷（耕地面积 927.6 公顷、园地面积 1754.27 公顷），林地面积 8257.81 公顷。试验区地理位置适中，临接佛冈县城中心区，对外交通条件良好，距离广州市区 70 公里，处在广州 1 小时交通圈内，拥有优越的地理区位优势。

（二）建设初衷

新农村建设试验区的设立既基于国家的整体发展战略，又立足于佛冈地区发展实际，是在新的历史节点上开启的一场"上接天线、下接地气"的新农村建设试验。佛冈县地处粤北山区，属于纯农业地区，2010 年全县人口 32.85 万人，其中农业人口 26.45 万人。作为纯农业地区，佛冈县在农业增效、农民增收、农村发展方面面临诸多困境。佛冈县设立新农村建设试验区就是为了破解现实发展中的难题，同时也是为了进一步提升农村建设和发展水平。

立足纯农业地区的实际，佛冈县在设立新农村建设试验区之初就设立了宏大愿景，着力在纯农业地区通过发展现代农业来探索新农村发展之路。在建设方向上，不是简单的样本打造，而是重在挖掘和创新农村可持续发展的内在机制和内生动力，以此寻求一条可借鉴、可复制、可推广的新农村建设路径。

（三）设立过程

佛冈县新农村建设试验区的设立是一个有规划、有部署、层层推进的过程，其建设经历了试验筹划、战略布局、贯彻落实等阶段。新农村建设试验区设立伊始就确定了省委农办、国家开发银行广东省分行、清远市人民政府、佛冈县人民政府四方共同建设的机制。在设立过程中，试验区坚持以顶层设计为引领，确立了"规划先行、体制创新、产业支撑、服务覆盖、生态共建、资源共享"的发展思路。通过规划先导，试验区借助相关部门力量，制定了"一总五分"六大规划体系，"一总"是试验区总体规划，"五分"是试验区产业规划、乡村风情长廊建设规划、龙南河小流域治理规划、现代农业发展规划和小城镇规划。在这些规划的基础上，试验区制定和实施了一系列具体的工作方案，以此推进试验区建设的有效落实。

二　佛冈县新农村建设试验区评估依据

党的十六届五中全会明确提出了建设社会主义新农村的重大历史任务，《中共中央国务院关于推进社会主义新农村建设的若干意见》提出了新农村建设的总体目标和具体要求。党的十八大以来，习近平总书记针对社会主义新农村建设发表了一系列重要讲话，中央连续多年出台的一号文件及其他有关政策文件也对推进社会主义新农村建设做出了重要部署。为贯彻中央精神，广东省委、省政府颁发了《中共广东省委、广东省人民政府关于加快社会主义新农村建设的决定》，并在此基础上形成了推进社会主义新农村建设的系列重要部署和政策文件。为深入推进社会主义新农村建设，清远市委、市政府也出台了一系列决策部署和政策文件。本评估研究将以中央、广东省和清远市关于社会主义新农村建设的一系列重要部署和政策决策为依据，同时紧密结合佛冈县新农村建设的实际情况，以期进行全面、系统、科学、有针对性的评估。

三　佛冈县新农村建设试验区评估过程

为确保评估过程的科学性、系统性、客观性，华中师范大学中国农村研究院成立了专门的调研评估小组，以院长邓大才教授为组长，以 15 名博士研究生和硕士研究生为成员，对佛冈县新农村建设试验区的改革实践情况进行实地调研，在此基础上构建了系统的新农村建设综合评价体系。具体的评估工作分为材料搜集、实地调研、资料与数据整理、分析总结四个阶段。

在材料搜集阶段，评估组收集了新农村建设试验区成立以来的工作计划总结、调研报告、民意测评情况以及相关新闻报道等，并对相关材料进行了分类整理。在实地调研阶段，评估组前后分两期对新农村建设试验区进行了走访调查：一是在 2017 年 4~5 月，进行了为期一个月的驻村调研。华中师范大学中国农村研究院调研评估小组的三位调研员走访了试验区 6 个行政村范围内的 15 个自然村，与村里的两委干部、理事会成员以及村民进行了深度访谈与交流，并针对金融改革试点龙塘村信用合作部、产业发展试点大田村村企联营以及红崩岗旅游开发等做了深入、细致的个案研究，获得了大量宝贵的一手资料。二是在 2017 年 6 月，调研评估小组开展了为期 10 天的重点调研，深入调查了大田、鲤冈、龙塘、生水塘、上西村、格海、红崩岗、冈田、中和等 9 个村。为保证调研的科学性，评估组从县、乡、村、户等不同层面综合了解试验区改革的情况与成效，选取的调研对象涵盖了农办主任、管委会成员、片区服务站成员、党支部书记、理事会成员、经济合作社社员、双创人员、专业大户、村民代表和普通农民等多个群体，前后共进行了 30 次大小座谈和深度访谈。

同时，为建立系统性、可量化的评估体系，评估组采取问卷调查法，对试验区内的所有村庄进行了问卷调查，并在每个村庄中随机抽取了若干农户进行问卷调查，共回收 204 份有效问卷，包括 198 份农户问卷和 6 份村庄问卷，这些资料构成了本次评估的数据基础。

此外，为避免评估陷入绝对数字化或绝对主观化，此次评估采用主客观相结合的方法，一方面以实际调研的一手材料和数据为基础，对改革的成效进行总结与概括；另一方面，以调查数据为重点，通过建立系统指标体系，对改革的绩效进行量化分析。

四　佛冈县新农村建设试验区的主要实践

评估组以国家社会主义新农村建设的总体目标和具体要求为基准，深入佛冈县新农村建设的一线进行实地调查，对新农村建设的经济、社会、文化、政治、生态等各个方面的情况进行总体了解。

总的来看，建设工作自 2011 年 12 月正式启动以来，按照"一年打基础，三年初见成效，五年基本形成新的体制机制"的目标和把试验区建成"全省名镇名村示范村建设的示范点、现代农业发展的样板区、农产品产销对接的基地、农村综合改革的试验区"的要求，紧紧抓住试验区"先行先试"的政策优势，勇于改革，积极探索，不断创新，多措并举促发展，初步形成了一条"内源型新发展"的可借鉴、可推广、可复制的新农村建设新路径和新机制，虽然与预期目标还有较大的差距，但试验区建设工作在不断的探索和实践中仍取得了一定的成效和经验，为现代化进程中的农村综合改革创设了"佛冈经验"，为新型城镇化趋势下的新农村建设树立了"佛冈标杆"。

（一）以"三个整合"为抓手，夯实新农村建设根基

1. 整合土地资源，为发展提供土地保障

试验区积极探索农村土地资源整合，印发了《关于促进土地流转，加快试验区现代农业发展的指导意见（试行）的通知》《新农村试验区（龙南）设施用地管理暂行办法的通知》等文件，促进土地整合有效落实。在土地整合过程中，坚持群众自愿和因地制宜的原则，按照村集体统筹，"连片分配地块，农户有偿承包，统一经营土地"，通过土地内部互换、重新规划分配等方式，推进农村土地资源整合，解决了土地细碎化及弃耕问题，为农业适度规模经营夯实了基础。

2. 整合涉农资金，为发展提供资金支持

一方面，推进涉农资金整合示范点建设，按照"一池一库六类别"的模式，整合财政、发改、国土、交通、水利、农业、林业、扶贫开发等各类涉农资金，打造以农村综合改革为核心的镇级涉农资金整合示范点，用于农业生产发展、水利发展、农村社会事业发展、扶贫开发等方面，集中发挥财政资金的最大效益。另一方面，积极探索整合非普惠性财政涉农项目资金，提倡各村将零散的涉农资金整合利用，用整合的资金撬动其他资金的进入，并以此进行基础设施建设。石铺村通过整合20万元生态林补偿款，带动了社会捐资、一事一议奖补等近60万元资金用于建设村内道路。

3. 整合涉农服务平台，为发展提供服务保障

一是拓展农村综合服务站的服务功能。根据村民需求，整合农技、农机、农资、金融、保险、卫生、文化教育等多种服务功能，为农民提供高效便利的服务。二是培育服务主体和服务组织。加强农民合作社规范化建设，健全农民合作社内部管理机制，提高农民合作社的组织和服务水平，积极发展生产、供销、信用"三位一体"的综合合作。扶持培育农机作业、农田灌排、统防统治、烘干仓储等经营性服务组织。三是建立健全服

务供给机制。将技术推广、统防统治、职业农民培训等内容纳入政府购买服务的范围，建立购买或补贴社会化服务目录，完善购买或补贴程序，明确验收评估标准，建立多元化服务供给、竞争性选择的激励机制，为现代化农业的发展提供了有利的服务保障。

（二）以构建新型经营体系为重点，助推新农村产业发展

1. 市场牵引，探索农村产业发展新模式

试验区按照"政府授权、财政支持、公司运作"的原则，成立了"佛冈县新农村建设投资有限公司"，新农村建设投资有限公司积极发挥市场在产业发展中的作用，针对企业引进与发展中的需求，为企业与农户之间搭建联系与合作的桥梁，并为所有合作进行第三方公证，促进了整个新农村试验区产业的健康发展。同时，以新农村建设投资有限公司为载体，逐步建立起"新农村投资公司+现代农业企业+集体经济组织+农户"的新型产业发展模式。其中，新农村建设投资有限公司负责产业服务与政策衔接，新型经营主体（企业）负责技术与销售，农民合作社与农户参与生产经营，形成分工明确、合作紧密、利益共享的新型产业发展模式。新农村建设投资有限公司成立以来，在土地集约、产业引进、企业服务等方面做了诸多工作，通过高效、便捷的"一站式"服务为企业的进驻与发展提供了便利，有效地促进了整个产业的引进与发展。

2. 外引内育，培育新型农业经营主体

试验区通过制定《农民合作社示范社考核评定办法》《示范家庭农场考核评定办法》《关于开展评选优秀村经济联合社、经济合作社、农民专业合作社、家庭农场、乡村好青年活动的通知》《"乡村好青年"考核办法》等文件，评选出一批优秀的集体经济组织、农民专业合作社、家庭农场、乡村好青年，激励本土经营主体发展。截至 2016 年底，试验区共成立专业合作社 25 个，引进龙头企业 4 个，发展专业大户 15 户、科技示范户 20 户，区内现有大型种养基地 6 处。

3. 搭建"青创茶室"平台，培养新型职业农民

试验区以培养新型职业农民为目标，实施农民创业创新行动计划。通过青年创业者与佛冈县团委合作，成立了"青创茶室"等青年创业服务中心，借助该服务中心不定期提供的种养技术培训、典型创业项目推广等服

务，创业者及村民能够便捷地找到新型、高效的种养项目，保障主体有序运转，以此培养新型职业农民。据不完全统计，仅 2015 年下半年，"青创茶室"创业沙龙就举办了 7 次项目培训，累计 100 多人次参与培训。目前，已培育了丰源农贸专业合作社等一大批创业成功者。

4. 发展土地股份合作，开展多样化新型经营方式

试验区鼓励发展土地股份制，在专业化中提升效能。在坚持群众自愿和因地制宜原则的基础上，试验区鼓励农民以土地入股公司经营，并依据土地份额参与分红，提高土地利用率与专业化程度。

在土地股份合作的基础上，试验区探索形成了多样化的农业经营新机制，形成了"科研院校+投资公司+基地+合作社+农户""企业+合作社+农户""合作社+信用部+农户""企业+基地+家庭农场"等经营模式。

5. 促进一二三产业融合，发展农村新业态

试验区结合地区特色，以乡村旅游为着力点，促进一二三产业融合发展。一方面，全域打造乡村旅游格局。以打造"乡村风情长廊"为切入点和突破口，把名镇名村建设、幸福村居工程、特色农业、水墨龙南等工作融入全域乡村智慧游建设中，打造精致特色、错位发展的生态旅游线路。依托芦笋、粉葛、百香果等特色农产品，发展农家乐、家庭农场，大力发展以"千村客栈"为主题、以乡村体验旅游与产品组合为特色的新型乡村旅游。另一方面，打造一二三产业融合发展示范基地。试验区立足于已有的农业规模化生产基地、现代农业产业园区、农业创业园区和农产品电商产业园等，科学制定产业规划，统筹布局生产、加工、物流、研发、示范、服务等功能板块，发挥技术集成、产业融合、创业平台、核心辐射等功能作用，打造现代化的产业融合发展示范基地。

6. 完善社会化服务体系，提升农业综合服务水平

试验区不断探索"政府推动、经营主体带动、多元参与"的农业社会化服务机制。具体来看，一是依靠政府加强技术培训。里水村积极开展农业实用技术培训，依托政府提供的平台邀请相关专家前来现场讲课。2015年里水村一共举行了 9 场培训，涵盖电商、种养技术、营销管理等内容。二是形成企业或科研院所带动、合作社和农户发展的服务体系。如龙塘村积极引导村民在华农大、农大专业合作社等边干边学，在务工的过程中学习现代农业技术。三是探索新型专业化服务体系。以一种或几种新的农产品为纽带，通过多元化、多渠道整合各方力量，实行统一投入、统一管理和统一销售，将分散的农户联结起来，形成区域化种植、品牌化经营的新的农业社会化服务体系。四是创新"互联网+"服务体系。利用现代互联网和信息技术，搭建专家与农技员、农技员与农民、农民与产业之间的信息化桥梁，为科技农业生产插上了翅膀。目前，龙塘村已开通"植物医院""村村通"等平台。

（三）以机制配套为依托，构筑新农村建设支持体系

1. 深化农村产权制度改革，为新农村提供产权保障

试验区按照"明晰所有权、放开使用权、搞活经营权、落实处置权、保障收益权"的思路创造性地开展农村土地产权制度改革，为现代农业产业的发展奠定了良好根基。一是稳步推进农村土地承包经营权确权登记颁证工作。制定了《广东省社会主义新农村建设试验区（佛冈）农村产权制度改革工作方案》，为确权颁证工作提供具体指导方案。至 2016 年底，试验区已全面完成确权颁证工作。二是在确权的基础上推行农村股份合作制改革。试验区以大田村为农村股份合作制改革试点，探索了土地股份合作制、社区型股份合作制及混合型股份合作制等多种类型的产权改革形式。三是建立健全农村产权交易平台。试验区于 2013 年底成立了农村产权交易中心，并且制定了农村产权《交易规则》《交易流程》等一系列规范性、操作性文件，逐步建立起科学、规范的农村土地流转市场体系。目前试验区农村集体"三资"已全部被纳入试验区农村产权交易中心管理交易，经试验区产权交易中心流转的土地面积达到 3500 亩。

2. 创新农村金融服务机制，为新农村提供金融支持

2013 年 11 月，佛冈县在试验区内的龙塘村试点成立了全国第一家"农村信用合作部"。经过不断发展，"信用合作部"形成了自主经营、自担风险、自我约束、自我发展的良好运行机制，为农民开辟了一个方便安全的融资渠道。截至 2016 年底，信用合作部有发起人会员 15 个，普通会员 233 个，合计 248 个。合作部共吸收股金 276.7 万元，吸收互助金 164 户共 461.5 万元。信用合作部累计发放投放金 185 笔，合计金额 1857.46 万元。投放金主要用于农户扩大种养殖规模等生产经营需要。

3. 强化"村企联建"合作机制，为新农村提供新动能

佛冈县新农村试验区通过外引企业，撬动内生力量，把社会、企业、政府、农民等多元主体融合起来，发挥群众大会和村民理事会等基层自治组织的纽带作用，有效激发了各个主体的参与积极性，形成了"共建、共管、共享"的合作机制。一方面，以村庄发展为支撑点。试验区以村庄发展为着力点，着力引进企业资金，创造新生活、新生产和新机制。石角镇碧桂园·生水塘新村作为碧桂园控股集团在佛冈县开展的一个扶贫项目，计划总投资约 1500 万元，使生水塘从落后村到样板村完美转型。另一方面，以企业创利为发力点。试验区进村企业借助资金、市场和技术优势，充分挖掘村庄内部的土地和劳力资源，都能有利可牟。

（四）以创新社会治理为支点，激发新农村建设内动力

1. 推进"三个重心下移"，提升农村基层自治活力

一方面，推进"三个重心下移"，缩小村民自治单位。在片区依据集体资产、地缘、血缘关系等要素，以一个或若干个村民小组（自然村）为单位设立村委会，推行"村民理事会""村组干部代表会议"等自治形式，增强村民自治力量，激发农民主人翁精神和自主参与意识，为村庄自治提供保障。同时，试验区以"三个重心下移"为契机，在自然村设立党支部、村民委员会、经济合作社三大组织，使自然村从小组长"一人干"变为"三驾马车拉"。在此基础上，村组形成了"党为核心、社为主体、村组自治"的农村基层治理机制，并建立了"村党支部领导、村委会指导、村民小组提事、社员代表会议决事、经济合作社执事"的民主决策、民主管理、民主监督制度。

另一方面，试验区不断进行多样化自治探索。具体来看，村民自治不断向社会自治、文化自治、经济自治延伸。新农村试验区根据群众需要成立了舞狮协会、篮球协会、妇女协会、儿童权益保护协会等社会组织，由这些社会组织进行多领域的社会自治。另外，村民自治不仅向下扎根落地，而且向上生长发育。在向下扎根上，借助农民经济合作社内的理事会、监事会等激活最基层社会单元的村民自治，在农民经济合作社这一经济共同体、社会共同体、文化共同体内部打造自治共同体。在向上生长发育上，推进在更大范围内的自治，即推进以广大人民群众为主体、社会组

织与农业企业有效参与的自治。

2. 做实做强集体经济组织，夯实农村基层治理基础

试验区成立以来，基于当地农村土地所有权在村民小组一级的客观事实，以村民小组为基础，在"行政村—村民小组"架构的基础上理顺"经济联社—经济社"的集体经济组织架构，尤其是做实做活农民经济社，夯实最基础的产权单元，为农村基层发展奠定坚实基础。2012 年 10 月试验区举办了近 200 名村组干部参加的培训班，并印发了《集体经济组织示范章程》《集体经济组织成员界定细则》等政策文件。2013 年试验区内 6 个经济联合社和 154 个经济合作社已基本实现"九有"，即有牌子、有印子、有章程、有制度、有组织证明书、有机构代码证、有银行账户、有班子、有办公场所。

另外，通过推行将土地集约到集体经济组织，试验区实行托管经营、联种、联销等多元式经营方式，不断做大做强集体经济组织，破除了农村发展"有源无力"的困局。2015 年龙塘村通过"合作社+信用部+农户"的形式，集约土地 130 亩，在龙塘经济联合社下成立了龙大蔬菜种植专业合作社，夯实经济单元，壮大集体经济。新农村建设期间，该集体经济年收入由 2 万元增至 15 万元。

3. 借助现代信息技术手段，提升农村基层治理水平

一方面，试验区管委会与中国移动省、市、县分公司积极探索建立"卓越村务管理"模式，由领导、战略、村民满意度、资源、流程、测量与分析、绩效评价七个模块组成，为村务工作提供管理体系的设计方法和评价标准。同时，借力卓越村务管理系统，积极推动村庄管理科学化和信息公开化，促进了村级组织建设，形成农村自我管理、自我约束、自我发展的机制，进一步完善了村民自治机制，不断提升村务科学管理水平，为试验区村务管理追求"经济、管理、组织、品牌"四大效益打下了基础。

另一方面，试验区通过"制度+科技"的方式，利用电子化金融手段，搭建了集便民服务与农村财务监管功能于一体的"村廉通"公共监管服务平台，对村务、财务进行信息化监管。"村廉通"通过在村（居）委会设置 POS 终端机，实现了助农取款、助农缴款、助农转账和账务管理。同

时，农村（村、组）集体资金收入、支出、缴费全部纳入"村廉通"专户监督管理，银行账户设定短信通知功能，进行实时监督。此外，农村集体资金收支数据通过"村廉通"平台自动生成汇总数据，在全县"三资"管理平台每月公布。通过搭建"村廉通"平台，有效促进了农村集体资金监督及时到位、农民权益维护切实有效、干群关系维系更加和谐。

（五）以提升农民获得感为落脚点，增强新农村建设效益

1. 搭建综合便民服务平台，农民享受均等化公共服务

试验区便民服务中心平台通过协同电信部门、金融机构、农资公司为农民提供了涉及生产、经营、生活等的一系列公共服务，打通了三类服务的隔阂，打造了村务、商务、生产服务"三合一"的村级综合便民服务平台，实现了"农民办事一站通"的服务目标。具体来看，试验区通过整合利用"七站八所"等涉农机构，发挥了这些组织在农业技术推广、动植物疫病防控、农产品质量监管等方面的优势。同时，在试验区和相关部门的支持配合下，便民服务中心以金融便利店、技术服务室、产业孵化室、青年创业中心、农副产品展销区、农资服务站、勤廉监督室、农村产权服务平台等为服务切入点，推动公共服务体系升级，切实解决了农民"资金难""技术难""创业难""缴费难""买卖难""信息不畅"等问题，让农民享受到了均等化的公共服务。

2. 积极创建"美丽乡村"，农民享受优质生态环境

试验区在建设过程中把自然生态维育放在首要位置，着重打造极具"农味"的乡村生态片区。试验区颁发了《关于印发 2013 年佛冈县新农村试验区——生态长廊建设工作方案的通知》，在建设过程中积极推进生态长廊与生态村居建设、乡村清洁工程、"一河两岸"打造工程等生态保护与建设工程，维护试验区可持续发展生态基底。另外，试验区接连颁布《印发新农村建设试验区清洁工程实施方案的通知》和《印发试验区清洁工程考核办法及考核细则的通知》等政策文件，以"美丽乡村"建设为总导向，结合生态经济发展，以打造乡村旅游目标地为主要抓手，不断提升建设水平。目前试验区 80% 的自然村完成了人居环境整治任务。此外，试验区积极实施了"清水绿地"工程，加快推进污水收集主干管网和污水处理厂建设，多种模式推进农村生活污水治理，推进河道"清障、清淤"

工作，促进环境全面改善，实现了农村保洁覆盖率达到90%，推动农村生活垃圾分类减量率达到50%以上，90%以上的农村生活垃圾得到有效处理。

五 佛冈县新农村建设试验区的具体成效

评估组以中央新农村建设的20字方针"生产发展、生活宽裕、乡风文明、村容整洁、管理民主"作为一级指标，将佛冈新农村建设试验区取得的成效进行如下梳理。

（一）农业生产条件不断改善

佛冈县位于广东省中部，属山区县，境内山地面积约占总面积的70%，多山多丘的地形条件使其土地规模狭小，规模经营难开展。试验区自开展"三个整合"之后，通过整合土地资源，推动了农业生产的规模化；通过整合资金，为农民生产打造了一个"资金备用池"；通过整合涉农服务平台，有效降低了服务成本，提高了服务投放的精准度，从而使农业生产走上了一条"提档增速"的新路子。

考察新农村建设对生产条件的改善情况发现（见表1），将"作用很大"和"作用较大"合为"作用大"，将"作用较小"和"作用很小"合为"作用小"。数据显示，在196个受访农户中，有42.35%的表示新农村建设对生产条件改善"作用大"，而表示"作用小"的农户占比为20.41%。可见，通过新农村建设，试验区的农业生产条件得到了很大程度的改善。

表1 新农村建设对生产条件改善作用

单位：个，%

作用程度	样本	占比
作用很大	16	8.16
作用较大	67	34.19
一般	73	37.24
作用较小	26	13.27
作用很小	14	7.14
合计	196	100

注：有效样本：196，缺失值：2。

1. 农田水利设施不断升级

试验区成立伊始，区域内农田没有成形的灌溉及排水渠道建设，也没有节水灌溉设施，对于极端天气带来的旱涝灾害无防范能力。新农村建设开始后，试验区结合产业规划布局，在山地区域利用天然山塘水进行灌溉，部分地区由人工蓄水池提供灌溉用水。临近龙南河的河谷区域引用龙南河水灌溉，辅以相应的灌渠系统。至 2016 年底，试验区完成了 1.86 万农村人口的饮水安全工程建设，实际受益人口达 1.86 万，改善灌溉面积 10000 亩，新增或恢复灌溉面积 5000 亩，新增旱涝保收面积 5000 亩。此外，从问卷调查来看，在 196 个有效样本中，接近两成农户表示新农村建设后，农田水利得到"明显改善"，占比为 18.37%；有 59.69% 的农户表示农田水利"有一些改善"，两者合计占比为 78.06%（见表 2）。可见，新农村建设后，试验区范围内的农田水利改善情况较好。

表 2　新农村建设前后农田水利变化情况

单位：个，%

变化情况	样本	占比
明显改善	36	18.37
有一些改善	117	59.69
没什么变化	43	21.94
合计	196	100

注：有效样本：196，缺失值：2。

2. 农业社会化服务体系逐步建立

佛冈县通过"将技术引进来""将技术传下去""技术服务跟下去"，串联了社会、村庄、农户三级服务载体，延伸了服务链条，并充实了服务内容，使农民在家门口的便民服务中心就可以享受农资技术服务。其一，将技术引进来。便民服务中心充分发挥农技推广机构的潜力，技术服务室、产业孵化室定期派专门人员外出学习，与社会农技机构沟通交流种植、养殖良种良法，接受技术指导和培训。截至目前，技术服务部已累计派出 20 名业务员外出学习。其二，将技术传下去。相关部门人员外出学习归来后，会定期根据需求为村民提供技术培训和咨询。如广东省农业科学院植物保护医院每月会安排一位员工协同中心业务员，共同负责病虫害防治技术咨询和技术培训工作。其三，技术服务跟下去。将技术传授给农民后，技术服务部会定期派相关人员对农民进行全方位的跟踪，对于后期有技术困难的或操作不当的，技术部会进行跟踪指导。如便民服务中心农机服务站每周安排一位员工负责服务后期的农机政策咨询、农机监理。截至目前，已有如广东省农业科学院植物保护医院、佛冈卫校等多家机构与服务中心合作，为广大农户提供技术指导1000多人次。

3. 土地制度改革促进土地集约发展

试验区积极推进农村土地制度改革，在推进农村土地承包经营权确权登记颁证工作的基础上，探索"三变"（资源变资产、资金变股金、农民变股东）改革，创新多种股权形式，促进农村土地产权股份制改革。同时，依托土地产权改革，支持有条件的村庄在确保群众土地承包权不变、尊重群众意愿的前提下，多形式集约土地，发展适度规模经营。小梅片上西村民小组在维持土地产权稳定的基础上，通过创新土地收益分配机制来适度调节农户的土地收益。龙塘村通过让农民以土地入股或出租两种方式，集约土地200亩，成立了龙大专业合作社，促进了农业集约发展。

（二）农民生活水平不断提升

通过新农村建设，试验区逐步形成了农民收入水平不断提高、群体收入差距不断缩小的机制。在建设过程中，试验区以产业发展为基础，采取股份合作制、股份制等多种形式，稳步推进农村信用合作部建设，鼓励、引导农民入股专业合作社等集体经济组织和经济主体，使农民的创业性收入不断增加。另通过推进农村集体资源开发和产权制度改革，鼓励农民出资入股或以土地入股与村集体联合发展经济，增加农民的财产性收入。到2016年底，试验区农民人均纯收入比新农村建设之前增长了25%。大田村以农民合作社的213亩水田入股，与广州华琪科技有限公司合作开发"生态村"现代生态农业项目。华琪生态村向经济合作社以每年每亩地800斤稻谷的标准支付保底租金收益，并向经济合作社支付公益金每年约3万元。通过这一项目，大田村农民经济合作社的283位社员实现了人均增收达1000元以上。

（三）农村人居环境充分改善

在新农村建设前，试验区许多村庄的生活垃圾处于堆放无人清理、清理无人处理、处理无人监管的困境。新农村建设以来，试验区的各个村庄对卫生清洁实行了"门前三包责任制"。同时，各个村庄都建设了垃圾收集点，配备了垃圾桶和垃圾箱。经过环境整治，农村户厕及村庄公厕垃圾回收普及率都达到100%，"脏、乱、差"的村庄环境得到了有效的整治。

从表3来看，村民表示新农村建设后村庄环境卫生"有一些改善"的占比最高，为56.35%；认为"明显改善"的占比次之，为36.55%，两者合计占比达92.90%，即超过九成的受访农户认为新农村建设之后，村庄的环境卫生得到了改善。由此可见，新农村建设中人居环境改善的效果明显，得到了农户的普遍认可。

表3　新农村建设前后村庄环境卫生变化情况

单位：个，%

变化情况	样本	占比
明显改善	72	36.55
有一些改善	111	56.35
没什么变化	14	7.10
合计	197	100

注：有效样本：197，缺失值：1。

1. 村容村貌进一步提升

试验区通过村庄自建自报、政府以奖代补的方式，激励各村积极主动建设美丽乡村。截至2016年底，试验区建成乡村公园15个、村文化室10间、美丽乡村13个。其中，西田村、格岭村乡村公园被评为县"一类公园"，大田村被评为省名村、省特色村、省文明示范村试点，生水塘新村、长岭村被评为县美丽乡村，试验区村庄环境得到较大改善。

另外，依托新农村建设，试验区积极开展农村危房改造工程，有效改善了农民的住房条件，不仅使村容村貌得到了有效改善，而且维护了农民的长远利益。大田村借力村民自治，拆除了12间无人居住的旧泥砖房，统一建设了杂物房75间，并规划建设了"乡村旅游民宿"。从实地调查数据来看，在 197 个有效样本中，农民表示村容村貌"比较好"的占比超过六成，为 62.43%，有 11.17% 的农民表示村容村貌"非常好"，两者合计占比为 73.60%（见表 4）。可见，超七成试验区农民对村容村貌满意。

表 4　试验区农民对村庄村容村貌的评价情况

单位：个，%

村庄村容村貌	样本	占比
非常好	22	11.17
比较好	123	62.43
一般	43	21.83
不太好	5	2.54
很不好	4	2.03
合计	197	100

注：有效样本：197，缺失值：1。

2. 村庄生活垃圾处理设施更加完备

试验区成立之前，村庄没有实施垃圾集中处理，垃圾乱堆放、随意焚烧的现象普遍，影响了整个地区的环境。试验区成立后，为辖区 6 个行政村配齐带轮子的 60 升垃圾桶 400 个、车载式垃圾中转箱 60 个，平均 40 个村民一个垃圾桶。管委会干部黄小宁讲到，"有了桶以后，村民能自觉将垃圾扔到桶里"。另外，考察农民对生活垃圾处理设施的满意度发现，如表 5 所示，受访农户表示"比较满意"的占比最高，为 63.64%；表示"非常满意"的占比为 15.66%，两者合计占比为 79.30%，所占比重接近八成。总体而言，新农村建设试验区在完善生活垃圾处理设施上卓有成效，农民的认可度整体较高。

表 5　试验区农民对生活垃圾处理设施满意情况

单位：个，%

满意程度	样本	占比
非常满意	31	15.66
比较满意	126	63.64
一般	32	16.16

续表

满意程度	样本	占比
不太满意	6	3.03
很不满意	3	1.51
合计	198	100

注：有效样本：198，缺失值：0。

3. 村庄基础设施逐步完善

新农村建设对于改善试验区村庄基础设施条件具有明显的效果。从调查情况来看，如表6所示，195位受访农户中，57.95%的村民表示对居住所在地的基础设施"比较满意"，而对基础设施"不太满意"和"很不满意"的占比均较低，分别为7.18%和3.08%。

另外，如表7所示，在196个有效农户样本中，认为居住所在地的道路配套设施"比较完善"的比例最高，为57.14%；认为"非常完善"的比例为8.16%。由此可见，新农村建设后，在道路设施和村庄基础设施上建设成果较为明显，村民较为满意。如中和村等村庄全村都安装了太阳能路灯，实现了巷灯全覆盖及环村道路硬底化，并建成了文化室、图书室等村民活动场所和绿化公园，为村庄、村民的发展奠定了坚实基础。

此外，以往公共设施往往建成容易但管护难。中和村在开展新农村建设的过程中，通过自治牵引，建立起了长期有效的管护机制，收取每立方米0.1元的水费作为公共设施管护资金，将村民利益与村庄公共服务有效连接，保障了公共设施"有人管、管得好、管得久"。中和村的做法已被推广到新农村试验区各村组，有效解决了公共设施的管护问题。

表6 试验区农民对居住所在地的基础设施满意情况

单位：个，%

满意程度	样本	占比
非常满意	25	12.82
比较满意	113	57.95
一般	37	18.97

续表

满意程度	样本	占比
不太满意	14	7.18
很不满意	6	3.08
合计	195	100

注：有效样本：195，缺失值：3。

表7 试验区农民居住所在地的道路配套设施完善情况

单位：个，%

完善情况	样本	占比
非常完善	16	8.16
比较完善	112	57.14
一般	36	18.37
不太完善	27	13.78
很不完善	5	2.55
合计	196	100

注：有效样本：196，缺失值：2。

（四）乡风文明与和谐社会不断推进

1. 村庄文化娱乐更为丰富

访谈中发现，2014年7月26日，试验区在大田村举办了以"新农村，新农民，新体育"为主题的农耕节暨"农信杯"农民趣味体育运动会，丰富了试验区村民的精神文化生活。2016年2月13日至2月28日，试验区开展了以"水墨龙南"为主题的佛冈美丽大田乡村风情风味旅游文化节系列活动。活动节通过拔河、篮球比赛等活动，增强了各村的凝聚力，营造了文明、健康、互助的和谐乡风。

2. 村庄社会治安水平提升

随着外出务工人员增加，佛冈农村人口流动加快，经济纠纷、治安问题逐步涌现，日益成为困扰乡村发展的"绊脚石"。新农村建设以来，试验区通过加强综合治理，积极利用村庄内部资源和群众的自治作用，有效改善了治安状况。从调查数据来看，在197个受访农户中，农民对村庄社会治安表示"非常满意"和"比较满意"的占比分别为13.20%和

58.38%，两者合计占比为 71.58%（见表 8）。总体而言，大多数农户对村庄治安状况表示满意。在具体实践中，一些村庄根据自身条件，创新性地开展了综合治理工作。冈田村通过自筹资金，建立了一支负责全片区治安稳定的巡逻队，在进行日常巡逻的同时还与驻片区民警和派出所联系，有效解决了村里的治安问题。

表 8　试验区农民对村庄社会治安满意情况

单位：个，%

满意程度	样本	占比
非常满意	26	13.20
比较满意	115	58.38
一般	41	20.81
不太满意	12	6.09
很不满意	3	1.52
合计	197	100

注：有效样本：197，缺失值：1。

3. 村庄社会风气总体向好

就农户对村庄社会风气的评价来看，如表 9 所示，197 个受访农户中，认为社会风气"比较好"的比重最高，为 59.90%；表示社会风气"非常好"的占比为 11.17%。可见，超过七成的农民对村庄的社会风气表示满意。结合表 10 可以看出，新农村建设后，认为村庄社会风气有改善的占比达到 83.75%，其中有 18.27% 表示社会风气"明显改善"。在实地调查中，上西村村民小组长刘观业说："以前村民动不动就产生矛盾，天天被他们闹得头疼，三天两头来找你。现在，村里想要办什么都是一呼百应，大家矛盾减少了，关系变好了。"

表 9　试验区村庄内社会风气情况

单位：个，%

村庄社会风气	样本	占比
非常好	22	11.17
比较好	118	59.90

续表

村庄社会风气	样本	占比
一般	49	24.87
不太好	6	3.04
很不好	2	1.02
合计	197	100

注：有效样本：197，缺失值：1。

表 10　新农村建设前后村庄社会风气变化情况

单位：个，%

变化情况	样本	占比
明显改善	36	18.27
有一些改善	129	65.48
没什么变化	32	16.25
合计	197	100

注：有效样本：197，缺失值：1。

4. 试验区精神文明建设进一步加强

试验区重视培育"乡土文明"，并取得了良好效果。一是乡贤参与村庄建设积极性增强。试验区村庄经常召开乡贤座谈会，邀请乡贤们做新农村建设的"参与者"，鼓励其积极参与，支持家乡的建设发展，充分发挥聪明才智，为家乡建设献计出力。二是"乡村好青年"不断涌现。以《"乡村好青年"考核办法》为准绳，2015 年试验区评选出 9 名乡村道德好青年及乡村创业好青年。三是农民文娱活动丰富。大田村举办以"新农村，新农民，新体育"为主题的农耕节暨"农信杯"农民趣味体育运动会，让村庄和周边村庄农民广泛参与。四是对"三留"人群关爱增强。试验区经常举办关爱留守儿童、为留守老人"送温暖"等活动。五是试验区文化底蕴不断提升。管委会与县史志办合作，开展历史文化、规划发展、经济社会等情况调研，收集相关资料，撰写试验区历史文化调研报告及村志。同时，充分挖掘丰富的传统文化，将龙蟠村祖德文化、小梅村"接送三王"、鲤冈庙会、龙南武术、知青文化等打造成了独特的文化品牌。

（五）村民自治和村庄治理能力有效提升

1. 村规民约作用逐步显现

试验区在成立理事会的基础上制定村规民约，通过村规民约来约束、规范和引导村民行为。考察村规民约发挥作用的情况，将"作用很大"和"作用较大"合为"作用大"，将"作用较小"和"作用很小"合为"作用小"。如表11所示，有近四成（39.59%）的村民表示村规民约发挥的"作用大"。从实践情况来看，里水村在建设特色村时，村民依据村规民约对村庄周围环境进行了全面清洁整治。党总支书记陈金条说："有了村规民约后，村庄的环境明显比以前好多了，像村民看到有乱丢垃圾的人，就去告诉他捡起来，别乱丢。"可见，厚植于村庄传统底色中的村规民约因其内生自发性而成为一种低成本的自治手段，不断在村民日常生活中发挥作用。

表11 村规民约发挥作用情况

单位：个，%

作用程度	样本	占比
作用很大	13	6.60
作用较大	65	32.99
一般	94	47.72
作用较小	18	9.14
作用很小	7	3.55
合计	197	100

注：有效样本：197，缺失值：1。

2. 村务更加公开透明

试验区通过"制度+科技"的方式，利用电子化金融手段，搭建了集便民服务与农村财务监管功能于一体的"村廉通"公共监管服务平台。"我们每月开一次'家长会'，会堂之前门外的展板上都贴好了上个月'村廉通'里打出来的账，很清楚，（让大家）知道钱都花哪儿了。"村民刘南胜说道。对比新农村建设前后村庄村务公开情况发现，如表12所示，受访农户认为村务公开得到了"明显改善"的占比为17.01%；表示村务公开

"有一些改善"的占比为 52.06%，两者合计为 69.07%。可见，近七成村民表示村务公开有了改善。

表 12　新农村建设前后村庄村务公开变化情况

单位：个，%

变化情况	样本	占比
明显改善	33	17.01
有一些改善	101	52.06
没什么变化	60	30.93
合计	194	100

注：有效样本：194，缺失值：4。

另外，从调查情况来看，绝大部分村民表示村庄由村民大会决定重大事务。如表 13 所示，有近九成村民表示村庄会由村民大会或村民代表大会决定重大事务，占比为 87.11%。这表明，村务公开不仅是结果上公开，更多的是在源头上实现了广泛参与。试验区在探索村民自治内动力的过程中，始终紧扣"自治内生"这一主题来引导、培育、发展，注重内生自治的乡土性、多样性，充分调动了村民的积极性和自主参与性，发挥了村民自我教育、自我管理、自我服务、自我监督的主人翁精神。

表 13　决定村庄重大事务时，是否会举行村民大会或村民代表大会

单位：个，%

是否举行	样本	占比
是	169	87.11
否	25	12.89
合计	194	100

注：有效样本：194，缺失值：4。

3. 村民参与村庄公共事务积极性提高

就新农村建设前后村民参与村庄公共事务的积极性来看（见表 14），有 49.74% 的村民表示"更加积极"，占比最高。可见，越来越多的村民参与到村庄公共事务中来。里岗村以往总是面临"活动无处办，场所建设无资金"的尴尬局面。但在新农村建设后，在村民理事会牵头之下，村民们共同商议，召开大小会议 30 多次交流意见，终于通过了建设文化室的提议。里岗村文化室的建设，图纸自己设计，过程大家参与，建成后村民共管。村民黄炽山说："建设村文化室，这是难得的机会，我们村里大家伙的事儿，我们会积极配合！"

表 14　新农村建设前后参与村庄公共事务积极性变化情况

单位：个，%

变化情况	样本	占比
更加积极	98	49.74
没什么变化	94	47.72
更加消极	5	2.54
合计	197	100

注：有效样本：197，缺失值：1。

4. 村庄自治机制更为完善

试验区注重指导村组制定自治制度和机制，为村庄自治提供保障，并取得了良好成效。一方面，以"三个重心下移"为契机，在村组建立起"党为核心、社为主体、村组自治"的农村基层治理机制，建立起"村党支部领导，村委会指导，村民小组提事，社员代表会议决事，经济合作社执事"的民主决策、民主管理、民主监督制度。另一方面，在村民小组或自然村建立村民理事会，推行"村民理事会""村组干部代表会议""宗族+村干部+村民理事会"等多种形式，在村小组实行自治。

六　佛冈县新农村建设试验区的现实困境

佛冈新农村建设试验区至今已取得较好成绩，并展现了很多创新、亮点和典型经验。但是从中央新农村建设的 20 字方针出发，结合国家全面小康社会建设目标和佛冈县新农村建设试验区的规划目标来看，佛冈新农村建设试验区仍然存在问题与不足。

（一）农业发展短板凸显，特色不足，产业结构有待优化

1. 集体经济基础较为薄弱

试验区六村农村集体经济还较为薄弱。首先，各自然村或村民小组集

体经济发展不平衡。由于资源禀赋不同、政策覆盖面不同、发展历史不同，占据交通优势的村庄如龙塘、大田发展很快，也获得了进一步的资金和政策照顾，而距离 S252 线较远的山湖各村、石铺各村还处于刚起步阶段甚至是原初状态。其次，村集体增收能力不强。试验区许多村庄村集体经济收入结构不合理，自营收入比重低，经营收入增长缓慢，增收渠道同质化明显且趋于紧缩。特别是多数经济薄弱村、空壳村缺乏发展条件，领导班子缺乏发展思路和发展动力，创收增收渠道不多。最后，村级负担债务沉重。随着新农村建设的推进，近三年来建设文化室、村民文化广场等公共设施已逐渐成为各村重要支出项目，公益事业和管理费用等经常性支出呈刚性增长，目前试验区多数村庄因为建设存在不同程度的债务问题。

2. 产业集聚能力较差

试验区实施农村综合改革以来，在"三个重心下移"和"三个整合"方面进行了大胆探索，也取得了显著成绩，其中自治重心下移让自然村、村民小组这一层实现了民主参与、民主管理、民主监督，激发了农村发展的内生活力，让农村自治活了起来。但是也应该看到，自然村、村民小组一级资源有限、人口有限、整合有限。在新农村建设过程中，各个村组在进行治理单元内的"三个整合"时进展顺利，得益于单元内凝聚力强、向心力强，而一旦进一步提升至规模化发展、产业化经营，就遇到了瓶颈，跨单元整合交易成本随之增加，行政村范围内的整合受阻，导致规模提升难。在小梅村调研时发现，村内最大规模的农业经营面积仅在 200 亩左右，村民小组一级耕地面积多数在 200 亩以内，目前规模化经营已经到达上限。这种规模经营还只是小规模，经营成本高而经济效益不明显，因此面临着突破村组限制联合经营的问题。

3. 产业融合特色不足

以自然村为单元，在发展观光休闲农业、拓展农业功能问题上，各村开拓观光休闲农业积极性很高，发展较快。但是由于缺乏组织领导和规划指导，各村开展农业项目数量多、类型多，但是精品少、特色少。同时，村与村之间复制、山寨现象较多。例如在种植格桑花、油菜花项目上，互相参观后随即栽种，但各自然村资源禀赋不同，部分村庄种植的格桑花花期短，观赏效果一般。通过走访发现，多数申请整洁村和示范村成功的村组未来都有发展旅游、开办民宿的想法，但是并没有长远的规划，简单的学习复制会导致村村有产品却村村无精品，"千村一面"也难长久。

4. 利益分配机制不畅

在探索多种经营方式的过程中，利益分配机制是影响新型经营体系能否建立的重要因素。试验区农业经营主体与农户的利益关系存在不规范的现象。有的农业企业在经营不善、中途退出时卸担子，撂挑子，导致土地资源闲置、农民收益受损。部分新型农业经营主体利益分享机制不健全，几年来只见保底租金，不见按股分红。另外，在农户与企业的利益联结机制上，对于企业来说，纯农业经营成本高，风险大，它们在付给农户基本租金后既无动力也无实力再给农户分享红利。对于农户来说，天然的趋利避害倾向让他们既想获得利润分红又不愿与企业共担风险，因此部分村组存在农户与经营大户、农业企业等经营主体之间的利益分配矛盾。

（二）农村建设投入不均，模式单一，管理效用有待提高

1. 新农村建设投入存在资源分配不均的现象

在村庄建设上，按照清远市农村综合改革方案和"美丽乡村"建设方案，政府会对建设达标的村庄进行奖补，一些基础好、发展走在前列的村庄就占据了优势，成为政府建设的重点区域，反过来又能获得更多资金与支持。而非试点村则进展缓慢，一些经济薄弱的村庄建设远远落在后面，出现了村庄建设的"马太效应"问题。部分村庄超越了本村的经济实力和历史基础，勉强上马"美丽乡村"建设的一些标准配置，导致负担过重。在新农村建设工作中，一些村热衷于抓试点，急于出效果；热衷于整治村容，疏于发展产业，对于如何发展农村经济，存在推不动、工作没抓手等难题，究其原因就是未做到因地制宜和资源分配不均衡。

2. 新农村建设过程中建设模式较为单一

试验区各村村容村貌得到有效改观，环境卫生得到较好整治，村庄公共设施基本完善。但试验区进行新农村建设未充分考虑目前村庄的人口结构和村民需求，在建设过程中采用标准化建设的模式，村庄只有达到硬性指标后才能得到相应奖补，部分村庄建设同质化、形式化。我们在试验区调研时发现，新农村建设给村民提供的健身设施实用性不足。目前青壮年村民多数外出，留在村里的老人、小孩居多，小孩需要更多的是游乐设施，因此村里的健身器材功能错位、使用率低。

3. 新农村建设结束后缺乏有效的后续管理

当前试验区的新农村建设项目出现了"重建设、轻管理"的现象。造成这一现状的原因一方面是部分村庄追求显性成效，看见别的村庄都建了篮球场和文化公园，自己村不建就感觉"低人一等"。试验区内整齐漂亮的篮球场和文化公园不断建立，但是目前来看有些设施得到了充分使用，有些设施则长期不用，文化公园逐渐荒芜。另一方面，随着农业和农村基础设施的大量建成，管理维修费用越来越多。农村基础设施维修费用基本由村集体承担，但对于试验区很多村庄来说，村集体收入较少，难以承担维护费用。因此试验区在进行村庄建设过程中要建立长效的管护机制。

（三）农民增收途径有限，技能不强，新型主体有待培育

1. 增收渠道亟须拓宽，就业环境待改善

试验区农民的主要收入来自家庭成员外出打工，农业收入为辅助。在试验区进行抽样发现，在194个受访农户中，有超过四成（41.14%）的农民认为目前新农村建设最大的问题在于生产发展。总体而言，在村的农民收入不高，土地出租出去的农民转化为农业工人，可以选择打建筑零工，也可以给农业企业打工，兼业现象明显，温饱无虞，但是想要致富奔小康还需要进一步提升。在问卷分析中可以看到，受访农户中，46.67%认为试验区新农村建设对于促进家庭增收作用一般，50.76%认为新农村建设对于增加就业机会作用一般。在砂糖橘产业转型之后，部分青壮年农民外出，部分中老年农民则成为隐性失业群体。例如大田村村民除了田地的租金收入以外，在村村民收入渠道并不多，相比之前收入不增反降。

2. 劳动技能亟须加强，新型农民待培养

通过问卷调查发现，受访农户中80%的农民表示未接受过相关农业培训，反映出试验区近几年在抓基础设施建设、产业转型的过程中忽视了农民生产技能的培训工作。在试验区广大农民中，能够成为新型职业农民和农业职业经理人的很少，除极少数乡村精英外，多数农民仍然只能进行小规模家庭经营。现在试验区基本完成了以自然村或村民小组为单位的土地整合工作，并在积极推广规模经营和培育新型经营主体。在这样的背景下，试验区在村农民群体的生产方式和经营理念亟待提升和转变。

同时，试验区有过辉煌的砂糖橘种植历史。砂糖橘的种植给试验区农民带来了丰厚的回报，虽然砂糖橘产业衰败了，但是农民依然心系于此，希望砂糖橘能够复活，甚至表示"只要找到一种和砂糖橘一样的作物就行了，其他的我都不想种"。另外，在探索新品种的试验中，多数农民处于观望状态，"别人动我不动，谁赚到钱我再跟着上"的观望和跟风心理严重，试验区农民不仅在生产能力和经营能力上需要提升，同时也需要更新思想观念。

3. 建设主体亟须扩展，新乡贤有待开发

通过几年的努力，试验区基础条件改善明显，试验区内整洁村创建最多，成效也最显著。但新农村不仅是"物的新农村"，还要有"人的新农村"。在调研中发现，接近一半（49.74%）的受访者认为新农村建设主要依靠政府扶持。在实际建设中，村庄升级至示范村和特色村阶段时，许多村庄主导产业不明显，建设缺乏后劲，其重要原因在于村庄建设的主体力量不足，试验区有文化、有技能的农村青壮劳力多数外出，农民作为主体参与不够。从试验区各村情况来看，有能人带领建设的村庄发展快，反之则发展慢。目前在试验区扎根创业和回乡建设的能人与乡贤并不多，因此需要建立相关平台和激励机制不断培育和发展新乡贤。

七　进一步巩固新农村建设试验区成果的建议

社会主义新农村建设是一项庞大的系统工程，是一项繁重而长期的历史任务。目前来看，佛冈作为全国在纯农业地区开展新农村建设试验的"先行者"，取得了一定的成绩，但在农业发展、农民增收和村庄建设等方面仍有不足。为进一步促进农民增收、农业增效、农村发展，我们建议从以下三大方面着手继续深化改革和建设。

（一）固本培元，继续强化基础性制度改革

土地制度是农村的基础性制度。新农村建设要重视农村土地产权制度这一基础性制度改革，以"三权分置"为导向，深入推进土地确权和土地股份合作制改革，同时稳步推进农村集体产权制度改革，充分保障农民集体财产收益。

1. 深入推进土地确权和"三权分置"改革

要进一步推进农村土地承包经营权确权登记颁证工作，明晰土地权属，着力化解"两田制"、权属不清等历史遗留问题。在确权方式上可以因地制宜采取确权确地和确权确股不确地两种方式。对于有充分确地条件的村庄，发动群众参与实地测量，结合航拍测绘，明确界定承包地的地块、位置、面积、四至，在此基础上将承包合同、经营权证书落实到户。对于人均耕地面积少，土地细碎化，"四至"难定的，可以按照群众自愿的原则，采取确权确股不确地的方式进行确权。与此同时，在土地确权的基础上，要深化"三权分置"改革，稳步推进土地股份合作等土地流转形式，进一步放活土地经营权，发展适度规模经营和现代农业生产。

2. 稳步推进农村集体产权制度改革

要推进农村集体资源开发和产权制度改革，将农村集体经营性资产以股份或者份额形式量化到本集体成员，作为其参加集体收益分配的基本依据。在集体组织成员界定上，可结合户籍关系、土地承包、居住状况以及义务履行等情况，兼顾各类群体的利益，开展农村集体经济组织成员资格认定，明确成员资格取得、保留、丧失的条件和成员权属。在此基础上，鼓励农民出资入股、以土地入股与村集体联合发展经济，增加农民的财产性收入。

3. 健全完善农村产权流转管理服务平台

要进一步完善农村产权交易和"三资"管理平台，对全县农村"三资"进行常态化、信息化管理。不断扩展产权交易平台服务内容，强化产权交易信息发布、法律咨询、权益评估、抵押融资等服务。另外，可以"三资"管理中心为依托，健全集体产权监管平台，完善县、镇、村三级平台办公场所建设、人员培训等，通过信息化平台，实现事前、事中、事后的全过程监管和动态监管，真正实现信息公开、交易公开、监管公开，提升管理服务水平。

（二）持续发挥农民主体作用，形成新农村建设合力

新农村建设"处处可见政府主导，处处难觅农民主体"，从根本上说还是因为新农村建设未能契合农民的内生性需求，未能激活农民的内生性动力。因此，在新农村建设中，必须立足村民意愿，深耕民众需求，依靠群众智慧，发挥自治组织与社会组织的作用，形成新农村建设的合力与动力机制。

1. 升级打造内生平台，激发基层改革内在活力

"三个重心下移"以来，新农村建设试验区探索出了以村民小组或自然村为自治单元进行治理的模式，但是自治单元越分越小，自治组织越建越多，直接导致治理程序复杂，治理主体权力分配不均。鉴于此，应该把各个自治组织融合到一起，升级打造一个综合化、便捷化的大平台。与此同时，深化"三个重心下移"，推进党组织与基层自治组织同步发展，土地产权单元与村民自治单元同步发展，村庄建设单元和村民自治单元同步发展，将基层党组织建设、村民自治建设与新农村建设有机结合起来，充分调动村庄各方面的内部资源和要素，尊重农民的创造性实践，鼓励基层先行先试，不断激发基层发展的内在活力。

2. 加强政府引导作用，提高政府服务农村的能力

新农村建设除了农民的参与，也离不开政府的引导。受限于事权的分散，试验区以管委会为载体，打破行政区划限制，有效地统筹资源，积极推动新农村建设，下一步需要继续加大资源整合力度，强化事权、财权和人事权制度改革，实现班子高配、权力下放、自主管理，赋予管委会在资源统筹、规划引导、投融资等方面的权力。大力推进政府和社会资本合作，利用财政资金撬动社会资金，建立新农村建设基金和产业投资基金，积极申请国家专项建设资金，大力推行 PPP 等融资模式，为新农村建设注入源源不断的动力。

3. 创新新型参与方式，提升基层农民参与层次

应以新农村建设为契机，不断优化和创新农民参与方式，走出一种企业依托、农民参与、多方共建的开发方式，在农民与政府、企业、社会组织等不同主体之间建立起多元化的利益联结体系，并在此基础上形成多种利益分配机制。重点以产业合作、产业延伸为纽带，通过农民土地入股、资金入股、管理入股等形式，强化农民与龙头企业、农业企业、合作社等主体之间的关系。通过与企业签订购销合同、劳动合同等，打造农民与企业的利益共同体，不断延伸农民与其他主体之间的利益链条，构建紧密合作型关系，使农民充分享受产业化、现代化带来的收益。

4. 培育新型职业农民，提供良好就业创业机遇

现阶段，农村素质较高的青壮年劳动力正在从农村向城市单向转移，长此以往，势必影响农村活力。为了优化农村建设主体结构，激活农村建设主体活力，一方面，要建设人才储备队伍，引进优秀人才，鼓励高校毕业生、企业主、农业科技人员等各类人才回乡下乡创新创业，将现代科技、生产方式和经营模式引入农村。另一方面，要积极培养新型职业农民，整合各渠道培训资金资源，加强对农民的培训，在提升农民职业技能的同时，要整合落实支持农民创业创新的各方面优惠政策，建立返乡创业园、创业孵化基地、创客服务平台等载体，为农民创新创业提供有力的政策保障。

5. 不断提升农民收益，让农民在建设中有更多"获得感"

农民收益的递增是新农村建设卓有成效的直接表现。在新农村建设过程中，要充分发挥农民的主体作用，不但要提升农民的参与度，而且要重视农民的获得感和幸福感。要通过田园综合体和新农村建设，着力形成农民收入水平不断提高、群体收入差距不断缩小、全体农民共同富裕的机制。进一步发展和完善股份合作制和股份制等形式，稳步推进农村信用合作部建设，鼓励、引导农民入股专业合作社等集体经济组织和经济主体，增加农民创业性收入。同时，把探索发展集体经济作为产业发展的重要途径，积极盘活农村集体资产，发展多种形式的股份合作，增强和壮大集体经济发展活力和实力，真正让农民分享集体经济发展和农村改革成果。

（三）创新业态，深入推进农村产业融合

2017年中央一号文件提出：要壮大新产业新业态，拓展农业产业链价值链。为此，新农村建设的关键在于改变以往粗放单一的农业发展方式，升级转型新产业新业态，从供给侧改革农业旧业态，发展产业融合新常态，以有效对接市场，促进农民增收，从而保障新农村建设成果。

1. 拓展农业本位功能

产业融合的关键在于立足农业本位功能，有机融合，拓展延伸，改变方式单一、效益低下的农业生产方式，致力于农业向更高层次、更多功能发展。一是由"点"到"线"，建立链条农业。通过立足村庄实际，选准发展项目，促进农村成立集生产、加工和销售于一体的专业合作社，将农业各个环节连起来。二是由"线"到"圈"，打造循环农业。通过在农作

系统中推进各种农业资源往复多层与高效流动，让生态种养促进农业循环发展。三是由"圈"到"体"，构筑立体农业。如试验区大田村的大田经济合作社与广州华琪生物科技有限公司合作，打造了华琪生态村项目，进行"水稻—甲鱼""水稻—鸭子"等立体农业生产。

2. 充分发挥政府服务牵引功能

产业融合是农业发展的新方向，对政府公共服务的要求更高。为保证产业融合深入推进，政府应不断丰富公共服务的深度和广度，通过制定规划、搭建平台、提供服务，为产业融合提供引导和支持。首先，宏观指引方向。应通过整体考察、编制规划等为农村产业发展定轮廓，保证农村产业发展"有据可循"和"少走弯路"。其次，中观搭建平台。政府应借力"互联网+"模式，搭建农村综合性信息化服务平台，引入阿里巴巴、京东等电商平台。通过农业电子商务与农业生产、农产品加工流通的有机结合，形成线上带动线下、电子商务带动实体经济的发展格局。最后，微观出谋划策。应以孵化基地入手，以基地带动产业发展。一是引导和指导企业与农民因地制宜地进行结构调整；二是对创业青年在项目、技术、金融、信息、市场和文化方面给予扶持，实现"六大对接"；三是采取多种措施做好品牌推介工作，实施品牌经营战略，增强农产品的市场竞争力；四是帮助企业加强内部管理，加强信用建设，采取多种形式开展银企洽谈等对接活动，增强融资能力，帮助减轻产业融合中遇到的阻碍和难题。

3. 稳步推进田园综合体建设

应引导和支持产业基础良好、生态环境优良的区域推进田园综合体建设，建设融岭南乡风、循环农业、创意农业、农事体验、农业观光、休闲驿站、古韵乡村等特色为一体的田园综合体。通过引进现代农业企业与乡村旅游企业，借助龙南片区优良的自然资源发展乡村游，带动片区现代农业与休闲旅游产业的发展，实现一三产业联动发展。另外，可依托区域内经营情况良好、示范带动作用强的农民合作社、家庭农场、农业（龙头）企业等新型农业经营组织，示范带动区内农业产业发展，形成以农户家庭经营为基础、以新型农业经营主体为纽带、以社会化服务为支撑的立体式复合型现代农业经营体系。在产业发展的基础上，促进乡村社区建设，形成现代农业、休闲旅游、田园社区的良性循环发展。

附件

佛冈县新农村建设综合评价指标体系

一级指标	二级指标	指标含义	新农村建设前	新农村建设后
生产发展	非农产业产值占 GDP 比重	非农产业产值/试验区 GDP		
	农业信息化覆盖率	%		
	农业机械化水平	%		10.00
	村集体经济平均年收入	万元		5.21
	引进和培育农业企业数量	家	—	4
	农村土地承包经营确权完成率	%	—	17.00
	土地适度规模经营比重	%	—	79.40
	培育新型经营主体数量	家	—	65
	培育新型职业农民数量	人	—	8
	合作经济组织农户参与率	%	—	
	创业服务中心	个	—	
	返乡创业人数	人	—	23
	电子商务进村覆盖率	%		
	产权交易中心流转土地面积	亩	—	
	农村金融（保险）服务站覆盖率	%	—	
生活宽裕	城镇化率	非农业人口数/总人口数	—	
	农民人均纯收入	元	—	
	农民恩格尔系数	农民食品消费支出/总消费支出		
	农村贫困人口比重	%		6
	新型农村合作医疗参合率	%		94.71
	农村居民养老保险参保率	%		60.73
	家庭电脑普及率	%		46.00
	家庭有线电视拥有率	%		82.70
	便民服务站覆盖率	%		

续表

一级指标	二级指标	指标含义	新农村建设前	新农村建设后
乡风文明	农村人口平均受教育年限	年		
	农民技能培训覆盖率	试验区农民接受技能培训人数/农村总人口数		21.50
	农民文化娱乐消费支出比重	文化娱乐支出/总消费支出		
	农民对村庄治安的满意度	%	—	72
	村规民约建立比重	%		100
村容整洁	村庄自来水入户率	%		68
	村组道路硬底化率	%		80.60
	村庄完成改厕比率	%		100
	农村垃圾集中处理率	%		90
	农村保洁覆盖率	%		62.50
	美丽乡村创建率	%	—	16
管理民主	村庄民主选举投票率	%	—	74
	农民对村务公开满意度	%	—	82
	村庄矛盾调解成功率	%		
	自然村（村民小组）党支部覆盖率	%	—	
	村民理事会覆盖率	%	—	100
	村务监督委员会覆盖率	%	—	70
	"村廉通"服务平台覆盖率	%		

总体报告

佛冈破题：以机制创新激发"美丽乡村"建设自动力

——基于广东省佛冈县"美丽乡村"建设的调查与思考

（执笔人：刘迎君　唐丹丹）

习近平总书记强调："中国要美，农村必须美，建设美丽中国，必须建好美丽乡村"，"要看得见山，望得见水，记得住乡愁"。建设美丽中国作为世纪工程，其难点在乡村，重点在乡村，亮点也在乡村。然而，在具体建设实践中，政府主导下"全面撒网"式的布局规划、"撒胡椒面"式的投入方式、"涂脂抹粉"式的建设模式，导致美丽乡村建设仅逞一时之功而浮于表面，难以持续发力、久久为功。

为探索破题之道，广东省佛冈县另辟新路，以机制创新为改革爆破点，以此撬动资源、激活农民、发展农村。具体来看，佛冈县以梯度创建机制为起点，牵引量力而行，保障美丽乡村建设稳扎稳打；以牵引投入机制为中坚，引导量体裁衣，保障美丽乡村建设阶梯升级；以责任联动机制为后盾，引领依规建制，保障美丽乡村建设持续自动。借助机制杠杆功能，将市场、社会、农民等主体聚集在政府周围，助推多方力量间的机制性协同与常态化联动，使美丽乡村建设得以自发、自为、自动，实现了由政府主导的外生性建设模式向多元协同主导的内生模式的转变，具有可复制、可推广的实践价值。

一　以梯度创建机制为起点，量力而行，破解"大拆大建"式建设模式，美丽乡村建设拾级而上

习近平总书记强调，"搞新农村建设，决不是要把这些乡情美景都弄没了，要慎砍树、禁挖山、不填湖、少拆房"。为破解长期以来"推倒重建"式的改革路径，佛冈县引入梯度创建机制，让机制"出场"并时刻"在场"，倡引创建主体根据自身优势、能力、资源等梯次打造、量力而行，助推美丽乡村建设步步升级。

（一）总体规划机制，创建有重点

佛冈县通过建立县、镇（乡）、村三级纵向互通网络，将建设单元、创建主体、实现目标等内容进行整体性规划与协调性整合，绘制了美丽乡村建设与规划的"同一张蓝图"。

其一，划定美丽乡村建设单元。为有效保障美丽乡村建设落地，佛冈县根据县域内村落之间居住较为分散的地理条件，以及跨度偏大的治理环境特点，按照地域相近、利益相关、文化相连等标准，打破以往单一以行政村为基础建设单元的模式，将美丽乡村建设单位划定在自然村或村民小组一级。就各个村庄而言，其可根据自身的人口分布、居住距离、资源基础等实际情况，以便于创建为目标，自行确定适合本村庄的建设单元，使美丽乡村建设能够从实际出发，向下延伸，"接地气"。

其二，确定美丽乡村主体分工。美丽乡村建设是一项整体性工程，依靠单一的政府主导往往造成"上热下冷""外热内冷"。佛冈县在规划之初，率先进行了主体分工，确立了县级政府是"责任主体"、乡镇政府是"实施主体"、自然村（村民小组）是"创建主体"的责任分工机制，通过外部分工将责任赋予各主体。在此基础上，佛冈县还探索建立了"县领导挂乡镇，乡镇干部包村，村委干部包村（组），村组干部到户"的美丽乡村长效管理工作责任制，明确了村党支部书记、村委会主任作为具体责任人、村民理事会会长作为具体管理人的角色定位，以此实现多主体间的常态协同，避免了"一根指头弹钢琴"。

其三，厘定美丽乡村梯度目标。为有序推进建设改革，佛冈县将美丽

乡村建设过程进行了"阶梯式"分配重组，依次厘定出梯级打造"整洁村、示范村、特色村、生态村、美丽乡镇"等五个层次，鼓励各建设单元因地制宜设置梯度升级目标，步步为营。此外，为避免创建主体急于求成而导致基础不稳，佛冈县规定避免越级创建，即未创建整洁村的主体不能申报示范村，未创建整洁村、示范村的主体不能申请特色村和生态村建设等，以此规范美丽乡村建设程序，保障夯实建设根基。

（二）目标细化机制，建设有梯度

在整体布局规划的基础上，佛冈县将美丽乡村建设目标进一步细化分类，一方面设立多元标准的进入机制，让创建村庄可因地制宜确定改革项目，自愿选择并自主申报；另一方面递进升级，通过更高要求牵引深化，保障建设有梯度。

一是设立多级层次机制，标准多元。佛冈县将美丽乡村、美丽乡镇建设与创建旅游名镇名村相结合，同时改变单一推进美丽乡村建设的路径，将美丽乡村建设融入人居环境创建工程、绿色发展创建工程、富民强村建设工程、基层治理创建工程、和谐共享创建工程等多项改革中，通过多级层次互联互通，为村庄创建主体提供可自主确定的建设内容，拓宽了创建主体的选择跨度。如村庄可以根据多样性的建设标准，从垃圾收集达标、生活污水排放改善、生态环境保护、发展资源自主整合、农村基层组织建设提升等多方面内容中寻找易突破、可突破的项目，选定美丽乡村建设的着力点。

二是建立依次递进机制，要求提升。针对五个梯度建设目标，佛冈县通过依次递进机制，为五个梯度设定了不同的建设要求，随着梯度上浮，美丽乡村建设的标准和门槛也不断提高升级。具体来看，佛冈县将整洁村的创建要求定位于"基础好、自治强、村容洁"，为美丽乡村的入门条件；将示范村的创建目标定位在"规划好、设施全、乡风淳"；与此对应，特色村、生态村和美丽乡镇的打造要求分别为"产业强、百姓富、文化兴""青山碧、绿水秀、乡愁驻""功能完善、环境优良、民富村强、社会和谐"。只有创建成功一个层次的村庄，才可于次年申报更高一级层次的美丽乡村创建项目。佛冈县以难度升级牵引美丽乡村成效升级。

三是确立自主申报机制，内容自定。佛冈县创新推出指令性计划与创建村庄自愿申报相结合的方式，美丽乡村的各创建主体可根据自身条件对照梯度创建标准提出创建申请，并制定创建方案，逐层申报。自主申报机制一方面要求村庄根据实际情况选定创建内容，保障了创建主体规划的科学性，避免一拥而上；另一方面要求村庄内部形成美丽乡村建设的一致意见，如要求意愿创建村庄召开户代表会议，80%的户代表同意且在创建承诺书上签名、盖指模后，村庄才能达到申报条件，此举充分尊重了农民群众的自主意愿。

（三）奖补分类机制，激励有层次

佛冈县在牵引建设美丽乡村的过程中，将政府奖补资金分类打包，为所有符合创建条件的村庄提供平等的准入机会，同时将奖补资金设置动态化，一方面按照创建成效进行梯度激励，另一方面进行动态追补，保障奖补有的放矢。

首先，均等奖补标准，发展机会共有。为调动创建主体的能动性和积极性，佛冈县突破过去将资金单一投向先进村以简单打造出个别"样板村"的模式，给予所有符合创建条件的村庄以平等地使用奖补资金的机会，鼓励全部村庄根据自身优势和特色，自筹发展资金，争取创建项目，保障发展机会共享。在此基础上，按照群众自愿和主体创建原则，重点鼓励具有传统文化优势、自然资源禀赋好、农民建设意愿强烈等具备一定硬件基础和筹资能力的村庄申请创建美丽乡村。在奖补资格上，佛冈县同时规定了省级示范片主体村参加生态村创建按照30%的奖补标准予以支持、非主体村则予以全额奖补的政策，以此鼓励后进变先进。

其次，梯次竞争激励，发展逐步升级。为调动创建主体建设美丽乡村的自动力，变"要我建"为"我要建"，佛冈县在"四不补"经验的基础上，设置了竞争性奖补机制，分别对不同梯次的创建村庄进行不同标准的财政奖补，按照村庄在册人口规模实施以奖代补，以此牵引多元化创建不同层次的美丽乡村，保障整洁村"扩面"、示范村"升级"。以人口规模250人的村庄为标准，佛冈县级财政分别奖补20万元、60万元、150万元和400万元。具体按不同创建主体的人口规模折算，最高奖补资金可上浮25%，分别为25万元、75万元、187.5万元和500万元；最低奖补资金下浮25%，分别为15万元、45万元、112.5万元和300万元，以此引导美丽乡村建设持续升级。

最后，资金动态追补，发展有张有弛。为保障激励资金利用的"靶向"效应，佛冈县对所有美丽乡村建成村的奖补资金使用与效用进行全域式动态管理，通过监管、验收、督查等环节，使奖补有效落地。一是对建成村进行过程化检查，定期或不定期展开暗访，巩固美丽乡村建设成果；二是县乡成员单位与第三方机构结合成立评审组，对美丽乡村创建单位进行评审验收，对通过验收者直接实施奖补，对创建未达标者给予一年整改期，达标后再奖补；三是进行动态回访，两年内不定期对创建成功村进行回访督查，回访过程中对达标者给予额外奖励，对不达标者予以警告、降级甚至摘牌，保障了美丽乡村建设长效化。在 2016 年第一批 21 个美丽乡村考核验收中，最终有 19 个创建村通过验收，验收通过率达到 90.48%。

二　以牵引投入机制为中坚，以小搏大，破解"撒胡椒面"式建设困局，美丽乡村建设事半功倍

（一）依靠"先建后补"机制，牵引聚合人力

长期以来，乡村建设往往以政府单一力量主导，作为建设主体的广大村民却"不干预、不参与、不相关"，成为美丽乡村建设的旁观者，难参与、难享利。为破解美丽乡村建设"上热下冷""外热内冷"的困局，佛冈县通过"先建后补"机制的牵引，重拾村民参与村庄建设的热情，有效聚合了多元主体力量，让"村民愿参与、建设有载体、发展有组织"。

其一，以村民理事会力量为引导。过去，村小组干部人数少、力量弱，村民参与积极性始终难以调动。为此，佛冈县积极引导搭建村民理事会平台，让更多有能力、有公益心、有权威的村民加入理事会，并通过先完成村庄建设，后进行政府补贴的机制，提高了理事会成员建设村庄的信心与积极性，减少了村庄投入的后顾之忧，同时理事会积极参与，成功带动了更多村民加入美丽乡村建设中。同兴村作为一个"远山穷"村庄，发展始终"有心无力"。为解决建设"无人"的难题，2011 年，同兴村民主选举成立村民理事会，将 8 位村内有公益心的能人吸纳进来，并通过网上微信群的搭建，成功凝聚 400 多位村民。在美丽乡村建设"先建后补"政策的带动下，同兴村村民理事会从引导农民共议共谋入手，通过户代表

会、微信群平台等拓宽村民参与渠道，后鼓励村民整合土地、共拆危房、探索产业，成功将村民这一建设主体的能动性充分激活，形成了理事会与村民共建美丽乡村的合力。

其二，以新乡贤力量为载体。新乡贤是新时代背景下村内威望高、能力高、热情高的群体，是美丽乡村建设的重要载体之一。新乡贤凭借对家乡的深厚情感和个人的突出能力，以少数人带动多数的村民，可实现情感"聚心"、资源"聚力"、发展"聚智"。中华里村充分发挥了新乡贤的"助跑"作用，通过"关键少数"新乡贤的引领，成功激活了作为参与主体的广大村民的建设热情。李庚原是中华里村新乡贤的典型代表之一，通过和村民交心，重拾中华里"忠孝"文化，组织了一系列集体活动，成功将村民的心凝聚了起来。同时，和其他乡贤一起，李庚原组织村民共商共议共筹，不仅改变了人居环境，建立了产业支撑，更重要的是将通过新乡贤的带动，让村民将"村里事"当作"自家事"，充分激活村民参与的主动性。

其三，以村民共建力量为支撑。村民作为美丽乡村建设最重要的参与主体，在过去的村庄建设中并没有充分发挥主体作用。为了让村民"愿参与、能参与、乐参与"，佛冈县鼓励村民"先建后补"，让村民先动起来，再以政策扶持为村民的建设"埋单"。在美丽乡村建设过程中，佛冈县各村通过微信平台共议、村民会议共商、村民组织共管等方式，让村民看到自己的建设责任和建设成果，激活了村民共建的自发性。为了拆除陂角村村口脏、乱、差的临建房和菜地，陂角村村民自发建立义工队，一方面走访各户做工作，鼓励大家腾出空间发展美丽乡村，另一方面自发无酬参与拆除和清理的工作，短短时间内完成了村口的整治。"以前垃圾遍地都是，现在村里没有清扫垃圾的人，但是没有人扔垃圾，天天很干净，就是因为村民自己将美丽乡村的建设都当作自己的责任。"陂角村周永棠理事长感叹。

（二）借力"有偿使用"机制，牵引聚合物力

当前，农村仍有大量资源闲置，大量的耕地抛荒，宅基地被废弃，公共土地脏、乱、差，资源得不到有效利用。为此，佛冈县以美丽乡村建设为契机，通过以奖代补有偿使用机制的搭建，让村庄将"沉睡的物质资源"唤醒，让其发挥最大的市场价值。

第一，整合耕地资源，打造规模效益。佛冈县广大农村耕地普遍"散细碎"，耕种成本高、效益低、抛荒多，耕地资源难以产生规模效益。在美丽乡村建设的推进过程中，佛冈县聚焦土地资源的整合，鼓励各村进行耕地整合，重组资源，充分发挥市场的作用，将整合后的耕地进行统一市场流转，重新唤醒沉睡的耕地资源。同兴村积极组织村民自愿开展土地置换和整合，将小块土地变大块、碎块土地变整块，为专业合作社的成立以及产业升级奠定了基础。陂角村通过引导村民自发进行"互换并地"，已成功整合土地 102 亩，并在村民自愿的基础上，将耕地流转给经济合作社，村民获得了租金收入，村庄也顺利实现了规模经营。

第二，重置废弃宅基地，改善硬件设施。大量废弃宅基地的存在是影响美丽乡村建设的一大难题，不仅影响村容和村庄规划，其中的危房对村民的人身安全也构成一定威胁。佛冈县在推进美丽乡村建设的过程中，鼓励各村对废弃的宅基地进行整治，制定宅基地建设管理方案，实施"一拆二建"改善村庄硬件设施。"一拆"即清拆村内无人居住的 C、D 级危旧泥砖房、茅草房，对不符合村庄规划的废弃宅基地进行重置。"二建"即在美丽乡村建设的整体规划下进行住宅的新建。以同兴村为例，该村通过对 156 处危房旧物进行拆并，重置废旧宅基地，由村民理事会统一房屋规格、朝向，统一再建，并利用新整合的宅基地资源，相继建成文化室、公园等基础设施，村庄规划更加合理，硬件设施更加完善。

第三，助推环境亮化，改变村容村貌。为推进"生态人居""生态环境"的建设，佛冈县从整洁村到生态村不同梯度，均对人居环境的改善提出了要求，并根据环境改善的项目内容进行不同层次的政策奖补。项目内容主要包括垃圾收集、生活污水排放、禽畜圈养、卫生厕所普及、绿化美化亮化工程等。佛冈县通过村庄先建、政府后补的有偿建设机制，鼓励村庄从人居环境入手。改变村貌，只有人居环境达到政府标准，村庄才能通过美丽乡村的相关审核。截至 2017 年 6 月，佛冈县已完成人居环境综合整治的自然村 274 条，占到自然村总数的 41%；已实现雨污分流的自然村 236 条；建有小公园、文化活动场所或绿化带的自然村 349 条。通过政府有偿奖补机制的带动，村庄环境不断亮化。

（三）依托"目标前置"机制，牵引聚合财力

经济基础是美丽乡村建设发展的必要保障。为了解决美丽乡村建设资金散、成效低的问题，佛冈县通过目标前置机制，让各村依据既定目标聚合财力，以自主内筹、施力外引、鼓励投入的方式，将村内资金、发展资金和社会资金集聚起来，让小资金发挥出大效用。

一是自主内筹，积淀起步资金。在美丽乡村建设的起步阶段，各村尚未通过审核获得奖补资金，建设的起步资金成为村庄发展的最大难题。为此，佛冈县鼓励村民自筹资金，通过村民的"小投入"，激活村民建设的"大热情"，继而实现村庄建设的"大发展"。根据不同梯度的美丽乡村需求，政府对于村民自筹资金提出了不同的要求，原则上整洁村村民自筹创建资金不少于5万元，示范村不少于10万元，特色村不少于15万元，生态村不少于20万元。各村根据实际情况，开展了不同方式的村内自筹。陂角村采取现金筹款和微信认筹"线上+线下"同步进行的方式，在示范村创建初期共筹得资金25万元；中华里村通过新乡贤带头共筹集资金10多万元。

二是施力外引，集合发展资金。虽然村民自筹资金拉开了美丽建设的序幕，但是村民力量毕竟有限，为了美丽乡村建设的持续推进，佛冈县积极推进项目资金的整合，将美丽乡村建设与在农村开展的各类建设工程有机结合，积极争取上级立项支持，特别是对农业、林业、水利、扶贫、旅游等职能部门相近、用途相似的专项涉农资金和项目进行整合，通过外部项目的引入，整体集中投入美丽乡村建设中。同时，各村还积极申请"一事一议"项目资金，为美丽乡村建设助力。益茂村在美丽乡村建设的推进过程中，经过村民同意，将种粮直补、生态公益林补偿资金进行整合，全部投入美丽乡村建设的公共事业中。中华里村则通过争取"一事一议"财政补贴资金27万元，将发展资金不断聚合，推动村庄建设。

三是鼓励投入，积聚社会资金。美丽乡村建设的前期投入较大，如何让更多的社会资金投入村庄建设，是佛冈县各村都在思考的问题，社会资金的参与将有效解决建设过程中资金短缺的问题。一方面，企业老板垫资建设。各村根据本村的建设基础和发展规划，积极对外联系企业老板，动员企业老板来村垫资建设。中华里村通过与企业老板达成共识，吸引企业

老板垫资加入村庄公园的修建项目，补足了100多万元的资金缺口，在美丽乡村的奖补资金下发后，村庄将首先付清企业老板的工程工资。由于政府有政策，村庄有前景，所以企业老板垫资也很安心。另一方面，村民资产入股建设。为了发展村庄产业，建立经济合作社，陂角村理事会鼓励村民将土地和资金入股合作社，根据持有的股份获得租金和分红收入，目前共筹集资金达80万元，成功撬动了社会资金投入美丽乡村建设中。

三　以责任联动机制为后盾，有章可循，破解"涂脂抹粉"式建设方式，美丽乡村建设久久为功

（一）做实动态回访机制，做到有始有终

美丽乡村建设离不开监管机制的有效约束，为保障美丽乡村建设的每一个环节都得到有效的管理，佛冈县将动态回访机制深入建设过程，通过动态观察、动态考核、动态拨付，实现了全过程追踪、全域式验收和全面性督查，为美丽乡村建设挂上了"安全网"。

首先，动态观察，全过程追踪。为保障美丽乡村建设项目落到实处，让有需求的村庄真正发展起来，佛冈县建立起动态观察机制，让美丽乡村建设的每一个环节都处于社会监督中，倒逼村庄严格将每一个建设过程都落到实处。一是建立项目公告公示制度。佛冈县要求各村将项目内容、资金投入和使用情况等进行公示，接受社会监督。对于不符合建设要求和村民质疑的内容，村干部要及时做出回应与整改。二是对于获得"美丽乡村"称号的村庄实行动态管理。美丽乡村建设并不以完成审核为目标，还要接受连年内的跟踪回访督查，佛冈县对回访不达标的村庄予以警告、降级直至摘牌；对回访达标的给予一定奖励，实现管理的长效化及与发展水平同步化。

其次，动态考核，全域式验收。佛冈县对美丽乡村建设的考核并不采用一次性的考核方式，而是在建设的不同阶段分别考核，实行动态监管和全域式验收。一是对于各项建设任务均达到美丽乡村建设要求的镇、村，审核通过验收后及时进行公示并授牌，按照规定实施奖补。二是对于当年建设并没有达到美丽乡村建设标准的，不准予通过验收，给予其一年的整改时间，一年后如果考核验收通过，则再予以奖补。三是对已经验收通过

的美丽乡村，后期政府将进行回访复查，对于再次验收不达标的采取一定的惩处措施，严重的将可能被摘牌。佛冈县通过全域式的动态验收方式，让美丽乡村建设不只做面上的工程，而且让村庄的建设落到实处，实现建设的长效性。

最后，动态拨付，全面性督查。过去，很多地区对于农村的奖补资金往往采取一次性到位的方式，虽然程序简单，但是给资金的使用和监管带来了一定的麻烦，也不能保障资金使用能达到预期效果。为此，佛冈县在开展美丽乡村建设时，创新性地采用了动态拨付奖补资金的做法，将美丽乡村各环节的建设成果与奖补资金拨付挂钩，实现对项目整体的督查。申报成功的美丽乡村，根据申请创建的村庄类别，县级首先拨付第一期以奖代补资金，在美丽乡村创建完成且验收合格后，再将剩余的"回头看"资金予以拨付。在项目结束后，通过政府回访，如果原建设成果继续达标政府将拨付一部分奖励资金。另外，对于逐步升级的美丽乡村，上一级别的奖补资金将从下次奖补中扣除，不重复拨付。动态的奖补资金拨付方式，实现了村庄建设的"环环落地"，让每一笔资金都用到实处，用出效果。

（二）夯实资金监督机制，做到有名有实

美丽乡村建设资金多、项目杂，为了确保投入的奖补资金能得到有效使用，佛冈县建立了一系列资金监督机制，对资金流动采取全程监控，确保资金专款专用，严惩资金滥用现象，让奖补资金的效用发挥到最大。

首先，资金保障专款专用。美丽乡村建设政府投入大，但各村资金有限，为保障资金使用的专门性，防止有人利用美丽乡村建设的名义将奖补资金挪作他用，佛冈县从制度上保障了资金的专款专用。一方面，镇级统筹。佛冈县要求各镇做好统筹把关，对美丽乡村的奖补资金加强监督管理。明确要求下拨到村一级的奖补资金必须专款专用，并且只能用于该村申报当年以及后续村中的公共设施或公益事业的项目建设，不能用于祭祖和祠堂修缮等。另一方面，对于美丽乡村建设资金的专款专用，已经在各类村庄的建设承诺书当中明确规定，对于资金专款专用未达标的村庄，政府将在审核验收时扣除其相应的分数，影响其美丽乡村审核结果。

其次，资金发放堵漏惩罚。美丽乡村资金投放作为一个全县领域内的工作，涉及面广，资金多，人员杂。为杜绝奖补资金在使用上的漏洞，佛冈县要求所有美丽乡村建设的奖补资金均由镇纪委监督发放，并且将发放的明细上报县美丽办，实现对奖金发放的监督。如果在审核过程中发现将奖补资金私分、挪作他用的村庄，或者发现镇干部有"吃、拿、卡、要"的现象，一方面，县纪委将对镇相关人员进行问责，另一方面，对于相关村庄，县级将取消今后对其村庄建设的支持，取消其继续申报更高层次美丽乡村创建的资格，并在全县进行通报批评。严厉的惩罚措施，督促着镇一级和村庄的相关工作人员严肃对待美丽乡村建设奖补资金的发放和使用，有效实现了对资金的高效监管。

最后，资金流动过程监管。当美丽乡村建设项目的奖补资金发放到村后，其使用的规范情况将是资金监管的重要内容。为了保障奖补资金在使用过程中合法、合规、合乎村庄发展需求，佛冈县对资金的流动过程采取全程监管。首先建立严格报账制度。佛冈要求所有后续建设项目都必须建立项目库上报镇级单位同意，并报县美丽办备案，所有经费的使用均被要求严格报账。美丽乡村建成后，由镇审核验收并下拨奖补资金，资金均被要求半年内全部用完（用于清洁卫生的可适当延迟），否则，由镇向县美丽办申请，同意后统筹安排到其他的创建村。其次，建立公示监督制度。美丽乡村的资金使用不仅有政府监管，同时还要及时公示，接受村民和社会的监管。陂角村每一季度均在微信公众平台中及时公示资金的使用情况，村民有疑问的可以随时提出质疑，并请理事会成员及时回应。公开、透明的资金流动监管制度，让政府有数、村民心安。

（三）落实治理联动机制，做到有管有治

基层治理的创新与推进是美丽乡村建设的应有之义。佛冈县将基层治理创新的要求，融入美丽乡村的发展建设中，进一步完善基层治理体系，实现基层治理与村庄建设的同步发展。

其一，让奖补与治理要素对接发力。基层治理是美丽乡村建设的重点工程之一，要通过深入推进"三个重心下移"，充分发挥基层党组织的领导核心作用，健全村委会、村民理事会、村务监督委员会等基层组织，实现村民自治的落地。为了保障基层治理与美丽乡村同步发展，佛冈县在美丽乡村建设承诺书中明确提出了基层治理需要达到的标准，将奖补与治理要素直接对接了起来。一方面，严格控制上访数量，稳定基层秩序。佛冈县对不同类别的美丽乡村提出了不同的上访要求，例如生态村不能有任何上访案件，示范村不能有任何县级以上的上访案件等，要求村庄处理好与群众的关系，办群众所需要的实事。另一方面，激活村民参与积极性，落实村民自治。佛冈县为发挥村民的主体作用，对村民的自筹创建资金提出了不同等级的要求，要求重大决策的通过必须经过村民代表大会的签名和公示，并要求建立规范的党务、村务和财务公开栏，同时，要求村庄制定村规民约，落实村民主体的作用，推动基层治理的发展。

其二，以社会服务能力提升做助力。佛冈县积极推进服务平台的整合，依托县、镇、村社会综合服务中心（站），建立农村产权流转管理服务平台，通过提升基层社会服务能力，构建一个集农业、生活、医疗和乡村旅游等服务于一体的社会化服务体系，为美丽乡村的建设助力。首先，佛冈县以便民服务中心为依托，通过与电信、邮政、阿里巴巴等企业合作，提供农副产品代销、代收水费、快件收送等便民服务，实现生活服务的一站化。其次，为了不再让村民在政务需求上"跑断腿"，佛冈县通过打造便民综合服务中心，将过去分散的政务服务变为集中服务，服务效率大为提高。最后，为指导村民生产，佛冈县建立起"三农"问题经验交流分享平台，通过微信公众号和QQ群等方式，让村民和专家、政府紧密联系起来。在美丽乡村建设中，不仅实现了村容的焕然一新，通过提升社会服务能力，也让村民的生活焕然一新。

其三，以加大专项管理力度为保障。美丽乡村建设作为一个系统工程，内容多，涉及面广，建设要求高，对于基层的管理能力提出了较高的要求。为此，佛冈县以加大专项管理力度作为抓手，严格要求各镇必须指定美丽工作的负责人，要求专人跟进美丽乡村建设的管理工作，不定期对辖区内各村的整治情况进行检查，及时发现和解决问题，确保美丽建设的管理工作有序进行，对基层治理提出了较高要求。对于在基层管理中出现的问题，镇一级的相关负责人必须及时处理，确保村庄建设的稳定推进。美丽乡村建设需要各个相关部门协同，一切以村庄发展为出发点，将基层治理的联动作用充分发挥出来，才能有序保障美丽乡村建设的推进与落实。

四 以机制创新为突破，聚合常态化联动力量，激发美丽乡村建设自动力

佛冈县以机制创新为起点，通过梯度创建机制、牵引投入机制及责任联动机制，激活了美丽乡村建设主体的能动性和主动性，使美丽乡村建设成为政府机制牵引下农民主体、市场力量、社会力量等多方联动的自主行为，既突破了现有美丽乡村建设的困局，同时也回应了国家对于建设美丽中国、打造美丽乡村的目标要求，具有重要的借鉴意义。

（一）美丽乡村建设需责任型政府统筹规划与有序引导

习近平总书记指出："建设社会主义新农村，要规划先行，遵循乡村自身发展规律，补农村短板，扬农村长处，注意乡土味道，保留乡村风貌，留住田园乡愁。"长期以来，政府作为地方改革的重要角色，承担着资源配置、社会动员与道德建设的重要功能，特别是在改革初期，政府的资金扶持、相关政策倾斜、系列制度生根等是地方实践得以步入正轨的关键保障。美丽乡村建设作为美丽中国建设的重要一环，同样需要政府引导、政府担当与政府作为，由政府承担起"火车头"的责任，在优化结构、增强动力、化解矛盾、补齐短板上发挥统筹与引导作用。广东省佛冈县地方政府改变过去"大包大揽"式的主导模式，通过建立梯度创建机制，将美丽乡村建设自主权、决定权交给创建主体，鼓励创建村庄因地制宜地自愿参与、自我规划、稳步提升，变强制拉动为有序引导，以此形成了全局性、稳定性、长期性的规划布局。

（二）牵引型投入方式是美丽乡村建设的有效实现方式

相较于市场资金与社会资本而言，政府财政投入因其稳定性、低逐利性及其对整体改革目标实现的保障性，成为地方改革实践的主要投入力量。对于美丽乡村建设来说，有效的财政资金投入是牵引创建主体积极性的"定心丸"。然而，长期以来，政府的财政投入以"撒胡椒面"模式为主，将资金打包直接投向需求方，这种单一的"给予型"投入方式引致了依赖型、汲取型的需求主体，导致财政投入大却收效甚微。与传统模式相比，佛冈县以牵引型投入方式作为美丽乡村建设的财政支持方式，通过打造"先建后补""有偿使用""目标前置"等奖补规则，扭转了创建主体

传统的"等、靠、要"思维。通过财政奖补的"小"，撬动了村庄人力、物力、财力自主聚合的"大"，充分调动了村庄参与美丽乡村建设的能动性和自主性，牵引型财政投入方式成为美丽乡村建设的有效助推力。

（三）市场竞争机制是美丽乡村建设的重要机制性力量

引入市场竞争机制以改善政府功能、增强政府灵活性及提高政府绩效，是打造"竞争型"政府的重要路径。佛冈县在美丽乡村建设实践中，将市场竞争机制从政府内部元素升级到外部，在竞争型政府治理的基本要求下，牵引市场竞争机制楔入美丽乡村建设的机制创建中，借助市场机制破解美丽乡村建设困局。具体来看，一是以选择性激励为主要方式，重点奖补建设成效突出的创建主体，提高奖补的针对性与收益率，保障先进；二是以项目竞争机制为抓手，让村庄根据自身已有优势进一步实现优势升级，通过横向主体间的竞争来调动创建者动能，激励后进；三是以责任联动机制为重心，设置动态回访与监督机制，使美丽乡村建设成果与后期奖补资金挂钩，进行全程动态追踪，动态观察、动态考核、动态拨付，激发持续竞争力。通过系列竞争机制，保障了美丽乡村建设的后劲。

（四）激发自动力是美丽乡村建设持续发力的关键所在

李克强总理强调："要坚持农民的主体地位，尊重农民意愿，突出农村特色，弘扬传统文化，有序推进农村人居环境综合整治，加快美丽乡村建设。"美丽乡村建设工程的根本目的是让农村成为农民安居乐业之地，实现富民强村，这在很大程度上决定了农民既是美丽乡村建设的受益者，也是美丽乡村建设的真正主体，如何将美丽乡村建设内化于农民的生产生活及其内心，激发农民建设家园的自动力，是美丽乡村建设持续发力的关键所在。佛冈县一方面打造梯次创建机制，使创建主体在考量自身已有可利用资源的基础上，自主选择建设项目，尊重了农民意愿；另一方面，佛冈县将财政投入作为牵引资金，鼓励农民先建设、后受益，使农民聚合力量自议、自筹、自建，进行包括土地资源、财力资源、人力资源等的整合，使美丽乡村建设成为机制牵引下的农民自为、自主、自动工程，维系了美丽乡村建设的生命力。

深度调查

信用合作部：实现农村金融
互助的有效载体

—— 以广东省佛冈县龙塘村经济联合社
信用合作部为个案
执笔人：杨冬冬

　　大力发展农村资金信用互助合作是农村发展建设的需要，也是中央的政策精神。最近几年，中央一号文件连续提出加大对"三农"的金融支持力度：2006 年中央一号文件规定"引导农户发展资金互助组织"；2008 年十七届三中全会通过《中共中央关于推进农村改革发展若干重大问题的决定》，规定"允许有条件的农民专业合作社开展信用合作"；2010 年中央一号文件规定"支持有条件的合作社兴办农村资金互助社"；此后，2012 年起，每年的中央一号文件都对农民合作社开展资金互助或信用合作进行了明确规定和要求。2017 年的中央一号文件更是强调"开展农民合作社内部信用合作试点"。这指明了农村金融发展创新的方向和趋势。如何焕发农村金融发展的活力，值得我们关注与探讨。

　　龙塘村位于石角镇西部偏北，坐拥龙南街，距离佛冈县城 10 公里，全村辖区面积 28 平方公里，其中山地面积 25420 亩，耕地面积 4350 亩。全村人口 5380 人，1270 户，党员 106 人。设立龙塘村党总支 1 个，党支部 3

个，党政公共服务站 1 个，便民服务中心 1 个，经济联合社 1 个。龙塘村下辖 22 个自然村，38 个村民小组，成立村民理事会 38 个。为增加农民和农村集体经济组织的投资渠道和缓解农村融资难的问题，积极探索和构建农村金融服务新模式，广东省社会主义新农村建设试验区（佛冈）本着"先行先试"的改革原则，在 2013 年 12 月 4 日经佛冈县人民政府批复，于 2013 年 12 月 20 日在龙塘村经济联合社内设立了信用合作部，作为农村金融服务改革创新的一个试点。该试点的设立，成功地解决了农村信用体系不健全、农村财产基本没有确权、金融机构因自身利润考核和信贷审批条件等要求无法满足农户"短、小、频、急"的资金需求的问题，从根本上缓解了农村融资难的问题。

一 改革背景：巧借现实机遇化解发展难题

农村经济的发展离不开农村金融体系的建设。长期以来，我国农村金融体系建设缓慢，呈现政府主导的现象，农村金融发展没有遵循农村经济发展的内生规律和逻辑，直接导致农村金融发展制约了农村经济的发展。这一现象在经济发展水平落后的地区尤为明显。龙塘村作为广东省社会主义新农村建设试验区（佛冈）的一部分，积极探索在纯农业地区开展新农村建设的途径，试图从农村金融创新方面打开局面，面临着诸多考验和困难。2011 年以后，砂糖橘染上黄龙病，农民收入"一落千丈"。面对经济发展的重重困难和农民增收的迫切需求，龙塘村亟须利用自身发展机遇和条件，打破纯农业地区农村金融发展的桎梏，实现农村经济的发展和农民收入的增长。

（一）发展阻力强，困难重生

1."金土地"变"丢荒地"：农民收入锐减

自 2001 年开始，佛冈县的砂糖橘种植产业规模大、效益好，农民收入高。据龙塘村下辖的松粉自然村的理事会成员介绍："当时家家户户都种植砂糖橘，男女老少都在家，很少有人外出打工，靠着砂糖橘种植的收入，很多人家都盖上了小楼，开上了小汽车。"但是好景不长，"砂糖橘种植的好年景儿大概也就十年"，龙塘村公共服务站站长刘文建回忆到。在 2011 年前后，由于种植面积扩大、化肥农药的不规范使用等原因，砂糖橘染上了黄龙病，很多果树结不出果，到 2013 年，近八成的砂糖橘几乎没有收成，农民收入大大降低，该产业已走向没落。原本依靠砂糖橘种植为生的农民，都被迫纷纷背起行囊外出打工，家里只剩下些"老弱病残"。可见，砂糖橘产业种植的失败给当地农民的生活带来了巨大的灾难，农民手中的"摇钱树"不见了，赖以生存的"金土地"变成了荒草丛生的"丢荒地"。

土地是农民生产生活的保障，是农民的命根子。砂糖橘产业的覆灭彻底打破了当地农民收益支出平衡的稳定局面，土地产出价值大大下降，土地收益"名存实亡"。

2. "大投资"到"规模化"：产业发展缺资金

砂糖橘种植失败以后，龙塘村很大一部分年富力强的青壮年农民选择了外出打工，村子里留下的都是一些劳动能力较弱的老人和小孩。看着大面积的丢荒地和一颗颗结不出果子的砂糖橘树，留守在家的闲余劳动力和创业青年思考着寻找一种新的种植作物代替它。龙塘村"青创茶室"培养的青年创业能人刘展伟提到："我们很想找到一种像砂糖橘这样的种植作物，带动周围的老百姓发展规模化种植，但是一方面我们没有引进新品种的渠道，另一方面我们手里也没有资金。"谁投资？如何实现规模化的种植和经营？这是摆在龙塘村村民面前的难题。单纯依靠引进企业和以土地入股的形式与公司合作，显然无法满足农民增收的愿望，农民只能获得工资收入或者土地租金。

在传统农业地区，人们习惯于自给自足的农业生产方式。伴随着现代农业的发展，农业生产的集约化和规模化成为新的标准和要求。但现阶段的龙塘村，低山、丘陵较多，土地零散，不平整，不具备进行大规模机械化种植的基础，同时，也缺乏规模化发展要求的巨额资金。

3. "选择少"和"门槛高"：银行贷款难度大

一方面，农村金融业不发达，主要表现在农村地区设置的实体银行较少，涉及农村、农业发展的银行业务较少。龙塘村片区公共服务中心位于龙南片区（原龙南镇，后归并于石角镇），该片区只有一个广东农信（佛冈农村信用社），除此之外，再没有别的银行。大部分农民只能选择在佛冈农村信用社办理存取款、贷款的业务，或者去县城其他金融服务类机构办理。总体来说，农村地区银行选择太少。

另一方面，贷款"门槛高"，农民贷款难。龙塘村的刘姓村民谈道："没有房产抵押，没有资产担保，很难从银行贷钱出来，而且银行贷款的手续十分复杂，时间比较久，一般的农民很难从银行搞到贷款。"无论商业银行还是农业银行，对于农民群体来说，都是"遥不可及"的。农民贷款的数额少、时间短，自身偿付能力有限，不能为银行带来更多的收益，同时还存在较大的还款风险，这或许也是以追求利润为目的的金融机构"远离农民"的原因所在。所以农民亟须一个能够解决自己贷款用钱难题的金融组织。

（二）现实机遇好，基础优越

1. 新农村建设的中心

2010 年 8 月，在广东省委、省政府的支持下，省委农办、省农业厅、国家开发银行广东省分行与清远市政府、佛冈县委县政府在佛冈县龙南区域设立了"佛冈县共建社会主义新农村建设先行试验区"，目的是探索广东省农村经济发展、社会管理的新机制、新载体，目标是把试验区建成全省名镇名村示范村建设的示范点、现代农业发展的样板区、农产品产销对接的基地、土地集约利用和优化发展一体化的农村综合改革试验区。该试验区是全国首个在纯农村地区进行新农村探索的实质性突破。在试验区总体规划中，规划的中心区在龙塘村，约 3.8 平方公里。2013 年的试验区风情长廊也是围绕龙塘的中心区打造的，有好几个节点在龙塘村范围内，如新农村文化广场、碧桂园生水塘扶贫新村、绿道建设等。

2013 年 11 月，试验区管委会拟定《试验区农村信用合作试点工作方案》，经佛冈县政府批准执行。依据该方案，管委会在试验区内选择龙塘经济联合社作为信用合作试点，接受试验区管委会、金融业主管部门等政府相关部门的监督和指导。

2. 金融改革的试点

新农村建设试验区本着科学规划、试验先行的原则，对整个龙南片区的发展进行整体规划、分类指导。整个试验区覆盖了 6 个行政村，每个行政村的发展都依托当地的特色和资源。龙塘村作为整个试验区的中心地区，其行政村的片区公共服务站建设在原来镇（龙南镇）政府的所在地。

由于龙塘村管辖的面积最大，自然村数量最多，辖区内对于产业发展和农业增收的意愿最强烈，作为一个资金互助的"熟人圈子"，其范围大小和筹集资金的能力也相对合适，因此在国家号召大力发展村级集体经济组织和建设农民合作社内部的信用合作的前提下，龙塘村成为农村金融改革的试点村。

龙塘村成为信用合作部的改革试点并不是偶然的。一方面，之前砂糖橘的大规模种植使许多先富裕起来的农民手中有一定的闲散资金，而他们又普遍缺乏理财渠道，处于产业投资和资金理财的迷茫区；另一方面，砂糖橘产业失败以后，部分农民为了发展新型种植业又有现实的资金需求，需要一笔新的资金发展农业种植。这样一来，搭建一个实现农民内部资金互助和流通的平台就显得尤为重要。生水塘村民理事会的理事长陆国基就提到，"信用合作部的成立对于这些想搞产业、想搞发展的农民来说太有必要了，很多农民想引进新的品种，想扩大自己的种植规模，但是无奈没有资金来源，通过信用合作部，不但减去了银行贷款的麻烦，而且以熟人社会为基础，还降低了贷款不还的风险"。

3. 熟人社会的圈子

20 世纪 40 年代，费孝通在《乡土中国》中提出了"熟人社会"的概念，在这一熟人社会的圈子里，人们从熟悉获得信任感，靠自觉规范自身，遵守乡里规矩。龙塘村信用合作部的成立就是依托熟人社会的关系，划清熟人社会的界限，坚持不出圈子。

首先划清组织界限。龙塘信用合作部是在龙塘村经济联合社下成立的。成立之初，新农村管委会朱建星主任就提议把信用合作部建设在经济联合社下，可以利用龙塘村 38 个经济合作社的资源，让这些集体经济组织可以通过投资入股信用合作部，获得预期较高的投资收益，也可以把闲散资金存放在信用合作部，获得预期高于商业银行的投资收入，从而增加当地农民及集体经济组织的投资渠道。其次划清关系界限。信用合作部的理事会成员林小东经理讲道："依托农村基于宗族、血缘、地缘而形成的熟人社会关系，可以在一定程度上解决信息不对称问题，对及时了解投放金使用人的真实用途以及投放金使用人的财产、经济活动状况等还款来源有了更好的保障，从而降低了投放金的投放风险。"最后划清风险界限。一方面，信用合作部的经营范围和办公地点均在试验区内，对投放金使用人的调查和日后监管的经营成本可以得到有效控制。另一方面，通过合作部成员之间互相提供担保，可进一步控制投放金的投放风险。

二 改革试验：妙用他山之石探索合作之路

任何一个新兴事物都是要经受质疑和考验的，在经济水平较低、社会关系复杂的农村地区更是如此。改革不是一蹴而就的，也不是一帆风顺的。龙塘信用合作部的筹备前前后后经历了将近半年的时间，这半年时间内，从外出考察学习到商议规章制度，相关部门进行了无数次的尝试和摸索。

（一）试验先行，学习"他山之石"

成立信用合作部是深化农村综合改革的题中之义。龙塘片区公共服务站站长刘文建介绍："信用合作部的成立最先是由县委书记华旭初、新农村管委会朱建星主任和副县长刘恩举商议提出来的，他们一起提议通过村民自愿筹集一部分资金，借助北京农信之家成立过这种群众互助、有钱人拿钱出来帮助没钱人的经验，鼓励那些缺乏农业发展资金的、上学难看病难的，来这里贷款。"

1. 召集专家"会诊"

2013 年 9 月，佛冈县委进行群众路线大调研时，县委主要领导进村入户，走近群众。在参加新农村试验区与村民代表、村部代表等座谈会时，大部分代表反映农业（砂糖橘）产业出现严重问题，由于黄龙病的影响，近八成的砂糖橘几乎没有收成，农民收入大大降低，该产业已走向没落，但是由于缺乏品种的引进渠道，更重要的是资金问题严峻，导致产业转型困难，"大家只能眼睁睁地看着土地丢荒，砂糖橘的树根舍不得砍，就那样一根根黑黢黢地立在地里"。另外，商业银行贷款难，农民没有什么可以作为抵押，贷不到钱。大部分农村未能从商业银行中获得必要的支持，全社会都缺少真正为农民服务的金融组织，"普通老百姓只能靠外出打工，或者找亲朋好友借钱，想从银行贷钱，比登天还难"。缺钱或为产业转型的"老大难"问题。产业不转型，农民可能面临返贫问题。关于如何深化农村经济转型，如何提高农民的收入等一系列问题，县委领导邀请了北京农村经济学及华南农业大学相关专家开了几次专题座谈会。会议讨论认为深化农村综合改革的关键在于抓住农村金融改革的"牛鼻子"。对此，新农村管委会的朱建星主任谈道："通过听取这些专家的意见，结合我们现在试验区建设发展的情况，我们认为在农村金融改革方面的确要走出佛冈县的第一步，这是试验区建设的一小步，也是农村综合改革的一大步。"

2. 北上学习

2013 年 10 月，在中央党校经济学部徐祥临教授的引领和指导下，龙塘经济联合社于 11 月 18 日晚召集 38 个成员经济社开会，并通过决议决定在经济联合社成立信用合作部。会后经济联合社向新农村试验区管委会提交了开办申请。一开始提出申请只是有一个大致的想法，关于具体如何实施还需要借鉴其他地方的先进经验。鉴于此，11 月 27 日，县委组织龙塘村民代表到北京农信之家、河南、山东、吉林等地进行考察，主要学习了当地"资金互助"的先进典型经验。当时参与外出考察学习的龙塘村书记林荣锡反馈说："当时看到他们能够把农民闲散的资金集合起来成立互助社，在一个小的熟人圈子里解决了大家的用钱难题，我就感觉这是一个好事儿，我们也有信心办起来。"如何把别人的先进经验"嫁接"到本地，也是当时面临的现实难题，"我们肯定是借鉴别人做得好的地方，然后根据我们龙塘村当地的实际情况进行建设，在这个过程中，北京农信之家提供了很大的帮助，我们的业务办理软件也是由他们提供的"，原始股股东代表陈经理解释。

县委组织龙塘村村民外出参观学习，新农村试验区管委会全程跟踪指导，这也证明了政府的支持和重视，无形中给龙塘村的村民增添了几分信心。"有政府当靠山，我们就甩开手放心大胆地干。"由此可见，龙塘村村民愿意外出学习、成立一个自己的资金互助组织，离不开政府的"重点关注"。

（二）信用为基，搭建规章制度

外出学习回来之后，本着"好人办社"的原则，信用合作部的成立就正式拉开了序幕。首先，物色发起人，召开发起人会议。在宣传发动群众的基础上物色发起人，由经济联合社在试验区管委会指导下审核发起人资格。发起人制定发起公约并宣誓。南田村的刘朝生作为原始股东之一，全程参加了当时的发起人会议和股东大会。"当时就是在村委会那里，就问你有没有钱，想不想搞，想搞的话一个人就是十万块钱这样子。那个时候肯定是有点怕，手里就有这点钱，刚开始搞的时候都不知道怎么去搞。"所谓的发起人，就是成立信用合作部的原始股东。这些原始股东通过每人认股 10 万元作为信用合作部的成立资本。当时寻找发起人也经历了一段时间，这也是大家慢慢接受信用合作部的一个过程。"当时我们这些发起人，都是农民。按当时来说，这个十万块钱也不是说很多，也不是说很少了，就像是我来说，当时就是多的了。有些人有钱的话就觉得不是很多。我们也想拉很多人进来入股，成立之初资金越雄厚越好，但是很多人根本不愿意加入进来。像我自己，当时同意加入就是考虑到这是政府政策支持的事情，就抱着博一博的心态参加了。"除了个人入股的发起人，信用合作部还有两个团体股，一个是龙塘村经济联合社，投资 3 股 30 万元，另外一个是新农村建设投资有限公司，投资 5 股 50 万元。发起人确定以后，信用合作部的事情就算有了眉目。发起人签订了《龙塘信用合作部发起人协议书》。

其次，成立会员（代表）大会、理事会和监事会。管理机构的设置，使信用合作部的发展走上了正规的道路。会员（代表）大会是信用合作部的权力机构，由全体会员或由全体会员选举的代表组成，决定信用合作部包括制定或修改章程、选举或更换理事和监事等在内的重大事项；理事会是信用合作部的执行机构，由发起人股东会员组成，主要负责执行信用合作部会员（代表）大会的决议及其日常管理的重大事项；监事会是信用合作部的监督机构，由会员、捐赠人以及向本部提供融资的金融机构等利益相关者担任，负责监督信用合作部的经营、管理、财务等事项。除此之外，信用合作部还设置经理 1 名，由理事会聘任，可由执行理事兼任，全面负责信用合作部的日常经营管理工作。信用合作部的工作人员郑喜燕介绍："现在信用合作部的所有工作都由刘永红经理全权负责，平时正常工作日的时候，刘经理每天都会在这里上班。整个信用合作部也只有经理、出纳和会计三个工作人员领取工资报酬，其他的理事会监事会成员都是无偿服务的。"具体组织管理机构如图 1 所示。

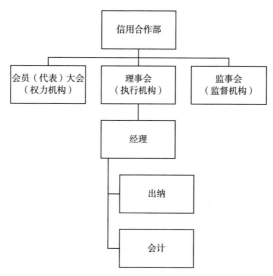

图 1　信用合作部组织管理机构

　　最后，制定章程、规范制度。成员确定和机构设置完整以后，紧接着就要开始制定规章制度，完善方案。一是规定业务范围。龙塘信用合作部的主要业务有吸收会员股金，办理会员互助金、投放金业务，办理代理业务，办理法律法规允许的其他业务。二是设置入会门槛。参加龙塘信用合作部的会员必须是具有完全民事行为能力的人，是龙塘村、小梅村、山湖村、里水村、小潭村、石铺村等经济联合社及其所属经济合作社的成员或经常居住或工作（本地有固定住所或工作，且居住或工作满 3 年）在信用合作部所在的行政区域内的其他成员。要求入股资金为自有资金且来源合法，要求会员诚实守信，信誉良好，并且承诺遵守本章程相关规定。三是确定入会程序（如图 2 所示）。四是制定投放金发放程序。坚持先入股、后服务的原则，严禁向非会员吸收互助金或发放投放金；申请投放金需带股权证、身份证以及户口本原件；投放金发放标准为互助金的十倍以内，即投入互助金 500 元，最多能申请投放金 5000 元；投放金的发放要经过填写投放金申请书—业务员调查—执行理事（审查小组）审查—签订投放金使用合同—领取投放金等 5 个步骤。五是确认投放金产品及费用率（如表 1 所示）。

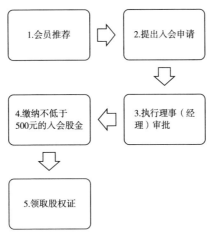

图 2 入会程序

表 1 投放金产品及费用率

投放金类别	用途	费用率（%）
墨子免息投放金	2 万元以下小额投放金	7 日内免息
扁鹊医疗投放金	医疗急需	7.2
孔子教育投放金	教育使用	8.7
管子生产投放金及其他类型投放金	生产、生活使用	14.4
合子投放金	会员兼专业合作社社员 生产、生活使用	10.0

三 改革落地：紧抓好人办社推进规范经营

龙塘村致力于打造农民自己的资金互助社，取名为"信用合作部"就是为了突出"信用"两个字。信用是办社的基础，也是对会员的最基本要求。

（一）迅速挂牌经营，正式开办业务

2013 年 12 月 20 日，经历了半年多的筹备，龙塘经济联合社信用合作部正式成立，与挂牌开业仪式同时进行的还有中央党校经济学教研部调研

基地揭牌仪式。信用合作部发起人有 15 个会员（其中 2 个团体会员），发起资本共 210 万元，实收资本 210 万元。2014 年 1 月 19 日，信用合作部正式开始运营。值得一提的是，2014 年 2 月 14 日，佛冈县龙塘村经济联合社信用合作部发放第一笔贷款 5 万元，贷款人是龙塘村村民、信用合作部的会员刘发河。该村民于 2014 年 1 月 22 日入会信用合作部，入会投入资金为 5000 元，按照信用合作部"股一贷十"的股贷比例计算，他最高可获得 5 万元的贷款。刘发河说："在其他银行贷款因为要经过上级批准，所以至少要一个月才可以拿到钱，比较麻烦。但合作部就不存在这个问题，只要申请的手续齐全，村民就可办理贷款，这对我们村里面的村民来说还是有很大好处的。"

信用合作部的成立，标志着全国首家在经济联合社框架下成立的农民信用合作组织正式诞生，佛冈县的农村金融服务机构创新走在了全国前列。信用合作部的经理很自豪地说："我们的这个信用合作部在清远是第一家，在整个广东省也是第一家。"

（二）面临社会质疑，初遇发展难题

1. 原始会员少，群众质疑多

龙塘信用合作部的探索，是进一步对农村地区金融改革的探索，是农村地区成立资金互助形式的合作部的探索。正是由于探索的是新鲜事物，所以群众对此提出的质疑较多。一方面，村子里真正有钱的人持观望态度，他们担心的是资金投入以后回收的风险，"钱放出去收不回来怎么办，原始股东得承担所有的责任，风险太大"，很多村民担心的是投入没有保障；另一方面，那些没有钱的人持冷漠态度，自己没钱投入，同时觉得这个事情不会和自己有关系，有的甚至还等着看笑话，一位林姓村民说："自己有钱就多花一点，没钱就省着花，不会去贷钱，也没有钱存进去。"大多数的群众对信用合作部是不看好的，这也解释了为什么 38 个经济合作社里只聚集了 13 个个人股东。

2. 前期投入大，资金来源少

龙塘村经济联合社信用合作部位于佛冈县石角镇龙塘村村委大院内，除了前期外出学习、成立管理机构、制定规章制度之外，信用合作部的选址及营业厅装修，印制票据，购置办公设备、用品等需要很大的一笔开

销。除此之外，还需要招聘及培训有关办公人员，包括顾问、会计、出纳、信贷员等。资金问题不解决，就无法真正让信用合作部成立。原始股东本来就少，筹集的资金数量也不雄厚，让原始股东出这笔钱显然是行不通的。因为在农民看来，没有收益就需要先"赔钱"的买卖是不划算的。为了解决这一现实问题，新农村管委会的朱主任直接找到了县委华旭初书记，眼看着新型农村金融合作社还有一步就要成功了，县委拿出来 20 万元资金，作为前期装修和购置办公用品的开销。

3. 宣传力度弱，农民不看好

信用合作部到底应该怎么走？究竟会取得什么样的成效？这 13 个发起人并不知道，虽然外出考察学习，也看到了别人的成果，但是究竟能否及如何在本地"落地生根"？这些金融改革的先行者还不是那么有信心。"单单依靠 210 万（元）的原始股金是不够的，只有大家都愿意把自己的钱存进来，愿意从这里贷款，信用合作部才能正常运转，才能保本，我们这些原始股东才不会赔钱"，原始股股东之一的刘文朝强调着自己的担忧。信用合作部就是在熟人社会的基础上建立起来的，所以其宣传效果就需要通过熟人社会慢慢渗透，效果好的话，这将是一个相当迅速的过程。而这种前期看不到效益的宣传，在农村社会中往往没有什么作用。

（三）逐步规范运营，加强风险防范

针对龙塘信用合作部前期发展面临的问题，信用合作部通过章程的不断修改和完善，借助"三会共管"的力量，逐步走上了规范化运营、科学化发展的道路。具体而言，信用合作部在协商共议的前提下分别从会员管理、业务管理、风险管理和资金（收益）管理四个方面做了进一步的完善和细化。

1. 会员都是"自家人"

信用合作部的成员分为两类，一类是发起会员，也就是持有原始股的会员，另一类是普通会员，最低门槛是存入 500 元的互助金。会员加入设置的门槛较低，龙塘村的林书记特别强调，"参加信用合作部最看重的一点要求就是信用，村民之间不讲信用，赖皮，什么都弄不好"。一方面，信用合作部加强了对入会资格的审核，尤其是针对农民信用这一块儿。信用合作部的服务范围主要是以龙塘村为核心的新农村建设试验区下辖的 6

个行政村，会员申请加入之前，合作部的经理会对申请人的情况做一个全面的了解，看信誉如何，是否符合信用合作部的入会条件。另一方面，信用合作部实行封闭的会员制度和服务制度。简单讲就是"先入会、后服务"。《农村信用合作方案》规定了禁止性条款：信用合作部不得向非会员吸收互助金、发放投放金及办理其他金融业务，不得以本部资产为其他单位或个人提供担保。而且，对违反信用合作部章程规定情形的会员，《农村信用合作方案》还规定了除名制度。

2. 从存款、贷款到互助金、投放金

2013 年 12 月，北京农信之家作为农村资金互助组织的培训机构，为龙塘信用合作部提供了一个专业的资金核算软件，并对合作部的经理、业务员、会计进行了软件使用的培训。为了保证业务上不出差错，龙塘信用合作部还聘请了一位广东农村信用合作社退休的经理作为技术顾问。一开始，会员们喜欢把信用合作部称为"农民的银行"，习惯用"存款""贷款"的说法，但是后来考虑到没有取得相关的营业执照和金融经营许可证，为与银行的业务区别开来，他们把存款称为互助金，将贷款称为投放金。

眼看着信用合作部的运行走上了正轨，但是合法的经营执照等证件还批不下来，新农村管委会向县政府打报告要求县政府直接监管，县政府安排了县财政局金融办公室直接负责，信用合作部每个月经营的数据，包括发放金、投放金、会员数量等要汇报给金融办。

3. 一人申请，多方担保

风险防范是所有开展资金经营业务机构的头等大事，信用合作部基本上依靠熟人的道德约束维持资金安全，存在明显的缺陷。如何最大限度地保证资金安全，降低风险，成了农村信用合作的难题。为有效规避风险，龙塘信用合作部在运行过程中，坚持以下做法：一是不跳出熟人社会的圈子，做到对申请人知根知底。合作部负责投放金审核的理事介绍："我们一般会找一些名望高、声誉好、有一定的经济基础的人。门槛不是越低越好，从入会登记到申请投放金期间，要调查个人的情况，没工作、没偿还能力和意愿的，欠债的，不能发放。"

二是充分发挥监事会和股东大会的监管作用。申请投放金 5000 元以下的，由理事长审核、签字同意就可以；5000 元以上 1 万元以下的，需要理事会和监事会同时审核、签字；1 万元以上 10 万元以下的，需要经过全体原始股东签字；对于 10 万元以上的大额投放金的发放，需要召开理事会、监事会、股东大会三会共同商议。

三是实行严格的担保制度，遵循自愿担保的原则。一方面是申请人的个人担保。申请投放金的会员必须持有家庭成员（尤其是配偶）签字的申请书，同时签署承诺书和责任书，同意在规定时间内返还投放金；另一方面是担保人的担保。担保人本身必须是信用合作部的会员，但不是所有的会员都具备成为担保人的条件，只有那些信誉良好、有能力、有稳定收入的人才能做担保人。担保人在同意担保的前提下，仍需要签订一系列的承诺书、担保书、包放包收责任书和还款责任书。

4. 钱在部里，利在手中

信用合作部吸收互助金的利息略高于银行，以此来吸引大家把钱存进来。考虑到资金存放的安全问题，合作部与就近的广东农信银行佛冈农村信用社进行了合作，在农信银行开办了一个集体账户。合作部的会计在谈到资金管理的时候说："我们现在尽量实现非现金交易，把所有的钱都存放到农信银行里，会员的互助金和投放金我们会及时转到农信银行，留一小部分进行周转。由于合作时间较长，农信银行那边也会在规则允许的范围内给我们提供一些便利和帮助，很多专业的问题（我们）也会向他们请教。"

2015 年 2 月 6 日，龙塘村经济联合社信用合作部举行了第一次年终分红发放暨扩股大会，这次大会主要是进行原始股东分红和新增股东扩股。合作部的股东代表刘文建介绍："我们当初办这个合作部的主要目的不是挣钱，如果为了挣钱的话这个就办不下去了，有分红当然大家都很高兴，但分红不是固定的，要根据当年的业务数量和交易金额来定。"除此之外，大会还正式确定把信用合作部的服务范围扩大到整个龙南片区。小梅村村民刘达尖是这次扩股股东之一，考虑到以后的发展，他和其他股东集体向小梅村分社申请入股龙塘信用合作部："入股以后既能够方便村民，帮助他人，自己需要贷款的时候也很方便。"

四　改革发展：严守信用底线督促复制推广

从全国看，农村金融改革的力度和创新性还不够，还没有找到一条可以大规模复制、推广的发展道路。从 2015 年下半年开始，龙塘村信用合作部在取得一定经验的基础上，在全县其他 5 个乡镇全面推广。在农民之间推广"资金互助、信用合作"的经验和做法，主要目的是解决农村生产发展的资金难题，满足农村金融发展的需要。因此，龙塘村信用合作部的复制与推广具有重要的意义。

（一）前期起步低，可借鉴

龙塘村信用合作部是在龙塘村经济联合社的框架下成立的，主要依靠的是熟人社会的道德约束进行农村资金的整合和互助。从建立的基础来看，只要当地农民有资金的需求和互助的意愿，就可以成立。"三个重心下移"工作开展以来，自治单元越化越小，基层治理的效果越来越好，基层自治的良好氛围为农村资金的自供给和互助培育了良好的土壤。

信用合作部的起步低，要求少，不需要特殊的基础和过多的资本投入。一方面，信用合作部的注册资本可多可少，没有最低限制，可根据经营覆盖范围自行调整，同时，每股股金的多少也因地而异。龙塘村信用合作部的原始股股金设置为 10 万元/股，实际上从当今农村经济发展的平均水平来看并不算太高，很多家庭都能够支付起这 10 万元，但成立的关键是从需求出发。"资金互助不能只是一个形式，要发挥真正的作用才行，主要就是看当地老百姓有没有发展这个信用合作的需求，不能强制成立，要大家主动申请才行。"另一方面，信用合作有一定的范围，不能脱离熟人社会的包围圈，一般是在自然形成的村落或者有着共同生活、生产、活动范围的片区开展。虽然城市化进程的加快给农村社会带来了一些变化，但是农村社会保留下来的传统文化、人情世故等习俗习惯仍旧影响着农民的生活和交往，熟人社会的关系和圈子依然植根于广阔的农村大地。

（二）中期发展好，可复制

在访谈的过程中，当问到信用部如何逐步发展壮大并得到大家认可的时候，合作部的理事成员林小东讲道："农村的问题说简单也简单，说复杂也复杂。我们成立合作部的初衷是好的，是为了解决大家用钱难的问题，可是长期以来农民自给自足的传统和谨小慎微的个性决定了他们不愿意尝试，不愿意去冒险。与其去说服大家，去宣传，不如你做出来有目共睹的成绩，让农民看到效益，尝到甜头。自然而然就会有更多的人相信、加入进来。"事实的确如此，信用合作部成立一年以后，发展规模不断壮大，效益不断提高，受益的群众也越来越多。

1. 规模不断壮大

信用合作部成立以来，规模不断壮大，主要表现在两个方面：一方面会员人数不断增加，从 2014 年的 52 人增加到 2016 年的 208 人，2017 年仍有小幅度的增加；另一方面累积投放金的数量不断增长，由最初的 6.91 万元增加到 2016 年的 1236.5 万元。具体变化情况见图 3。

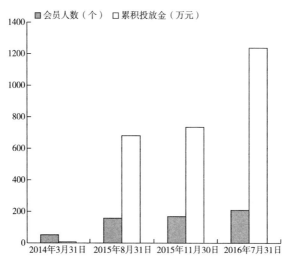

图3　信用合作部发展规模变化情况

2. 效益不断提高

虽然当初成立信用合作部的主要目的不是营利，但是根据这几年的经营情况来看，信用合作部的投放金和互助金呈良性循环态势，不但每年都有原始股分红，而且近三年的分红呈逐年递增的态势，由 2015 年每股 3000 元的分红，上涨到 2016 年的 3300 元，到 2017 年更是实现大踏步飞跃，上涨到 5000 元（见图 4）。由此可见，信用合作部整体运营状况良好。

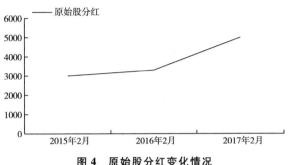

图 4　原始股分红变化情况

3. 受益群众越来越多

龙塘信用合作部吸收了越来越多的会员，其辐射范围和服务范围不断扩大，越来越多的群众获得了帮助。龙塘村委长五村的种植大户刘永红，投资300多万元种植了300余亩澳洲坚果，他作为原始股东，在信用合作部投入20万元作为发起股金，根据规定，入股半年后，他向信用合作部申请了200万元的投放金，成功解决了扩大产业规模的资金难题。石角镇龙塘村委大一村民刘家健，需要扩建鱼塘，通过向信用合作部申请投放金30000元，有效解决了他的实际困难。像这样的例子还有很多。

除此之外，很多看不起病、上不起学的家庭，也通过入会申请投放金，解决了家庭生活难题。松粉村民小组的理事长陆国基讲道："平常家里有个小额的资金需求，周转不开的时候，到合作部很快就能申请到互助金。而且有些利息比较低甚至免息。"

（三）后期经验足，易推广

试验区肩负着探索可借鉴、可复制、可推广的新农村建设路径的重大责任，龙塘村经济联合社信用合作部的成立和试运行成功，探索了一条符合试验区农村金融服务创新条件的新模式，是农村综合改革的重大创新成果。总体来讲，信用合作部具备三大功能，即资金造血功能、财务杠杆功能、组织复制功能；具有三大地位，即农村金融体系的基础地位、农村经济组织的核心地位、农村信用文化的主导地位；产生了三大作用，即成为农村生产关系的载体、农业进入市场的桥梁、农民联系政府的纽带。

现阶段，全县共成立了 7 家信用合作部，其中 5 家的具体营业状况如表 2 所示。

表 2　全县 5 家信用合作部经营状况

村名	成立时间	原始股金（万元）	投放金（万元）	会员人数（人）	盈亏情况	备注
龙塘	2013 年 12 月	210	13		盈利	投放金需求大，互助金不足
龙岗	2016 年 4 月	100	30	8	亏损	投放金需求不大，慎放投放金
大陂	2016 年 1 月	106.78	37.8	20		投放金需求小，暂时不接受互助金
四九	2015 年 9 月	290	235	28	盈利较大	投放金需求大，但审核严格
西田	2015 年 10 月	330	300	105	盈利	投放金需求大，互助金不足

在信用合作部推广复制的过程中，龙塘信用合作部作为"第一个吃螃蟹"的先行者，成为各地信用合作部学习和模仿的对象。负责合作部推广的陈经理谈到了几点实际的经验："第一，成立之初，最重要的就是考察当地是否有信用合作的基础和资金互助的需求；第二，合作部的建设要简单大方，不赞成搞华丽的装修和建设，一方面为了节省开支，另一方面也避免引起银行等金融机构的不满，之前龙塘信用合作部就因为装修风格和银行太像而进行了整改；第三，尽量实现非现金交易，刷卡交易，减少资金管理的开支和风险；第四，联合银行或者利用中国人民银行的网上征信系统调查会员的信贷情况，避免单纯地依靠社会道德约束，通过多种渠道了解会员的信誉情况；第五，聘请专业的、熟悉资金管理交易业务的工作人员，增加对业务人员的专业培训。"总而言之，信用合作部的运行积累了丰富的经验，具有易于推广的优势。

五　关于农村信用合作的延伸讨论与思考

政府不断完善财政支农投入机制，鼓励加快农村金融创新，目的在于撬动金融和社会资本更多地投入农业和农村，同时，努力探索出农村金融自治的新方案。现阶段，农村商业银行、农村合作银行、村镇银行等农村中小型金融机构发展并不完善，这为农村金融自治组织的发展腾出了空间。龙塘村信用合作部的成立，有效解决了农村金融发展的问题，遵循了内生外促的逻辑，但同时也反映出农村金融自治组织的一些问题，值得我们深入探讨和思考。

（一）联合自强：信用合作部的发展成效

1. 满足了农民"短、小、频、急"的资金需求

中国农民仍旧保留着自给自足、自担风险的生存特点，习惯"各人自扫门前雪"，但一旦遇上天灾人祸，自有财产无法实现"自给自足"的目标，就需要通过外界的帮助渡过难关。砂糖橘产业失败以后，很多农民家庭入不敷出，医疗、教育、养老、生产发展等社会压力接踵而至，农民迫切需要一个方便、自助的金融组织满足自身发展的资金需求。龙塘经济联合社信用合作部作为农民自己的"银行"，通过自筹资金，互助合作，在熟人社会范围内搭建起了资金流通的平台，在拓宽农民投资理财渠道的同时解决了农民"用钱难""贷款难"的问题，真正实现了用农民自己的钱办自己的事。

龙南片区的村民都谈道："以前有些需要用钱的地方，需要走亲访友、四处借钱，还要看人家的脸色。现在好了，有了这个信用合作部，只要投入500块钱，就可以申请到5000块，不但手续简单方便，还十分迅速，不用像银行贷款那样，三天五天也不一定能贷出来，在这里，上午办好手续，下午就能拿钱。"可见，村民的资金需求通过这种资金互助和自供给的形式能够得到很好的解决。

2. 激活了农村经济发展的内生动力

2017年中央一号文件明确指出，要注重"激活农业农村内生发展动力"。内生动力，就是指事物发展由内而外的力量。对于农村社会的发展而言，这股由内而外的力量就是要解决农村发展自身"造血"能力不足的问题。信用合作部的成立，在一定程度上实现了农村经济社会发展和农民发展的双赢。一方面，实现了农业产业的发展，合作部会员通过申请投放金引进新品种，发展种养殖业，购买农业生产设备，扩大农业生产规模，

积极探索农业产业转型和升级，壮大了集体经济组织的力量。比如龙塘村村民刘永红占地 300 亩的澳洲坚果种植基地，就是利用资金互助扩大了农业种植规模。另一方面，带动了农民增收，会员把闲散的资金集合起来作为互助金存放在合作部，可以获得相应的利润，也可以通过申请投放金的形式扩大农业生产，发展新型农业经营项目，获得收益。总之，信用合作部的成立，盘活了农村经济社会的资源，提升了农村自身发展的造血功能，激活了农村发展的内生动力。

3. 树立了信用合作的文明新风尚

"乡风文明"是党的十六届五中全会提出来的对新农村建设的具体要求和建设目标。信用合作部的成立，强调入会会员"诚实守信、声誉良好"，注重考察投放金申请者的"信誉"，控制"熟人社会"的范围，在促进农村经济社会发展的同时对农村社会的信用体系建设起到了促进作用。其一是提高了农民的信用组织化程度。信用合作部是在龙塘村经济联合社的框架下成立的，这也是全国第一家在经济联合社下成立的资金互助组织；其二是遏制了民间高利贷行为，信用合作部的成立成功填补了农村金融信贷的空缺，不但方便快捷，手续简易，而且正规合法，利率合理，有效压缩了高利贷的生存土壤；其三是提高了农民的信用意识，促进了文明社会发展。提倡诚实守信是社会主义精神文明建设的题中之义，宣传信用在农村社会中的作用与价值，有利于良好村风民风的保持和发展。

（二）内生外促：信用合作部的发展逻辑

1. 内部动力：需求推动是基础

任何一个事物的产生都离不开需求推动，没有需求就没有探索和发展。正如马斯洛的需求层次理论讲的一样，某一层次的需要满足了，人就会向高一层次发展，追求更高一层次的需要就成为驱使行为的动力。由此可见，人们追求发展的原动力都来源于对现实情况的不满。有了需求以后，就有了目标，相应地也就有了动力。这种动力是由内而外的，是村民自发形成的。

砂糖橘产业失败以后，龙塘村经济发展陷入困境，如何找到新的种植作物、发展新的农业产业成为当务之急。伴随产业发展的困难，资金需求无法得到满足也成为农村经济发展面临的突出矛盾之一，农村经济急需

"输血"，尤其是一些种植户发展生产缺周转金的现象不在少数。总之，信用合作部的成立离不开龙塘村村民对于资金互助的需求，加上信用合作部的利率比银行略高，但比民间借贷低且合法合规，自然引来众多苦贷无门的农户加入，因此信用合作部能够成立并且逐步发展壮大。

2. 联结纽带：熟人社会的信任

我国农村社会的基本结构是"熟人社会"，农民长期生活在共同地域中，相互熟悉，有相同的生活模式，遵循共同的道德准则。在这样的差序格局中，社会关系逐渐从一个人推到另一个人，在熟人社会范围扩大的同时，也紧密了私人关系。而根据费孝通先生的观点，"我们传统社会里所有的社会道德也只有在私人联系中发生意义"①，因此，借助"诚实守信"的传统美德能够顺利地在熟人社会的基础上使私人群体发生关系，在把大家组织起来的过程中，减少不必要的摩擦，消除不信任感。

龙塘村是一个典型的熟人社会圈子，村里的干部对于本村的村民相当了解。在这种相互了解并且"非亲即故"的关系中，通过在村民之间开展经济交往和资金流通的活动，可以使村民更好地获取彼此的信任，也可以更好地控制风险。以信任为基础，在熟人社会的范围内探索农村金融创新形式，省去了烦琐的步骤，避免了多余的麻烦。可见，熟人社会的圈子和相互信任的关系是保证信用合作部成功运行的纽带。

3. 外部推力：政府倡导和专家支持

农村资金的信用合作是建立在农村资金自供给基础上的一种资金互助行为，这一行为来自农村内部但又不完全是内生的。农村内生力量的激活与发生作用，总离不开外部推力的推动和促进。要真正实现农村金融改革的创新，需要政府的指引和专家的指导，但政府和专家在这一过程中需要摆正自己的位置，弄清楚自己的角色，指引不等于包办。

一方面，信用合作的成立离不开政府的指引。2011年，广东省社会主义新农村建设试验区（佛冈）成立以来，划定石角镇下辖的6个行政村作为试验点，不但大搞产业发展，还积极探索金融创新。新农村建设试验区管理委员会指引提出了创建信用合作部的想法，并全程跟进，全面指引信

---

① 费孝通：《乡土中国》，上海人民出版社，2013，第29页。

用合作部的成立和建设。

另一方面，北京中央党校的专家和北京农信之家为信用合作部的成立和运行提供了技术保障。北京中央党校的副校长、教授黄浩涛和经济学部的教授徐祥临多次来到龙塘信用合作部进行指导，对于其发展进行规划。同时，北京农信之家凭借着在全国各地建设农村资金互助组织的经验，给予了技术上的支持。

（三）瞻高瞩远：信用合作部存在的问题与思考

1. 信用合作部没有取得相应的法律地位

龙塘信用合作部所办理的业务属于金融业务，依法应当取得银监会颁发的金融许可证。但是龙塘信用合作部只取得了县政府和新农村建设管理委员会的一般行政许可，尽管现在合作部接受县财政局的监督和管辖，但是并没有取得金融部门的金融许可。没有获得金融部门的金融许可，导致无法办理工商营业执照。具体而言，龙塘信用合作部的成立虽然符合政策，却是无照经营。

现在大多数农村信用合作的组织存在无照经营的现象。政府鼓励农村进行金融改革的创新，提倡农民之间通过合作成立资金互助的组织，但是该类组织无法办理金融经营许可证，得不到合法地位。这不利于信用合作部的长期发展和风险把控。龙塘信用合作部现阶段得到了县财政部门的监管，效果不错。但就长远发展来看，对这种有利于解决农村发展资金问题的组织，还是要给予应有的法律地位。

2. 信用合作部仍存在风险控制问题

农村信用合作最核心的一项业务是会员之间提供资金互助。有资金互助就会涉及本金和费用安全问题。为了防范投放金被拖欠或产生烂账、呆账风险，龙塘信用合作部采用了会员担保的方式，要求投放金申请人申请投放金时必须有会员担保，而且规定在投放金申请人违约时，投放金申请人和担保人都不能以入股股金及其积累抵还投放金申请人所欠本息，而必须用其他资产抵偿。但是在实际运行过程中，信用合作部没有办法按照担保制度强行没收抵押财产或者强制还款。正如原始股东刘朝生说的，"一般都是理事和经理先去催款，然后不行了各个原始股东轮流去催。要是真的碰上那些不讲信誉、要流氓赖账的，也没有好的办法，只能要求担保人出资或者原始股东按照股份持有比例出资填补"。可见，虽然这种情况不多，但是真正发生了以后也没有有力的处理措施，如何加强这方面的风险控制，值得关注。

把风险降到最低，一方面是为了维护会员的相关权益，另一方面也是为了确保信用合作部的良性发展。建立长效的风险控制和预防机制，要从严把会员入部关、严审会员信誉卡、严惩会员死坏账这三方面入手，关键还是要建设一个风险发生后的风险转化机制，将合作部的损失降到最低。

3. 信用合作部缺乏专业的员工和专业的培训

信用合作部是农村金融机构，而金融机构对从业人员的专业性要求较高，工作人员都必须具备较丰富的专业知识、较高的业务素质和职业道德，以防控金融风险出现。"农民办信用合作部好办也难办，好办在于大家心往一处想，劲儿往一处使，难办在于没有专业的技能和长远的眼光。"现阶段，合作部的两名业务员都只简单地拥有会计从业经验，称不上专业人才。除了刚开始进行的业务软件使用培训和聘请广东农信佛冈农村信用社的退休经理当顾问以外，合作部成立至今，没有开展过专业的技术培训。

农民的事没有小事，农民的钱也不是小钱。专业的从业人员和专业的技术培训是保证信用合作部"人互爱钱互助、人平安钱增值"的基础，合理的经营理念和先进的经营技术是带动信用合作部创新发展的要素。因此，针对合作部的经理和工作人员开展专业的技术培训，建立长效持续的培训机制和考核评估机制，是值得进一步思考和规划的。

4. 信用合作部是实现农村本土金融服务的资金互助新载体

农村对金融服务的需求是多种多样的，从农民到农户再到农业企业，都有各自不同的需求。但是总的来说，农村的金融服务需求是小额度的。"总量小而种类多"成为农村金融需求的一大特点，所以尽管农村地区有正规的金融机构，如四大国有银行、农村信用社等，但是农村的金融需求满足度依然很低。主要原因在于这些进入农村地区的银行没有开展或者很少开展为农业服务、为农民服务的金融业务，离农村很近，离农民却很远。因此，开展农村地区的本土金融服务尤为重要。

实现农村金融本土服务的主要方法就是资金互助，即利用村民之间的信用合作，借助人际网络、人缘、地缘、血缘的关系，把村民的钱收集起来，用在村民身上。龙塘村的信用合作部就是一个在熟人社会的基础上，依靠信用合作成立起来的资金互助组织，是实现农村发展资金自供给的组织，是实现农村本土金融服务的资金互助新载体。

佛冈农村信用合作事业是当前全国农村信用合作事业的一个缩影。经验很宝贵，存在的问题也不容忽视。但无论如何，实践会证明，发展农民资金信用互助组织是大势所趋，是农民和市场的需求，也是国家全面深化农村改革的必然选择。

自主与依赖：纯农业地区村庄的
产业发展问题与思考

——基于广东省佛冈县大田村新农村
建设的调查研究

执笔人：范玲

新农村建设是一个从旧到新，不断累积、不断进步的过程，不仅关乎政治问题，更涉及经济、文化等全方位的社会问题。广东省佛冈县大田村作为广东省新农村建设试点村，近两年来，"发展的烦恼"悄然诞生：走一三产业融合道路的大田村面临"门可罗雀"的产业发展困境，同时，村民自主发展产业的意识较为薄弱，"找政府、找老板"，即"两找"成为大部分村民对村庄发展的第一反应。因此，认清在纯农业村庄发展产业的过程中，为何村民发展产业的自主意识较弱，对外部力量有较强依赖，明晰这种依赖如何产生，又如何突破，避免村民在渴望快速超越的社会心理下，在"两找"中陷入外部依赖的"泥潭"，成为新时期真正激发农业农村内动力和激活新动能的关键，也是纯农业地区有效建设好新农村的必要途径。

一 研究对象与问题

（一）研究对象

1. 研究背景

大田村所在的佛冈县地处粤北山区，属于纯农业地区，2010 年全县人口 32.85 万人，其中农业人口高达 26.45 万人。进入 21 世纪以来，佛冈农业的支柱产业砂糖橘日趋式微，农民收入出现滑坡，佛冈在农业增效、农民增收、农村发展方面面临着前所未有的压力。因此，广东省社会主义新农村建设试验区（以下简称"新农村建设试验区"）于 2011 年 12 月正式设立，着力在纯农业地区主要以农业产业升级为重心探索新农村建设的有效路径，为粤东西北乃至全国的新农村建设提供可借鉴、可复制的先进经验。

2. 基本情况

大田村是佛冈县石角镇龙南片区的一个自然村。全村总面积 0.56 平方公里，耕地面积 230 亩（其中水田 180 亩，旱地 50 亩），山地 550 亩（其中生态补偿林 78 亩），鱼塘 3 亩，生活区用地 50 亩，农业生产一度以砂糖橘和水稻种植为主。大田村对外交通也较便利，南有通往县城的 252 省道，北有 828 县道，距佛冈县城约 10 公里，离原龙南镇区约 3 公里，区位优势明显。2011 年底，大田村所在的龙南片区设立广东省首个社会主义新农村建设试验区；2013 年，清远市自治重心下移改革正式启动，佛冈县石角镇作为试点改革镇之一，全面推进村民自治下移改革试验。大田村是石角镇的一个自然村，在 2013 年 4 月被确定为新农村建设试验区的新农村建设试验点。由此，两场改革在大田村交汇，推动了大田村快速变迁。

3. 经济转型

大田村从第一产业向一三产业融合的产业道路转型是从土地的集中流转起步的，一是于 2014 年 1 月，全村将 213 亩耕地流转给广州华琪生物科技有限公司，华琪公司依照"华琪生态村"项目的产业规划，在山的上半部分，在树林中培育灵芝、红菇等，形成林·菌模式；在山的中间或小山顶养猪，山的下半部分种辣木等豆科植物，形成种养模式；环绕生态河，是与河相通的水稻田，稻田种稻，河内种睡莲、养青蛙和水鱼，形成蛙·稻模式。二是于 2016 年 1 月，大田经济合作社和新农村投资建设有限公司合股成立了佛冈华麒专业合作社，再由专业合作社注资成立漫客公司，由漫客公司来经营村庄的民宿，进一步打造全方位乡村旅游。民宿由漫客公司租用农户的房子，统一经营管理，租金为每月 100 元/间，由漫客公司通过经济合作社发给农户。第一产业与第三产业协调发展、新农村与城镇化齐头并进、稻菜轮作、花卉苗木种植及发展乡村旅游业的发展，这些都意在转变以往埋头种地的传统农业经营模式。

（二）研究问题

2017 年 4~5 月，笔者在佛冈大田村进行了为期一个月的驻村调查。作为新农村建设试验区中的试验点，在短短 3 年时间中，大田村从一个普普通通的山区农村变成了远近闻名的特色村，但是村庄的产业发展却不尽如人意，一是华琪公司生态种养模式连年亏损，现地上只种番石榴，虽然村民在合作之初就选择了固定租金模式，村民的实际收入并未因公司的亏损而降低，但是由龙头企业带来的潜在效益却已损失，如华琪公司现已很少雇本地人从事劳动。二是村庄旅游几乎陷入停滞状态，既没有跟进旅游配套设施，也没有吸引人气。总体上看，大田村凭借新农村建设试验区的势头，在村庄基建上、村民自治上进步较大，但是村民收入并没有相应增加。当笔者问到村民关于村庄现阶段的问题和未来的发展方向时，大多数农民回答"找政府、找老板"。此外，如表 1 所示，在 2013 年至 2014 年末，村庄产业发展起步良好，村集体经济收入实现了数十倍的增长，但在之后两年，收入却一直在原范围内踏步。

表 1　大田村 2013 年以来集体经济净现金总额情况

时间	集体经济结余（元）
2013 年 5 月	3500.0
2013 年 12 月	40137.1
2014 年 12 月	63242.6
2015 年 12 月	42337.8
2016 年 12 月	57849.2

因此，本文的问题就是大田村通过一三产业融合，从传统农业转型后，迈入了良好的起步阶段，村集体收入也相应增加，但近两年，大田村

却面临着"村庄旅游无人来、农民收入没增加"的尴尬局面，是否因为村民对于产业发展存在对政府、市场的严重依赖？此外，纯农业地区发展产业时更应当注意哪些方面才能突破"两三年倒一片"的困境？

村民在与政府、村庄互动时，一方面是参与者，另一方面也是旁观者，既从参与中获得主人感和自主能力的提升，又在旁观中看到村庄的发展全靠政府的带动支持，产生客人感，依赖意识无形中得到强化。普普通通的村民更应该是村庄发展中的主体，而自主与依赖意识是一个"此消彼长"的动态发展过程，会不断影响到农民关于村庄发展路径的选择。因此，本文通过探讨大田村自主和依赖意识的形成与变迁过程来尝试性地分析大田村目前发展的现状和困境，并进一步探究外动能应如何"授人以渔"，真正激发村庄的内动力，落后的纯农业村庄如何才能摆脱依赖，实现自主长效发展。

二　大田产业发展态势分析

真正的调查是从认识对象开始的。笔者通过 SWOT 方法系统分析了现阶段大田村发展产业所处的内外部竞争环境，理清了主要的内部优势和劣势，和外部的机会与威胁（见表 2），以了解大田村产业发展的机遇和困境，及村民做出选择的背景环境。

表 2　大田村 SWOT 分析

优势（S）	劣势（W）	机会（O）	威胁（T）
地理位置	环境无特色	广东省新农村建设	同质化，易模仿
自治发育	经济底子薄	乡村旅游	"先发"优势消退
基建较好			整体打造弱
中年劳力留守			佛冈人气较少
小有名气			

（一）内部优势

1. 地理位置

2013 年在新农村试验区乡村风情长廊选点过程中，大田村之所以能够脱颖而出，与其地理位置有一定关系。大田村紧邻 252 省道，并有两条水泥铺成的乡村公路与 252 省道相连，交通十分便利。更为重要的是，大田村距离佛冈县仅 10 余公里，而佛冈县是清远联络珠三角的桥头堡，对于整个清远的发展起着重要的桥梁作用。此外，佛冈又处于珠三角边缘地带，发展后劲不容小觑。

2. 基建较好

在理事会的带动下，大田村借助"美丽大田"的发展机遇，开展村民建设，实现了旧杂物房等财产的无偿共捐、土地高效率集中流转、各项工程项目共谋共建，现在村庄居住区整齐划一，并在实行雨污分流、人畜分离等村庄环境卫生工程；环村公路、中心花园、文化室、篮球场和民宿等设施也已投入使用，而且大田村在美丽乡村建设五个梯度中已经达到"特色村"的建设水平。

3. 中年劳力留守

如表 3 所示，大田 60 岁以上老年人占比已经超过 10%，按照国际通行标准，大田已经迈入了老年人社会。但大田村又与一般空心村不同，大部分家庭都有劳动力在家留守，尤其是 40~60 岁的村民，男人大多在家，女人外出务工。这有两方面的原因，一方面是砂糖橘产业之后，中年男劳力年龄较大，出去务工，不好找工作，而珠三角对中年女性需求较多，如保姆、护理人员等；另一方面则是大田村作为戈氏宗族聚居之地，尊重传统孝道，村民也愿意留村照顾老人，再在村庄或周围另找些生计。中年劳力的留守对维护每一个家庭的正常运转起到了重要作用，对保障老年人生活状况和照顾未成年人学习生活十分重要；另外，对维护村庄的运转也起到了重要作用，村民一般把有能力、有公益心的人选进领导班子，带领村庄发展。

表 3　2015 年 6 月底大田村村民年龄结构情况

年龄段	人数	占比（%）
18 岁以下	77	26.55
18~40 岁	98	33.79
41~60 岁	79	27.24
60 岁以上	36	12.42
合计	290	100

4. 小有名气

借助新农村建设的东风，大田村在村民自治上取得的成就经过政府的宣传介绍后，得到了广泛的关注。"前两年来我们大田参观的人可多了，你看我现在讲普通话这么溜，其实我第一次接受记者访问时，紧张得不得了，说话都打抖，现在说多了，就一点也不了。"而且，乡村旅游也崭露头角，凭借村容新貌吸引佛冈县旅游客源。

（二）内部劣势

对于旅游产业来说，有特色的自然环境是成功的重要因素。大田村虽然有山有水，对于城市人群来讲是休闲旅游的好地方，但是处在粤西山区的绝大多数村庄有好山好水，大田村旅游资源并不具有稀缺性。也正因为大田村旅游资源不具有稀缺性，因此更需要后天打造，而这是一项需要高投资的事业。前两年，大田村种了不少油菜花，吸引了很多游客前来拍照，但是村民发现，游客拍了照就走了，并没得到想象中的收益。村里的理事长说："不仅要能吸引人来，还要能留住人，所以我们现在正在打造民宿，还有开发后山，最重要的是要能吸引儿童来玩，这样游客才会在我们这里住宿吃饭娱乐。"但是由于乡村旅游的整体打造是一项需要较多投资、需要连片打造的整体项目，而大田村是纯农业地区，村集体经济较弱，农民经济底子较弱，对于自发投资建设偏向保守，只能依靠外部资本进入投资。

（三）外部机遇

广东省自 2011 年启动社会主义新农村建设以来，对农村改革发展提供了各项政策资金支持。而且 2013 年清远推进自治重心下移改革后，对村庄的政治建设愈加重视，以激发村庄的内生动力。两项改革不断为农村发展创造自我发展空间，培育自我发展能力，也不断引导发展方向，更是对改革中出现的问题协助解决，为其发展创造了良好的制度环境。另外，随着城市人群消费能力的提高和消费方向的转变，城市人对自然环境和人文景色更加青睐，乡村旅游也愈来愈火，地处珠三角边缘的大田村，有大量潜在的市场客户。

（四）外部威胁

旅游是需要"人气"的产业，佛冈县本地人口有 32 万，其中县城人口有 12 万。而打造全域旅游的佛冈只靠内部的人口和经济是无法支撑的，要想发展需要吸引珠三角的旅游资源，而这对产业的特色化和质量有着更高的要求。大田村的经济实力无法承担高标准、高质量的旅游建设工作。事实也确实如此，佛冈县打造全域旅游意在整体规划打造，但是调查发现，佛冈县政府不是全能的，整体连片打造投入大、见效缓，近两年建设打造的势头也渐熄，村民评价为"雷声大、雨点小"。此外，凭借试验村取得先发优势的大田村，在其他村庄也开始搞美丽乡村建设后，逐渐失去了在村庄环境等方面的先发优势。

基于环境分析（如表 2 所示），当笔者问到村民关于今后个人及村庄发展方向时，村民回答代表了其根据现状采取行动的方式。一是观望型，这类村民占据数量最多，他们在未来仍将外出打工作为主要收入来源，地租为辅，对村庄发展采取观望态度，这类村民一般是普通村民，行为谨慎，较为传统。"我们这些普通老百姓肯定还是只有打工啊，你看搞乡村旅游搞了这么久，人还越来越少了，那我们也没办法。"二是跟随型，数量一般，这类村民寄希望于村庄旅游产业发展，其思想较为开放，多为村庄领导班子成员或者有一定能力见识的人，并与政府接触较多，接受政府对于旅游产业的规划和指引，但因其经济能力限制，自身不能也不愿投入较多到旅游发展中去，更希望由政府市场来带动发展，因此其不是主动进取型，而是跟随发展型。三是回避型，这种类型又分为两种，均较少。一种是回避村庄发展的旅游产业，认为其发展前景不大，需要自己去发展产业。"今年不转型就不行，人家跟上就不行了，我们要突破，要早一点，要早走一步。绿化基本差不多的情况下，你就不要再搞这个了，搞这个没意义。"其有稍强的人脉资源和资金能力，愿意进行创业活动及承担风险。另一种则是希望政府在村庄建设第二产业，见效快，收益高，其比传统的第一产业和见效慢的第三产业好。"我觉得政府要带动我们这个地方发展的话，最好的就是在我们这里搞个大的自来水厂，你看我们这里的山泉水多好，但是政府说不行，怕厂建好了，我们的地下水没了。"

通过 SWOT 分析发现，乡村旅游既是发展的希望所在，又面临重重困难。从农民的行为选择来看，采取观望和回避行为的村民因为看到产业发展面临的困难，而弱化了自身参与产业发展的作用，那些采取跟随行为的村民，相信乡村旅游的前景，但因为自身能力限制而无法放手去干，他们仍然是村庄中为乡村旅游、产业发展最为尽心尽力的一批人。综上，从对大田村的环境分析和对农民预期的行为选择来看，大田村现阶段的产业发展处于弱势地位，从两方面影响到农民行为，一是降低了农民参与的意愿，二是增大了农民参与的难度。这也导致了农民在产业发展中，对于自主和依赖行为的考量，认为自主成本太大，依赖则只需顺势而为。但是仅仅从横截面，即产业现阶段发展的问题和农民的行为选择，是不能完整分析大田村村民在自主和依赖的拉锯中，何以向依赖倾斜的，更要从过程发展中来探究依赖形成的根源。

三 产业发展中的问题与制约因素

大田村如全国大部分欠发达地区农村一样，都存在基础经济薄弱、内生资源不足的限制性问题。而大田村也是凭借"试验区中的试验点"这一契机，得到外部资源注入的——来自政府的资金、政策支持及对合作社理事会的培育，来自企业的捐资及现代农业经营体系的建立。没有政府和企业的推动，大田的内生动力是难以激发的。但是伴随着一系列改革，大田村在产业发展中出现了诸多矛盾与问题，而对于这些矛盾的处理，又会进一步影响其发展。

（一）分配方式制约，产业"动力擎"低效

2012 年 11 月的一天，晚上 7 点全村召开村民大会讨论成立经济合作社事宜，会议宣布 283 位村民为大田村经济合作社的全体社员，之后对集体经济组织社员资格进行了为期 15 天的公示。

大田村分红人员确定办法：①嫁入大田村的媳妇，属农村户口的，今年嫁入大田，第二年就参与分红；嫁出大田的妇女，今年嫁出，第二年就停止分红。②嫁入大田的媳妇，非农村户口的，不能参加分红。但如果转为农村户口，第二年可以参与分红。③属于农村户口，是戈氏的儿童，不论超生与否，都可以参与分红。

实施家庭联产承包责任制后，在"增人不增地、减人不减地"的土地政策之下，经过 30 多年的变迁，农村家户的土地和人口已经不均衡，人多地少和人少地多两种情况都很普遍。在农村集体产权改革之际，全国大部分村庄采用了土地量化入股的方式，即根据各家所拥有的的土地来确定股

份，并进行分红。然而大田村采取了最简单的一种办法："只要是你是我们村的人，你就能分得属于你的一份财产。"问及原因，主要回答如下。

村民甲：我们大田村在开始弄村庄建设时，有很多事就是靠人多地少的家庭支持我们的，因为办什么事要投票啊，如果不是他们支持的话，我们的工作也不会这么顺利地开展，大田村的发展就是靠大家，那现在自然要照顾他们的收益咯。

村民乙：大家都是一个宗族的，看到谁家日子过得太不好了，心里也过意不去啊，按照人分公平些嘛，老人、小孩都可以分一份，像我家有 8 口人，但地只有 2 亩多，现在一年我们可以分七八千块钱，要按地分，就只有 2000 多块钱，那我们这么一大家子吃饭的钱都不够。

大田村产权改革讲究人的贡献和公平，不论新媳妇、老人、小孩都可以分得一份收入。大田理事们认为大田产业发展的基础——土地整合——之所以如此顺利，最关键的在于人多地少的家庭的支持，帮助他们在舆论上压制了不同意见。由此也可以看出，在村里，"按人所有"的制度占据了道德的制高点，是天经地义的；而"按份所有"的制度往往被认为是不道义的对私利的维护，虽有人支持，但他们很难发出共同的利益诉求。从这个方面来讲，"以人为本"的分配模式能够团结村民，增强归属感，减少纠纷矛盾，更易合作，而这也确实有益于大田村的发展。"当初我们管委会选取示范村的时候，考察了很多村，最开始考虑的还不是大田村，但是考察发现，就属大田村的村民最为团结，也最配合我们的工作"，县农办朱主任解释道。但是，简单地按人口分配收益，不考虑任何要素贡献，只要是村里人，不论在外地还是在村里，不论是致富能手还是普通村民，都取得一样的收益，外出的人可以安心在外挣钱，也照样取得同等集体收入，在村里忙东忙西的人没有额外奖励，久而久之他们也会失去动力，经常听到的一句话就是这样："开始一年多，我们忙村里的事，是做义务贡献，但是连电话费都没有补贴，长时间下来我们也受不了。"

（二）农民主体外流，发展"主心骨"缺失

1. 砂糖橘衰败后：被迫外流

20 世纪 90 年代末，佛冈县政府开始推广砂糖橘的种植。2000 年以后大田村掀起了种植砂糖橘的热潮，全村水稻种植面积锐减到 20 亩。当时在外务工的男丁也都纷纷返乡，上演了大田村农业种植结构的"第一次转型"。砂糖橘种植三年开始挂果，每亩的收益可以达到 1 万元。农户的生活借此开始好转，一批新的楼房在村内拔地而起。但是砂糖橘创造的奇迹并没有使好景持续。

> "原来种砂糖橘效益很好，现在不行了，大概是 2011 年前后吧，果树染上了黄龙病，结出来的果子不甜没法卖，大部分也都长不出果子了。这个病没法治，砍了之后重新种也不行。"
> "那土地荒着，现在以什么为生呢？"
> "当初为了种砂糖橘，在外面务工的男人都回来了。现在年纪显大了，出去找活儿都不好找。除了年轻人，年纪大一点的都是女的出去挣钱，她们到三角洲做保姆之类的，还是很好找工作的。男的就不行了，只能留在家里。"

十年间，大田村农业限于种植结构的变化没有生产方式的突破，第一次农业转型由兴而衰之后，村庄也缺乏后续的动力重新激活生产力。因此，大多数劳动力外流，重新开始打工为一家人谋得生计。但是对尝过了砂糖橘甜头的农民来说，打工是被迫的选择，可他们又没有更好的作物能够像砂糖橘那样带来高收益，且长在地上的砂糖橘树根也迫使农民离开土地。

> "那为什么后来还让树长在地里，砍掉种上水稻不比荒着强吗？"
> "果树都长得好高好粗了，树根很大，还长了很多很高的杂草。像我这样的（三四十岁男劳动力）一上午最多挖三四棵。还要除草、平地，弄起来太费劲。杂草还招来好多老鼠吃谷子。现在一亩水稻只能产四五百斤，肥料 200 块，农药、种子、打田、收割各 100 块，还要出人力，算一算还赔钱，还不如不种。"[1]

---

[1] 李文娇：《农民自愿：村民自治有效实现的主体基础》，华中师范大学硕士学位论文，2015 年 4 月，第 17 页。

2. 以"固定租金"合作：安心外流

砂糖橘害病之后，大田村的土地开始被抛荒。在管委会的指导下，"美丽大田"示范村项目启动之后，大田村的土地流转事宜便提上日程。理事会会议经过商讨，也决定同意将农户的水田承包地进行集中流转。

经济合作社首先以集体经济经营主体的身份将土地进行集中。2013 年 6 月 30 日，村民大会上有九成以上农户都赞成将土地流转，不愿意的十几户是因为种了绿化树还能卖钱，后来村里共出 1 万余元做补偿，他们也便同意将土地集中。2013 年 11 月，管委会引进广州市华琪生物科技有限公司，双方开始接洽。11 月 22 日，村民大会就合作方式、流转时间、租金额度、发放途径等达成共识，流转时间从 30 年减为 15 年，地上果树由企业挖掘处理，租金为每年每亩 800 斤稻谷，但若管委会在里水片区引进的其他企业租金有高于这一标准的，租金需随之涨平。12 月 20 日，村民大会通过了修订的合同内容。2014 年 1 月，双方签订了土地流转合同。自 2014 年 1 月 1 日，原属集体用地，村民自行开发的荒地、旱地及水田，全部被收归经济合作社集中经营。同时，理事们也开始挨家挨户核定第二轮土地承包期以来的土地亩数，协助试验区完成农户土地承包经营权确权，每户农户就是否愿意集中流转土地签订了承诺书。历经 7 个月的时间，大田村 213 亩土地实现了集中流转。① 当问及农民对于土地流转和收取固定租金的看法时，大多数村民表示了对固定租金的赞同。

村民甲：当时我们想的是保价，不能你公司亏了我们也没有收入，我们想的就是保定我们的租金，无论你亏损还是怎么的，基本的租金你得给我，农村人要吃饭啊。如果你公司收益好，在保价的基础上再分红。现在来看我们的措施还是正确的，现在公司的效益不好，分红我们就不要了。

村民乙：这几年总的来说还是好的，但是跟种砂糖橘那时候比要差，种砂糖橘那时候我们这边是红红火火的，每一个村子每年都有几百万元的收入。但是在那以后呢，一开始说跟公司合作，我们都不愿意的，但是看着水田全都丢荒了，放在那养老鼠，你不种田，我种了，你田里的老鼠都

---

① 李文娇：《农民自愿：村民自治有效实现的主体基础》，华中师范大学硕士学位论文，2015 年 4 月，第 17 页。

过来吃我的，也不行，种粮的效果也不好了，所以我们看到这种情况以后就把土地集约起来，转包给人家，可以收到一定的租金，还有每家每户的劳动力，年轻的就可以放心去城市打工，年纪大一点的在村里可以做一点零工，情况又稍微好一点了。

2016年底，村里285人平分固定租金253346元，平均每人分得888.9元，村民戈庙基一家七口人共分得租金6167元。可见，农户分到的租金能保障一家人基本的生活开支，留守的人能够全心照顾老人小孩，外出打工的农民也不用担心家里田地抛荒，而且固定租金没有风险，更使农民能够按照自己的意愿随性生活。

而这种没有责任、没有激励的合作方式虽然解决了土地撂荒问题，也保证了农户的基本口粮，但也减少了农民参与经营的动力，让他们简单地成为"拿地租者"。漫客公司曾想出"农户承包种植水稻、递增式收益分配"办法，但是农民更愿意拿无压力的"80元固定工资"。

漫客公司：我们当时的想法是这样，底薪给你1000块钱一个月，稻谷给你1斤提成多少，递增式的。亩产600斤的就打平，给你一毛一斤提成；600~800斤的就给一毛五；800斤以上的就给一毛八。但是他们都不愿意。稻谷一般是105天，就算三个半月，这段时间就给你3500块钱，而且我们有提成，亩产600斤，你一个月就有2400块钱以上。我们为什么要这样？因为是想让你觉得这个作物是你自己的，多劳多得，产量上去了，收益也高了，我们这边也有收益，就是共赢。但是他们不愿意，我干一天你给我80块钱，干活也可以偷懒，你来了我就干一下，不来就不干。六点钟下班，他可能五点半就在洗脚了，之后看见什么他都不会给你看。比如昨晚下大雨了，他也不会去看，但如果这块地是自己的，下大雨可能他晚上两点也会去看。

同时，也有少数人不满意固定租金，一位30多岁的年轻人说："一年也就那么点钱，吃了就没了，能干啥？"但是大田村的老龄化人口结构导致村庄整体性格偏保守，在这样具有较浓厚的传统宗族色彩的农村中，年轻人在村庄公共事务中本来就缺乏发言权。因此，在流转之初，虽然有少数人支持土地入股分红，但是寡不敌众，保守的思想占据主位，村庄选择了固定租金模式。可以说，村民从宗族中汲取力量，也因此习得惰性。一开始大田村正是在一批中老年领导的带领下开展村民自治的，借鉴了传统的"队委"自治经验，而当自治进入全面铺开阶段时，中老年人大部分不如年轻人思想活跃，敢于尝试。如何有效地将经验丰富的中老年人和思想活跃的年轻人纳入村庄自治发展的班子中，是村庄需要着力解决的问题。

3."公司+农户"打造旅游：难以回流

2016年1月，大田经济合作社和新农村投资建设公司合股成立佛冈华麒专业合作社，再由专业合作社注资成立漫客公司，由漫客公司负责打造大田村乡村旅游。如果村里旅游发展得好，则村民也可以做相应的生意，如做农家乐，开小卖部等。但是一方面，现阶段村庄旅游发展遭遇瓶颈，漫客公司还未找到合作伙伴来一起开发打造大田村旅游，看不到前景的村民自然不会放弃手头的工作回乡；另一方面，即使找到资本前来投资，乡村旅游也是公司之间的强强联合，农民的原住民优势或许只能为其带来"小蛋糕"，而这"小蛋糕"是否能容纳外出回流人群分享，还有待观察。当然如果是特别著名、人气旺的景区，农民靠租金就能够发家致富，但是在普通景区，农民回乡的机会成本更大，会限制其回流。

综上，用"固定租金"模式展开的合作，一般被认为难以激发农民内生动力，也会限制农民收入增长。但为何这种模式在农民中得到较多认同？现阶段，由于科学技术水平的限制，农业一直是高风险行业，"种了不知能不能收，收了又不知能不能卖，卖又不知会不会卖个好价钱"，因此在遭遇砂糖橘失败后，大田村农民对土地的信心又一次消退，在砂糖橘复种希望破灭，且没找到一种像砂糖橘那般效益高的作物后，他们义无反顾地外出打工了，土地抛荒也成为他们的心病，"食之无味，弃之可惜"。而当得知土地可以通过流转给公司，公司给固定租金时，他们感觉松了口气，土地既不会抛荒，还能有收入，即使少数人不满意固定租金，大部分人还是觉得安心。而到村里搞乡村旅游时，因为是政府牵头，积极引进外来资本，农民不论项目成败，都可以领到土地的固定租金和民宿租金，集体也能获得固定公益金和固定股金。因此村民虽然希望村庄乡村旅游发展成功，以使他们分享发展红利，但他们对项目能否成功并不太关心，因为他们有政府兜底，有固定收益。因此，村民投身到村庄发展中的积极性较小，更理智的选择是务工获得主要收入。

费孝通先生曾说："种地的人却搬不动地，长在土里的庄稼行动不得，侍候庄稼的老农也因之像是半身插入了土里，土气是不流动而发生的。"[①] 新中国成立后，农民也因城乡二元体制被限制了流动，改革开放后，农民逐步开始流动，但大多数农民还是待在农村。到了 2000 年后，国家重新制定土地政策，开展"三权分置"，农民可以选择将土地经营权流转出去，这样既能获得收入，又不丧失对土地的权利。大田村村民在 2014 年 1 月 1 日将全村水田流转出去后，能安心在外打工，不担心家里的土地，从某种程度上是"解放了农民"。但是对于农村的发展来说，实践证明，农民是不可替代的主心骨，凡是置农民于不顾甚至抛弃农民的农村发展模式，都不是对农民真正有益的（农民无法分享大部分收益，也无法正常行使对土地的权利），也很难成功。而发展成功的农村，不可或缺的就是农民的内生动力，而内生动力的基础则是农民。大田村虽然是通过"固定租金"在一定程度上解放了农民，但是农民仍然不得不外出打工，"看别人脸色吃饭"，这只是将农民从土地上推向了另一个束缚，而没有使农民真正解放；此外，大田村也未能吸纳农民，大多有能力、有思想的农民仍然在外务工，不能为村庄发展出谋划策。总的来说，解放农民使农民外流，不能吸纳农民又使其不能回流，推力强而引力不足使村庄发展的主体基础不稳，更加依赖外部力量，以致内生动力不足。

（三）项目能力脱轨，发展"智囊团"显弱

能力，是完成一项目标或者任务所体现出来的素质，是顺利完成某一活动所必需的主观条件。能力是直接影响活动效率，并使活动顺利完成的个性心理特征。

通过访谈考察大田农民在新农村建设以来的心理变迁发现，其能力在各个阶段展现不同。

1. 项目容易，能力较强

2013 年 6 月中旬，经理事会和村民大会讨论，大田村内部大致确定了规划框架下的基础性工作。一是"捐"。在政府出资的基础上，为了充实"美丽大田"建设资金，理事会讨论决定不限户口是否在本村，以每人 100

---

① 费孝通：《乡土中国》，北京出版社，2004，第 3 页。

元的标准向村民募集建设经费。随即，村民大会对该项决议表决通过。各理事分头入户募捐，各户的捐资额度统一向村民公示。通过筹资捐款，村民合计捐 29700 元作为新农村建设款。二是"换"。环村公路的建设要经过旁边村子的一块耕地和本村戈月明三兄弟的菜地。经村民大会同意，用集体另外的一块地交换邻村的土地。本村三兄弟经理事会与之协商，很快同意将菜地无偿换到本村南边新菜地处。三是"拆"。大田村民每家原都有一两间杂物房，村内还有一些晒谷场、猪棚、牛栏等。由于年代久远，这些设施不仅位置散乱，而且已经很破旧。这些也都是当时农户在集体用地上自由建设的，所以理事商议将所有旧设施全部拆除，倡议村民捐出这些财产，建好新的杂物房后再平均分配给每户一间。7月底，拆旧工作顺利完成。

"美丽大田"建设之初涉及每家的房屋和土地，在初始阶段最重要的就是发动农民参与到建设中来，通过协商妥协来达成集体行动的一致。而这时也最需要村民自治，有效的村民自治有助于达成集体行动，同时也因为村民自治涉及的事务即"捐、换、拆"等就是农民身边的事情，农民展开行动的压力较小（捐款每人 100 元等），要求较低（如果高，则更多的是心理上的要求），动力较足（美丽大田的前景，拆旧建新），通过项目展现的能力就比较强。在这一阶段，农民的兴趣是热的，领导班子的干劲是足的，村庄建设可谓热火朝天。

2. 项目较难，能力一般

美丽乡村建设是伴随广东省清远市农村综合改革的一个项目，按照新农村、产业、土地、公共服务和生态规划"五规合一"的要求，将不同政府部门的资金、项目进行整合，形成了一个指标体系。为充分调动村民的积极性和创造性，清远市财政每年安排 1.5 亿~2 亿元美丽乡村建设的专项资金，通过村庄自建自报、政府以奖代补的方式，激励各村积极主动建设美丽乡村。美丽乡村建设分为五个梯度，分别为"整洁村、示范村、特色村、生态村、美丽小镇"，随着梯度上升，标准更严，难度更大，奖励也更多。

从政策要求来看，村庄自建自报、政府以奖代补的方法改变了以往政府大包大办的工作方法，自下而上激发了村民的自主性。但从实践中看，大多数村庄随着梯度升高，建设的自主性反而降低。在大田村，在"整洁村"建设初期，如前述，村民的自主积极性较高，在"捐、换、拆"方面发挥了较大作用，但到了"示范村"，和现阶段正在进行的"特色村"建设阶段，建设模式有了转变，由"村民自建"变成了"老板带资修建"。向村民询问为何要采用这种形式时，一位理事会员的回答很典型："自己建不了，你看这些项目这么大，这些机械设备我们也没有，况且要让我们垫资，风险大，到时审核没通过咋办？而且农民也拿不出来这么多钱先垫资，都是有老有小的。"可以看出，虽然随着梯度上升，建成审核通过后的奖励更多，但是前期的投入更大，风险更高，而大田村作为一个纯农业地区，农民经济实力和村集体经济实力均较弱，也无法自己承担建设成本和风险，因此"老板带资修建"成为美丽乡村建设的一个模式化手段：村庄与老板就合作事宜签订合同，老板带资承包建设，建设期间，村庄有权对项目进行监管，项目审核通过后，村庄将政府奖补资金直接转给第三方。在这种模式中，大部分村民已经不直接参与村庄建设，由村领导班子直接接洽，当然村民在村庄具体建设事宜中会参与讨论。对于这种建设模式，大多人说好，也有人不甚满意。

笔者：您觉得把美丽乡村建设承包给老板建，好不好啊？

村民甲：好啊，我们自己又不出钱，要出力的话老板还要发工资，而且建成通过了政府给钱给老板，通不过，那就老板担着，我们又不管。

村民乙：我觉得还是自己建的好，因为这样我们建成了的话，政府的钱就是给我们的。我们自己出工、出力，肯定能省一些钱，这就可以作为我们村集体的第一桶资金了啊。

美丽乡村建设本意是在激发村民的自主性，可是随着建设梯度的提高，建设难度的加大，形成了"老板带资修建"模式，政府也默认这种形式，自建似乎只在思想层面存在，甚至大多刚开始搞美丽乡村建设的村庄也直接采用这种方法，村庄自筹自建似乎已经成为历史。由此可见，随着项目难度的加大，村民借助外部力量实现目标，自身能力的发挥也在这个过程中逐渐弱化。

3. 项目困难，能力较弱

在产业发展方面，佛冈县政府正在统筹发展农业旅游，将规划安排与制度配套相结合，全力发挥全域旅游对农村农业的带动改造作用。大田村作为新农村建设"试验区中的试验点"，正步入乡村旅游、一三产业融合发展的道路。在2014年和2015年，沉寂的小山村变得热闹起来，有来看田野边成片的油菜花的，有体验农家乐的，还有更多来村里参观学习的。可是，盛宴难在，自2016年开始，来村里的人就逐渐减少。2016年5月，佛冈县农办帮助大田村引进一位老板，由他对村庄旅游进行规划打造，由县委农办、老板、村民三方协商同意的蓝图至今都还挂在村里，而了解这段曲折的人都会对规划图表示叹息。2016年年底，原本已进展到一半的建设工作，因为老板资金链断裂而无力继续，也有人说是老板资金本来就不够，是想套政府资金运作项目。不管原委如何，留给大田村的是一些半成品，既不好拆毁，也无力再建，而老板已不知所踪。

旅游产业是个全方面、高要求的产业，就如村民所说："光种油菜花不行啊，别人来了拍了照就走了，留不住人没用啊。"而要留住人，还要搞好生活配套、娱乐配套等。而且，最重要的还是要能吸引人，旅游讲究特色，千篇一律的旅游产品无法满足游客的需要。因此，全域旅游重要的是整体规划打造，如果村庄没有不可替代的优势，单靠自己打造，则既无法保证产品质量，又面临着周边村庄的同质化竞争。大田村作为试验村，前期凭借着先发优势吸引了一轮又一轮的游客，而到后期，由于旅游项目没有顺利跟进，其他方面也未取得突破，面临着"门可罗雀"的局面。因此，旅游产业高度依赖得天独厚的自然环境和雄厚资本的力量，使经济实力薄弱的大田村民难以单打独斗来发展乡村旅游，而当政府为其引进外部资本时，其又因外部资本的脆弱而遭遇瓶颈。因此，农民会做出"找政府、找老板"的选择也是应然之举，因为他们的经济实力、规划打造运营能力等确实难以支撑起乡村旅游这块大牌，也因为他们的土地早已流转出去，自己不能经营管理。可见，一三产业融合，既要求第一产业稳固，也要求第三产业全面，当脱离了外部力量支持的村庄自行发展时，则对村庄的综合能力要求较高。而在大田村，旅游项目投入太高，成功运行较难，村民无力承担时，则做出了主动或被动的让步妥协。

综上所述，如表4所示，大田村的项目发展逐步升级，对村民的综合能力，即领导能力、经济实力、眼光等多元要素有了更高的要求。而大田村是纯农业地区，大多村民靠外出打工维持生计，留在家乡的人或是要照顾老人、小孩，或是不能出去，其综合能力较弱，而且大田村也没有一位经济实力很雄厚的能人，能够带领大家行动。因此，项目越来越难，而村民能力却越来越不能满足村民项目需求，甚至无法参与到项目中来，项目与能力的脱轨，致使村民的自主积极性减弱，在发展中也就更依赖外部力量。

表 4　大田村项目难度与村民能力情况

时间节点	村庄事件	项目难度	能力展现
2013 年	村庄自建	容易	较强
2014 年	美丽乡村建设	较难	一般
2016 年	乡村旅游打造	困难	较弱

四　总结和思考

长期以来，新农村建设面临"易兴难久"的窘境，根本原因在于内生动力激发不足、缺乏体制机制维护。本文以广东佛冈大田村为考察对象，一方面，从横截面分析其现阶段产业发展态势，并与农民行为结合起来预测其未来发展走向；另一方面，通过梳理历史脉络，观察大田村在产业发展中的自主与依赖的动态变迁过程，将其作为个案，深入分析纯农业地区的普通农村在产业发展中可能遇到的难题，以期提出有益的启示。

（一）培育农民发展能力是激发农村内生动力的基础

中共十八届三中全会提出将"推进国家治理体系和治理能力现代化"作为全面深化改革的总目标。而有着乡土中国底色的国家治理能力现代化目标的实现关键在于提升农村的治理能力，农民作为农村的主体，培育农民发展能力则成为激发内生动力、提升农村治理能力的必经之路。

农民的发展能力是指农民积极发挥自身能动性、寻找发展机遇、通过各种渠道不断提升发展速度、达到身心全面协调发展的基本素质。调查显示，佛冈大田村之所以在政策优势倾斜下仍未把握机会、实现自我发展的一大原因在于农民缺乏自我发展能力，既存在对发展项目、前景预期等方面的眼界限制，又囿于组织合作能力有限，难以通过抱团发展弥补个人力量有限等问题。因此，建设社会主义新农村，就是要通过培育农民发展能力，为农民创造机会和条件，最终实现农民的自我发展。笔者认为培育农民能力主要有以下几个方面。

一是加强农村基础设施建设。对村庄村容村貌、道路、电网等乡村生产生活基础设施的建设，既能改善农民的生活环境，也能增加农民的发展机会和发展能力。广东省清远市开展的美丽乡村建设既使村民生活环境得到了改善，更为村庄发展铺设了道路。"美丽乡村建设做完之后再由我们旅游开发公司重新规划整合运营，也可以减少我们投资人的资金投入，因为现在这个整洁村、示范村是有政府财政资金的专项投入的，政府做了那个框架，把那个基础做出来之后，我们企业再跟着这个态势发展。不然像我们这样的小企业，花大笔资金投入村里，风险也是很大的。"

二是统筹整合农村要素资源。农民作为农村的主体，其能力发展依赖于他们对农村资源的掌握程度。其中，就人力资源而言，当前中国农业农村发展面临的约束主要表现为农业劳动力大量结构性转移、广大农村实用人才缺失、人力资本积累水平低下。要突破这种约束，需要进一步统筹城乡社会保障资源，推动农村人力资源在农业农村的合理配置；统筹城乡教育资源，提高农村人力资源的综合素质和能力；统筹城乡就业资源，促进人力资源在城乡之间的良性互动。就土地要素而言，当前中国农业农村发展面临的困境和约束主要表现为：耕地面积减少、土地闲置严重、土地流转低效、土地征用失范。相应的激活途径包括：推动土地流转，强化土地集约利用；加快推进工业化和城镇化，提高土地利用效率；深化征地制度改革。

三是深化体制改革。"关于'三农'问题，必须跳出'三农'看'三农'，'三农'问题的解决方案在'三农'之外。"在农业农村发展中，破除城乡二元结构，改革体制机制，实现"解制"，"放活"，对农民主体进行"赋能"[①]成为培育农民发展能力的制度基础。首先要打破城乡分割的二元管理体制和政策，彻底改变城乡分治的局面，清理对农民的不公平政策。其次，要逐步建立统筹城乡的管理体制，尽快把农民就业纳入国民经济和社会发展总体规划。要以户籍制度改革为契机，清除一系列阻碍农民

①　徐勇：《城乡一体化视域中的农业农村发展新思维》，《中国行政管理》2014年第10期。

进城务工的歧视性政策和法规，取消专门针对农民的收费项目，制定统一的劳动就业资格准入制度，逐步建立城乡统一的劳动力市场。最后，要强化对农民的法律保护。特别是当前拖欠民工工资、损害农民合法利益的现象时有发生，要注意对农民的法律援助，维护农民合法权益。

（二）吸纳精英农民回流成为农村自主发展的关键

农民是村庄发展的主体，坚持农民主体地位是农村改革的根本要求，农民主体地位的缺失会使农民利益受损。一方面，允许农民自由流动是实现减贫的关键。在 20 世纪 80 年代中期到 1993 年前后这段时间，贫困发生率大幅下降主要靠的是乡镇企业的劳动力转移和流动。进入 21 世纪以来，我国进一步减贫的推动力，就来自全面城市化。另一方面，随着我国国际国内政治经济形势的变迁和我国经济结构的转型，近两年来，在农民基数仍然较大的背景下，能够通过流动实现减贫致富的比例在降低，农村更成为国家、城市和农民不能忘却也不能回避的地方。这说明"三农"问题的解决不仅在于跳出农村来寻求解决之道，新形势也要求在农村内部寻求解决方法。因此，解放农民和吸纳农民不是一组具有矛盾关系的词语，而是形势发展的客观要求，两者有机统一有助于内外合力解决"三农"问题。

大田村在与龙头企业合作时，采取了"低风险—低收益"的固定租金模式，虽然在一定程度上解放农民，方便其外流，但在吸纳农民发展方面却缺乏引力，导致村庄发展主体性不强，难以实现自主发展。因此，在农民外流的大趋势下，如何吸纳部分精英农民回流带头进行家乡建设发展成为我们关注的焦点。

其一，推进农村集体产权制度改革。要积极按照农村集体产权制度改革的方向，以促进各类资源确权整合为工作重点，推动解决农村产权权属不清、面积不准、四至不明、登记不全等历史遗留问题，进一步将农村沉睡资源盘活，以赋予产权主体更多权能，推动农业生产方式由分散向集中化、规模化转变，通过量化资产"赋权能"来吸纳农民。

其二，引导新型农业经营主体之间的联合。近年来，新型农业经营主体的发展已成雨后春笋之势。但"政府单向发力，大户单干乏力"，造成了"农民主体缺位"，导致新型农业经营主体面临"人才引力不强、组织模式单一、持续发展弱势"等困境。通过能人引领开路，以利益联结合伙，以农业拓能为基，联合主体共育，既能减少农村的同质化竞争，又能整合资源要素，有效提升新型农业经营主体的组织能力和经营实力。

其三，注重培养农民的风险防范意识。利益联结不应只联结利益，更要联结双方的权利和责任，政府应引导农民在合作中的"话语权"，防止垄断资本凭借资本优势和市场强势将农民推向权益分配的边缘，形成类似"企业垄断"的现象。

（三）内动力外动能的适度结合成为农村自主发展的重点

2017年中央一号文件明确提出，要"激活农业农村内生发展动力"，"加快培育农业农村发展新动能"。这说明农村发展不仅要依托"内生动力"，还要吸纳"外部动能"。但在现实中，一方面，外动能的过度渗透会造成村庄自主性的丧失，使其偏离内生动力的运行机制；另一方面，外动能投入需要有效性和可信度，不能善始善终的外援对村庄内生力的挖掘会造成零或负的效应，对已投入的资源也是一种浪费。

如前所述，大田村内生动力的挖掘受益于外部资源的注入——来自政府的资金、政策支持等，没有政府和企业的推动，大田的内生动力是难以激发的。但是由于政府未能在推动过程中成功找到能够替代自身作用的村庄力量或者市场力量，因此其难以丢手；同时引入的市场资本在大田开发的产业项目进行到一半时就退出了，导致村民对村庄发展前景不甚明朗，而进行到一半的项目也作为沉没成本在一定程度上阻碍着村庄的进一步发展。一位村民解释说："项目进行到一半，这些架子都搭起来了，地该平的也平了，但是新的老板不一定认可这个方案啊，别人要出钱的话肯定就要照他的方案，但是漫客这边又不愿意，还是想用这个方案。所以老板也不好找啊。"因此对于欠发达地区的农村来讲，处理好内生动力和外动能的关系更为重要，要实现既能促进，又不至于使其产生依赖心理。

综上，培育农民发展能力和吸纳精英农民回流的关键在于激发其内生动力，以内动力承接外动能，双轮驱动农村发展，缺失内动力的外动能输入会因主体基础薄弱而运转不良。因此，笔者建议以推进农村集体产权改革为起点，以"三权分置"策动内部资源为重点，以引纳外部动能为关键，以内外联动共谋为核心，构筑"农民组织化、农业现代化、农村多元化"的新农村建设格局。

能人引路：新农村建设的
"红崩岗模式"

——基于红崩岗村民小组"美丽乡村"
建设的调查
执笔人：王伟

2017 年中央一号文件提出要加大农村改革力度，激活农业农村内生发展动力，要深入推进农业供给侧改革，加快培育农村发展新动能，直面农民收入持续增长乏力的问题。新农村建设需要源源不断的推动，寻求动力机制的系列探索表明，单纯依靠外力的"输血式"发展难以培育村庄自我发展的能力，且强制性的推动还是一种"其兴也勃焉，其亡也忽焉"的运动式新农村建设。所以，只有注重对内生驱动力的挖掘，使内外合力互动才是新农村建设完备的动力体系。在内生驱动力中乡村能人尤其不可忽略，他们在农村发展中扮演的是领头雁的角色，没有新农民就没有新农村，没有能人领跑就没有新农村建设的推动力。

红崩岗改革开始于 2014 年，清远市启动农村综合改革，迈出了"三个重心下移"和"三个整合"的改革步伐；2014 年红崩岗村民理事会成立，红崩岗改革有了清晰的规划；2015 年村庄在理事会的带领下开始整合村庄资源，进行村庄改造、公共设施建设，基础设施建设完备之后，开始外引内育；2016 年村庄得到了四方帮扶，并规划发展乡村旅游，一举打开了建设与发展的新局面。上有帮、中有扶、下有撑是红崩岗发展的特色，能人领跑则是形成红崩岗特色的关键一环，从能人领跑到理事会随跑，最后村民共建新农村，红崩岗的"美丽乡村"建设之路也越走越宽，取得了良好的成效。

一 改革背景：困境中谋求出路

（一）红崩岗的由来

红崩岗为自然村，行政上隶属小潭村，坐落在广东省佛冈县社会主义新农村建设试验区，地理方位上属于华南，华南多宗族，当地方言为客家话。这个地区两山之间为平地，山上有泉水流向村庄，在山下聚成数不清的溪流，最后都流入龙南河，龙南河经潖江、北江至珠江三角洲入海。从山上来的泉水就成了水源，引水工程有很多，因此很早就孕育了共同引水用水的合作习惯。村民沿着山脚居住，形成无数个自然村落，相邻村庄之间距离近者只有一二里路。这里祠堂很多，但是一个村庄纯粹一个姓氏的也少见，多数村庄的成员姓氏在五个以内，两三个姓氏形成一个村庄则是普遍情况。红崩岗就是这样的一个村庄，村里共有四个姓，分别为邱、陈、王、徐。

在传统农业社会，人口还不甚密集，村庄与村庄之间的距离较远，在整个龙南地区，主要的姓氏有邱、刘、黄、陈、王等，随着人口的繁衍和外来人口的迁入（比如距离红崩岗 3 公里的大田村村民都姓戈，是从明代后期由江西迁入的），本地区人口逐渐增多。如果在某一村庄人口过多，当地的土地和住房不足以承载这么多人口，人口就会外溢（"一块地上只要几代的繁殖，人口就到了饱和点；过剩的人口自得宣泄出外，负起锄头去另辟新地"），在距离本村不远的地方寻找一片土地，安家立业继续繁衍。红崩岗西边紧挨着有七户人家，若不是询问，很难把他们与本村区别开，他们的房屋已经和红崩岗村居连接在一起。这七户人家是在 2007 年前后逐渐从河对面的坝仔村搬过来的，原因是那边人口太过密集，新人结婚后没有了盖房的地方，因此迁移到了这里。长久下去，这种人口流入与流出的现象就为一个村庄主体为一个姓氏、掺杂少量其他姓氏的村庄格局奠定了基础。红崩岗村姓氏的成型就是如此，主要姓氏为邱姓，来自北边三公里的石联村，那个村子邱姓人口众多，最初邱姓两兄弟搬出来到达红崩岗，至今不过五代人的时间，已经发展到16户人家，但是村庄里没有自己的祠堂，拜山的时候还是回到总祠去。红崩岗村民共23户，邱姓16户，陈姓2户，王姓3户，徐姓2户。王姓和徐姓是随母一起嫁到此地的，并没有改姓，长成之后成家于此；陈姓人家是本地人，在集体化时期红崩岗和东边200米处的上坎、下坎村民小组为一个生产队，下坎村民全部姓陈，上坎村民姓叶。

（二）产业发展进入困局

（1）砂糖橘种植时的辉煌

早在2003年之前，红崩岗还保留着非常传统的农业耕作方式，种植水稻、花生、番薯等作物。"我们这里人多地少，一个人只能分到七分地。"不仅仅是人多地少，这里土地零散，田地交错，一家一户分散经营，一个上午的劳作就要变动几个位置。实现温饱没有任何问题，想要增收却无从谈起。是否有一样东西既能够适应这里零散经营的实际情况，还能够产生高效益？农民虽然有着保守的一面，但从不缺乏敢于"吃螃蟹"的人。2000~2003年，陆陆续续有村民在田间地头栽上了橘树，一年种三年收，2000年栽橘树的人最早在2003年就尝到了甜头，由此拉开了全村砂糖橘种植热潮的序幕，整个佛冈县区的砂糖橘种植面积也在迅速扩大。2002~2005年是井喷时期，一眼望去除了砂糖橘树再也没有其他农作物。"那时候种树都种到山顶上去了"，镇上的基层干部对于当年的种植盛况记忆犹新。砂糖橘迎合了农民温饱后增收的需求，在没有改变传统耕作模式和经营方式的情况下，产生了高额效益。在21世纪的前十年里，在中国的规模农业理念还不像今天这样普及以及被重视的大环境中，砂糖橘的出现，符合一家一户分散经营的农村实际情况，简单种植，成本较低，农民可以快速掌握种植技术，自己的田地不需要复杂的改造就能适种，因而受到红崩岗乃至佛冈县农民的欢迎。

"农忙的时候就卖砂糖橘，平时就打打麻将"，这是2013年之前红崩岗村民的生活写照。可以说砂糖橘已经成为村民口中的"金元宝"，砂糖橘让试验区甚至是佛冈地区的农民在改革开放后实现温饱的基础上，第一次看到了致富的希望。红崩岗村民理事会的理事邱成志算了一笔账：他有三亩多田地，平均一亩地可以种树 80 棵，共栽种砂糖橘 300 棵，在市场最好的时候一棵砂糖橘可以收入 1000 元左右，一般行情下也有 500 元，三亩砂糖橘每年稳定收益达 7 万元。砂糖橘不仅收入可观，而且好管理。成本低，一年的农药化肥成本不到 5000 元，农民也不用一年四季被束缚在果园里。所以即使到了今天，提到砂糖橘，村民依然充满怀念。

（2）成也砂糖橘，败也砂糖橘

好景不长，农民持续增收的进程被突如其来的黄龙病打断。从 2008 年果树陆续发病，到 2013 年村里的果树被全部清除，四五年的时间让农民的致富梦碎了。柑橘黄龙病是世界柑橘生产上的毁灭性病害，发病时树叶斑驳黄化，柑橘果实成熟期不转色。一棵树发病后还会迅速蔓延到其他果树。在当时没有切实有效防治措施的情况下，村民只能眼睁睁地看着自家的一棵棵果树染病，唯有砍断果树挖出树根另寻他路。截至 2013 年，佛冈地区就难以寻觅砂糖橘的踪影，红崩岗村一棵果树也没有了。偶尔在一些偏僻的角落还能看到枯死泛黑的果树主根，见证了当时果园的辉煌。铲除砂糖橘树的过程花费了大量人力、物力，仅凭人力半天挖掉 3 棵树已然不易，必须动用大型机械挖掘机，这样成本就上来了，所以村民在铲除砂糖橘树这件事情上，费时较长。部分村民期冀果树能够转危为安、自行好转，不愿挖掉辛苦培育起来的果树，另外就是挖掉果树费时、费钱，村民动力不大。一时间，田地大量丢荒，村民选择外出谋生。

（三）红崩岗自身劣势凸显

一场黄龙病，夺去的不仅仅是村民致富的希望，也将红崩岗长期以来被砂糖橘产业绚烂的画面掩盖的诸多问题同时暴露了出来，摆在红崩岗村民的面前。2013～2014 年是红崩岗困境丛生的两年，年龄合适的村民多数外出，让原本不大的村子愈发单薄；全村 80 亩土地并不多，此时撂荒大半，偏远坡地更是无人问津，长满荒草；长年种植砂糖橘导致农田水利年久失修；村集体的概念经过改革开放以后长时间的稀释在村民心里被淡化，出村的道路坏了也无人组织修缮，此时的红崩岗呈现出"小、差、散、弱"的特点。

（1）村庄小

在传统时期红崩岗村形成于人口迁徙，发展至今不过五代人，历史并不算久远，红崩岗村民的祖辈为了生存繁衍来到这里，白手起家开辟田园建立家业。不像试验区其他村庄，如大田、龙塘已经有了几百年的宗族传承，家户众多，村庄规模大，土地资源丰厚。红崩岗作为宗族的溢出分支，生成较晚，因此本村人口少，村庄规模小。

在集体化时期，红崩岗和上坎、下坎村民共同属于一个生产队，当时统称为凤麒生产队。1981年开始分田到户，凤麒生产队一分为二，按照地缘特征，属地相近的上、下坎村落形成一个村民小组，红崩岗单独成为一个村民小组，在生产队的生产资料分割上两个村民小组还一度产生了争执："以前分田的时候他们要同我们分田，我们是想要回我们自己的，我们是想要靠近我们这边的一片，以前分田是很难搞的，他们不同意这样分田，他们是想打乱了一起分。我们就做了很大的牺牲的嘛，以前生产队很大，有六头牛，当时他们说的是要么田地全部打乱重分，要么牛就不给你们。我们就商量了牛就给他们，我们不要了，当时一头牛是1000块钱，六头牛就是6000块钱。主要是他们那边田很散，很难集中，所以我们当时我们就不要牛了，只要这边的地。八几年的时候6000块钱那是很多的，非常值钱的。"经过分田到户的拆分，此后红崩岗与上下坎走上了各自的发展之路，没有了经济来往，由此产生的结果是红崩岗的土地资源变少，水田加上旱地不到80亩，这在北方地区还不够一家人耕作的土地要由全村25户人家分配，人均不到七分地，红崩岗村庄之小由此可见一斑。

（2）基础差

耕作条件差：像中国许多地方一样，在集体化时期建立起来的水利设施、生产设施，由于长时期不加修缮多数处于荒废状态。红崩岗又因为种植砂糖橘农田水利设施更是荒废已久。砂糖橘夭折以后，原本用来种植水稻的水田经过十几年的果树栽种，一时间很难复耕，不仅需要重新疏通水利，平整田地，就是铲除砂糖橘树根也很难。多年的老树根系发达，仅凭人工很难完成，必须动用大型机械。因此砂糖橘之后的红崩岗耕作条件非常差。

人居环境差：村民的旧屋、菜地、杂物栏年代已久，不仅仅是影响村貌，更为严重的是旧屋随着时间的推移，多数已经成为危房。传统的民居由土砖黑瓦建成，村民栽种砂糖橘收入提高以后，陆陆续续都住进了新房，原先的旧屋任由日晒雨琳，随时有倾倒的危险。另外村民堆放柴草、圈养家禽、开辟菜地一直处于自建自为的状态，时间久了，村庄显得杂乱无章。再者，传统小农时期，农民喂养牲畜、家禽多半就在自己家中，红崩岗此时依然如此，家家户户喂的家禽就在村巷中昂首阔步，"狗吠深巷中，鸡鸣桑树颠"。照看小孩的村民最苦恼的就是担心孩子踩到动物粪便或碎玻璃碴，人居环境不好是一个长期以来困扰红崩岗村民的问题。

公共设施差："污水靠雨冲、垃圾靠风刮"，说的是2014年之前红崩岗的卫生现状，垃圾堵路围河，污水随意排放。长期以来，我国针对环境污染的监控和治理重心在城市，对广大农村关注较少。但相比于城市垃圾污染，农村污染点多面广，加之农民群众环保意识普遍淡薄，垃圾处理相关配套设施缺乏，治理难度更大。红崩岗更是如此，卫生环境让人不忍多看。此时村内没有完整的垃圾倾倒地点，公共场所的卫生更是交给大自然来处理，垃圾顺着龙南河一路东去；不像城市每一个居民小区都配套有一个小公园，配套有健身器材、休息凉亭等公共设施。红崩岗虽然也是一个居住单元，村民集中居住，但是公共设施很匮乏，巷道的台阶、一块石头都可以成为村民坐下聊天的场所。学生周末回家要么在家做作业，要么去田间地头，在那时能够抱着篮球在球场上锻炼对于红崩岗的孩子们来说不亚于做梦。在城乡二元体制下，以集体所有制为根本制度的农村，集体必然要有存在的象征，但红崩岗村民小组在议事的时候，没有固定场所，生产队长家里、宽阔的场地上都可以成为开会的地方。因此公共设施的缺乏成为红崩岗一个很现实的问题。

（3）村民散

耕作散。分田到户时，红崩岗自成一个村民小组，开始重分土地。在分配过程中，该村先划分好分田方向，以四大家族为单位进行抽签，确定家族耕地位置后，再由家族内部进行分配到户。由此造成的结果就是耕地分散，"我们这里人多地少，一个人只能分到七分地"。人多地少、土地零散，田地交错，一家一户分散经营，一个上午的劳作就要变动几个位置。种植砂糖橘时因为单产高，效益好，这种耕作方式还能支撑一个家庭的花费之需，砂糖橘产业凋零之后村民回归传统水稻或其他农产品种植，收入锐减，也无法维持生活。

人心散。改革开放后 30 多年的一家一户分散经营，自负盈亏，最大限度地调动了农民的个人主观能动性，整体来说人民的生活水平显著提高，但是也出现了农村人心离散、集体凝聚力弱化的负面问题。"现在村民有时候也很矛盾，穷的他看不起，富的他又会嫉妒"，"农民的意识有时候很难讲得通，村民意识跟不上，工作很难做"，村干部对于农村工作难做、农民注重现实利益多于公益也很苦恼。同时，农村也很难留住人了，就红崩岗来说，珠三角是村民最大的输出地，他们一年可能只回来一两回，外出务工能够养活一家人之后，种田的心思就消失了。仅仅依靠亲情留人、依靠环境留人很难长久，因为人留在农村无法维持生活，只有外出，引致离心问题，反过来村民外出又加剧了村庄的衰弱，形成恶性循环。人去村空也造成了红崩岗宅基地闲置、耕地撂荒，大量资源沉沉睡去。

（4）集体弱

砂糖橘作为本地区的主导产业，也是单一的农业种植模式，在黄龙病的侵袭下，被彻底摧毁。这也表明一家一户零散经营，看到某一作物赚钱就一哄而上的单一农作物种植与传统农业经营模式相结合的初级发展方式已经行不通。"鸡蛋全部放在一个篮子里"在面临自然气候和市场风险双重压力的农业领域里，非常危险。同时本地区人多地少，土地零散，分散经营很难成规模，抗风险的能力不足。公共服务平台在当时的条件下很难建立起来，在黄龙病发病后，无论在疾病防治还是信息分享上村庄都捉襟见肘。另外，当时村庄集体经济组织缺失，"在种砂糖橘那时候，我们红崩岗一分钱的集体收入都没有"，理事长邱成球说出了那时候还是村民小组的红崩岗的实际情况，集体组织缺失就很难群策群力，仅靠农户自己发展生产自己承担风险，既盲目也无力。当时，政府在产业指导和风险预警上也存在职能缺失问题，当时基层治理的范围过大，红崩岗作为村民小组隶属小潭村，该村像这样的村民小组还有 33 个，村委会在决策的时候要么"一刀切"要么当"甩手掌柜"，很难协调各方，因地制宜。

砂糖橘产业遭遇严重危机，农业发展面临困难，农村治理矛盾突出，农民增收遇阻，农村基础设施不完善，一场黄龙病暴露出红崩岗农业发展"小、差、散、弱"的短板，唯有找到发展过程中的薄弱环节，试验创新，并加以克服，找到一条可持续发展之路，才是根本的解决办法。在问题倒逼之下，一场改革就此铺开，红崩岗也借此改革机遇，走上了既符合本村实际情况又有本村特色的改革与建设之路。

二 能人领跑：改革的初始推力

20世纪90年代是中国开始人口流动大潮的初始时期，无数农民外出经商、创业务工，很多佼佼者最终获得成功，成为村民口耳相传的成功人士。因为故土情节、血缘地缘的影响，再加上农村改革的大背景，不少能人回村创业发展。先富能人凭借其丰富的致富经验、广阔的市场信息、过硬的经营本领在改善农村面貌上成效明显，实现了农村的跨越式发展。一位能人可以建立一个班子，搞活一项产业，最终带动一方发展。红崩岗的领头人邱观先正是如此。他在清远市农村综合改革的大背景下回到家乡，政府也积极吸收红色能人建设家乡，给他提供施展才华的平台。短短几年内，他让红崩岗实现了面貌好转、基础提升、产业成型。

（一）能人回村

在面对砂糖橘遭遇重创、农民增收乏力、农村基础差、土地细碎无法适应新型农业规模发展的问题时，政府也在行动，清远市开始了一场全面的农村综合改革，实行"三个重心下移"和"三个整合"。政策要求：2013年2~7月，各县（市、区）选择1个或以上乡镇开展完善村级基层组织建设推进农村综合改革试点工作；2013年8月起，全面铺开完善村级基层组织建设推进农村综合改革工作；到2014年村"两委"换届后，基本形成以村级党组织为核心，基层自治组织、农村经济组织相结合的设置合理、功能完善、作用突出的村级基层组织体系。在体制机制上大胆创新、先行先试，分阶段在镇全面开展深化农村综合改革工作，通过探索和创新"三种模式"（农村社会治理模式、农村生产经营模式、农村基层党建模式），深入推进"三个重心下移"（党组织建设、村民自治、农村公共服务），稳步开展"三个整合"（农村土地资源整合、财政涉农资金整合、涉农服务平台整合）工作。

在清远市农村综合改革的推动下，拥有总人口3402人、自然村22个、村民小组33个的小潭行政村，转型为小潭片区总支部委员会和片区公共服务站，下设党支部和村委会3个，分别是：上联村民委员会、中联村民委员会、下联村民委员会及相应党支部，各村委会内部再根据各村民小组和自然村的实际情况，分别建立经济合作社。红崩岗属于下联村"村两委"，在此基础上，红崩岗成立了经济合作社，由理事会负责村庄具体事务。

正是在这样一个改革的大背景下红崩岗的领头人回到了村里。邱观先作为小潭片区公共服务站的书记，红崩岗村民小组走出去的能人，1992年离开农村去县城做生意，2011年基层换届选举时返回家乡，参加竞选，当选为村支书和村委副主任。2014年小潭村经"三个整合"改革为公共服务站，换届后邱观先书记、主任一肩挑。从2014年起，红崩岗走上了成立理事会、建设村庄、发展产业的新农村建设之路。

（二）多措并举推动改革

"我们就是从（20）14年开始发动的，理事会就宣传发动村民，搞美丽乡村改革，土地整合，首先整杂物地，整好了就搞文化广场，后面再搞土地整合，总的来说就是这样的。"在回忆过去两年的工作时，邱观先说得很轻松，但任何一项改革都不会是一帆风顺的，也不会是一蹴而就的。经过两次访谈，他将红崩岗改革的具体情况一一讲了出来。

（1）"出心"：红色能人心系家乡

> "改革之前，土地整合之前村民收入怎么样？"
>
> "收入不太好那个时候，以前是种砂糖橘，2013年就没有了，发病了，县委、县政府就号召把砂糖橘清除掉，除掉后又种水稻。"
>
> "收入不好？"
>
> "当时种水稻收入肯定不好啦，我们想着通过把田地整合起来，把他们发动起来，就比较好一点。"

可以看到，从砂糖橘失败到改革开启之前，村民又回到了最传统的水稻种植阶段，所产稻米满足一家一户饭食之需自然没有问题，但是时代推进到今天，仅仅吃饱饭是不够的，加上红崩岗村民经过了砂糖橘高效益的辉煌时期，也不可能再仅仅满足于衣食无忧。这个时候邱观先从县城回到家乡，竞选上了村支书。"我老家是红崩岗的，但是我1992年就出去了，去佛冈，到2011年我又回来的，我以前都是在外面做生意的。"这是一个很典型的 20 世纪 90 年代出去闯荡然后有所成就的致富故事，只不过邱观先在自己富裕之后惦记着家乡，走了又回来了。"我儿子也都大了，不需要我操心了，我老婆，家里有电脑，这也不需要我管了，一般我就是专心在这里了。没有无私的奉献是搞不了的。我这里就是我自己想着做，哪里不好我就做哪里嘛。除了这里（服务站）的事情，我就去那里（红崩岗）。我早上在这里上班，下午就出去办事。"长时间在城市的摸爬滚打，让他的思想和思维方式都较为开明和先进，在农村发展到一个新阶段的时候，能够及时捕捉到改革的契机和正确方式，加上邱观先本人更属于"有钱有闲有心"的红色能人，又有家乡血缘亲情之所系，他回到小潭村，致富红崩岗就是心中所愿和大势所趋的双重结果。

邱观先的回家，源自一场"三顾茅庐"。"反正每届选举我都有点票的。我当时也不想回来的，当时这里选这个书记选不了，三个老党员就去我屋里做我工作，去了三个下午，让我回来，不回来就不像样了。很烂的整个村，哎呀，你不回来搞不行。这是 2011 年换届的时候，去做我的工作。这个时候主任已经产生了呀，就叫我回来选这个副主任，一般情况下是不能够当书记的，我是这里第一个副主任兼书记，这样我就回来了。2014 年到现在就是书记主任了。"从一开始的"不想回来"，到最终回来，其实他心里一直都想着家乡能够发展得更好。"我就是有这个心，扶持，我是建设自己家乡嘛，建设好也是自己家嘛，又不是给别人搞的。"回来后，邱观先就把发展放在心里，时刻准备着，一方面关注国家的政策，另一方面不断寻找符合本村发展的道路。

（2）"出力"：树立"以我为主"的精神

邱观先首先将卫生工作放在了最前面，这源于他去大田的参观。大田村是远近闻名的示范村和特色村，是政府宣传的一张名片，红崩岗要发展自然也得去学习参观。"以前就是参观他们的嘛，大田啊，里水啊，都去参观。我去看了之后说，哎呀，干脆我们自己搞。"看过先进村大田村之后，邱观先心里有了自己能够做得更好的想法。对于大田村能够发展起来，他并不服气："大田他们有什么啊？我们这里就是人少一点，但是你看我们现在牌子打出去了，可是大田政府给了它一千多万，搞得像什么样嘛。我们自己搞，我给郑主任（郑大著，镇农办主任）说我们不看他们的，我们要自己搞，就是这样搞起来了。"不服气归不服气，干净整洁的大田村还是给他留下了深刻印象，邱观先对于自己家乡的未来也有了自己的规划，第一步就是搞卫生。传统农村，人和畜禽都在一起，畜禽粪便在村道上随处可见，这些都是邱观先要改革的对象。说做就做，卫生运动应声而起。

不等政策不等资金，自己有能力就做起来。"我就自己搞，开始做工作的时候我都没跟党和政府说，就先自己搞，做到政府认可了，带人过来看啊怎样的，就再扶持我们一点嘛。"2014 年卫生工作正式开始。"2014年的春节，我就动员出去打工的回来，回来搞卫生。"具有红崩岗特色的卫生制度也建立了起来，村内公共场合由理事会负责，各家门口实行门前三包。这也是邱观先在谈到红崩岗与大田卫生治理方式不同时很自豪的一件事情："他们连搞卫生都是要政府拿钱。我们搞卫生就没有（要）钱，全部是自发，这都不同，一般都是大家来，平时就是理事会搞一搞，邱成志看到哪里脏就搞一下，各家门前三包，别的村就不行，大田就是靠政府来搞。"在新农村建设中，拿到政府扶持资金甚至政府包办一直是各种建设主体求之不得的事情，但在红崩岗却完全相反，正印证了那句名言"自力更生、艰苦奋斗"，"以我为主"一直是红崩岗谋发展的基本立足点，没有条件的想办法创造条件。正是有了这样坚实的发展支撑，红崩岗在后来的建设过程中才能够后来居上，将自己打造成典型。

红崩岗"以我为主"精神的形成也历经了破土而出的磨砺，邱观先在调动村民"心往一处想、劲儿往一处使"时也遇到过麻烦和挫折。

"最难做的就是整洁村，后面就好做一点？"

"是啊，反正不管怎样做，都要村民有意识，村民没有意识都搞不了。"

"拆他们的旧房子有遇到困难吗？"

"有啊，当时有两个，还是教师，他们读书的时候集体还给他们钱，要他们读书，但拆旧屋的时候不同意，硬是说政府有钱下来的，回来到处宣传。我说政府哪里有钱，就是一事一议，但这个钱我们到现在都没拿到，2015 年搞的到现在，财政没有钱。他又到处说怎样怎样，他不回来，两个人都在教书嘛。我打电话给他，虽然你是公务员（他是教书的嘛），我说我1992年出去的时候你还在家里，我资产比你多多了，我都要回来，我说你不想给钱算了，我们不要了。后来文化室建好了，我们理事会又开会嘛，到2015年的年三十晚上，不给钱的不要了。我给理事会说你们放心，村里哪家哪户不给钱的我出，你放心。后面家家户户都给钱，都在给他俩说算了不要搞太僵，很多家都要给他们出那个钱了，他们才开始求人，给我们说哎呀那时候我错了怎样怎样的，后来钱都交了。那时候他不交算了，我说不要他们的钱了。他们家8个人的嘛，8个人就是8000块钱啊，我说我来出，我帮他出。后来这个事情后他的思想也转变了，搞什么事情也都参与了。后面我们搞建设，都是一步步这样走过来的。"

千百年来的小农耕作习惯，深深影响了每一位农民的思维方式和行为方式，一时间想团结起来难度可想而知，农村的事情又最难办，"不管怎样做，都要村民有意识，村民没有意识什么都做不了"。邱观先通过卫生专项整治活动，加上春节这样一个特殊的时期（春节对于中国人来说意义重大，对于红崩岗人来说更是如此），让住在一起的村民在每年的年底都有一个联络感情、共商时事的机会。邱观先这个农村走出去致富的能人，再回来，更像一只鲶鱼，让村庄动了起来，不再死水一潭；让村民思想活了起来，不再拘泥于过往；让村民团结了起来，不再散沙一盘。

"能人带头，万事不愁。"从发展的速度上来说，有了能人，不论村庄面貌还是村民心态都能在短时间内得到改善，但是上层传导而来的政策，能够让能人的作用发挥得更加明显，而能人借助政策，又能将改革的步子迈得更开，走得更远。就在邱观先从卫生工作切入带动村民搞基础设施建设的时候，2014年清远市开始推开"三个整合"。"上面不是有政策要搞改革嘛，我们就发动起来，搞土地整合，整合了好发展经济嘛"，"我就回去说把这些房子集约起来，建文化广场那里的旧房子我就说拆掉它，然后建一个文化室，再搞一个广场起来。大家也都没所谓啊，这样晚上就开会，大家也就同意。第二天我就马上搞挖机过来把房子拆掉，拆掉之后我搞起来，把文化广场建起来。然后我就说要把土地集约起来，你搞发展不能有地不好用嘛，大家也是没所谓，马上就搞起了土地整合。一开始就是从卫生做起，（20）14年的春节嘛，年轻人都回来，统一搞环境卫生，腊月十二都要回去的嘛，我就给他们说嘛，年轻人就说好啊好啊，大家得一条心啊。"从开始的磨砺有村民想不开，到现在村民纷纷"一条心"，红崩岗村的改革正式走上了快车道，2015年是关键的一年，因为这一年红崩岗村村庄改造与土地整合一起开展了。

（3）"出资"：试验从自己开始

"拿自己开刀"，是邱观先一贯的做法。"拆房子拆我家的最多嘛，用的地用我的最多啊。"虽然20世纪90年代初邱观先已经离开村庄，但是自家的老房子、宅基地都还在村里，所在位置还正是文化室建设的位置。怎么办？拆！邱观先有四台挖掘机，于是用自己的挖掘机拆掉了自己的房子。"他们看到这个情况都没意见了嘛，在哪里搞事情没有带头人是搞不了的。"带头人的行为让村民彻底投身建设中，一个星期就腾空了场地，但建设资金却是难中之难，邱观先又一次拿自己开刀，走在了最前面："首先我自己赞助5万块钱嘛，理事会有管钱的嘛，我就把钱给他，我最先拿钱嘛。""我就是想为自己家乡争气，我想着怎样搞一个点出来，我自己花一点钱也无所谓。"5万元为文化室的建设奠定了坚实的地基，这时候帮扶小潭村的国土局也伸出了援手。"政府有些单位是支持我们的，这些钱到位了。像国土局，其他地方做不来，没有这个点，就支援了我们几万块钱，帮扶这边，他们局长是我们这边的第一书记嘛。"建设资金的大头就解决了，剩下的村民按照人头一人1000元。集资是文化室建设的兜底部分，文化室本来就是为村民而建的，最终村民的文化室村民建，建好文化室为村民，2015年底文化室正式启用。

精品农业与观光农业一直是邱观先希望发展的方向，"后面我打算连片打造，全部与农业有关。红崩岗太小，联合里水连片搞，搞农业观光，搞民宿，我们有红十字会，这边还有田野绿世界。红崩岗的条件要比其他地方好，比大田好。自然条件好，靠着田野绿世界，还有红十字会带人过来，比其他地方典型。""就是往这个方向走。农业最难做，很难成功，种养殖很难的。我这边搞一些事情都是和郑主任商量的，一起策划这一块，他对农村工作非常熟悉的，他经常下乡，这些东西都是他告诉我，我就去做。美丽乡村啊，产业啊什么的，他告诉我我就去搞。他是大学生出来的，懂得多，像这个刺鳅，一般人搞不了的，我已经投了20多万（元）了，都是我自己投资的。"每逢一件新事物，邱观先总是让自己冲在最前面，和政府主管部门官员商量，做成功了再教给村民。"主要就是要有带头人，不管是哪个村民小组，都是得有能人红人才能搞得好，没有这种人就搞不起来。"

（三）基于现实，立足长远

土地整合工作是红崩岗最有特色和最有成效的改革部分。"当时上面要求三个重心下移，后面就是三个整合。整合就是涉农资金整合，土地整合，服务平台整合嘛。我们这里符合这三个条件嘛，我这里等于是个服务平台嘛，上面都有文件，葛书记在号召这样搞，就按照文件来。"政策像源头活水，让能人可以大胆地去做，农村怎么改、往哪里改都有据可依。"基础设施有没有就是看土地整合没整合，土地不整合就没法搞建设。"一切问题深究起来都是发展的问题，村庄外貌好不好看，可以让外人去评说，但是收益好不好，每一位村民都能切切实实地感受到。土地整合就是让愿意种地的人有地可种，不愿意种地的人有钱可分。邱观先这位红崩岗的顶层设计者在谁来种地、怎么种的问题上有自己的思考。

（1）应聘耕作：把沉睡的资源唤醒

　　我们把地都收起来，你要是种菜，这一片全部是种菜。种水稻的就全部在这里，莲花池啊、百香果啊就全部在这里，一片一片地经营。土地集中起来，实行应耕，300元一亩，想种地就拿钱过来，也不是承包，收的钱按人头全部分掉，耕地的有钱分，不耕地的也有钱分，就按照现有的人口来。打个比方，明年你要耕3亩地，你就交钱，年年都这样，这就比较合理了，保证只要你想回来耕田就有的耕。不搞承包，一承包10年、20年的，中间你不种就扔那了，我这个模式就比较好了，今年10户人家耕田，明年12户人家耕田，一年一定，我认为这样比较合理。

合理耕地，是为了让耕者有其田，同时让每一位集体成员都能享受到土地整合带来的红利，而应聘耕地的人又能放开手脚，不再局限于砂糖橘种植时期的一亩三分地。邱东水 2017 年应聘耕地 10 亩，在他的"认耕地"上我们看到了新鲜脆嫩的蔬菜即将丰收。他现在耕的地是过去想都不敢想的，那时候村民为了能多种一点还要去外面的村子租地。实行"应耕"主要立足于红崩岗土地面积有限的实际，分田到户以后，红崩岗作为村民小组共有水田 60 亩，旱地 20 亩，按照现代农业的标准和要求，这点土地还不够一位职业农民的耕作所需，但这就是红崩岗的实际情况，同时也是目前中国大多数农村的实际情况。城镇化过程伴随着阵痛，出现了数以千万计的流动的农民工阶层，他们既不是严格意义上的市民，也不是实际意义上的农民。红崩岗实行"应耕"在保持集体所有权不变的前提下保障了每一位集体成员使用土地的权利。"一过完春节就定下来了嘛，谁想耕田就定下来了，想种多少就报上来了。每年年初就自己报。本村的村民自己报。"种地越多，拿钱越多，市场经济具有流动性，实行"应耕"让土地资源活了起来，最终变成土地租金分发到每一位村民头上，在让村民为村庄建设付出的同时增强了村民的获得感。一出一进，让村民更加积极地在改革的道路上走了下去。2016 年每一位红崩岗村民获得土地分红 136元。考虑到 2015 年、2016 年是村庄建设投资最大的两年，这 136 元更多的是一种鼓励，让村民有信心继续跟着能人与理事会一起谋发展。"今年过年分红我们每个人是 136 块钱。2017 年应该会好一些。去年 136（元）主要是搞建设用了一点钱下去，没有多余的钱。想想算了，一人分一点，每年都在投入嘛，你不分一点群众都没有信心嘛。"古语云"上下同欲者胜"，经过土地整合，此时的红崩岗基础设施已经初步完备。

（2）借船出海：充分利用周边资源

红崩岗的一大地理优势就在于贴近田野绿世界，这个台湾商人兴办的旅游项目每年都会吸引大量游客的到来。"人家到田野绿世界顺便就能到我们这来看看。"2016 年春节期间，大量游客到达红崩岗欣赏格桑花，村里有宽阔的场地，赏花不要钱，只收取停车费。春节几天红崩岗的集体收入就超过过去几年。2017 年，垂钓区、农家乐项目完工后，又是另一番热闹的景象。

（3）融合发展：拓展农业产业链条

科学种田，是为了让每一寸土地都能产生最大的效益。土地整合后，根据不同地块的特性，邱观先与理事会商量："我们把地都收起来后，你要是种菜，这一片全部是种菜，种水稻的就全部在这里，莲花池啊、百香果啊就全部在这里，一片一片地经营。"科学规划、分类经营，目前红崩岗的土地共分为以下几个区：稻作区、花海区、蔬菜区、采摘区、垂钓区、居住区。土地在产出最大化的同时具有可观赏性。在采摘区种植百香果、荷花，在花海区种植格桑花，"产业要规范，按片规划，莲花池那里固定为赏花的，花海，年年都要搞，谁愿意种这一块就搞这个。"在日益拥堵的城市中，当中产阶级逐渐富裕，能够买车，又能够花钱旅游的时候，他们开始意识到，时不时地到乡下走一走是一件很快乐的事情。

（4）四方帮扶：精品才能吸引人

走进文化室，门口"四方帮扶"的牌子最为显眼。这源于邱观先在2016年佛冈两会期间的努力。从中也可以看出红色能人善于抓住一切可以用来发展的机会和对各种资源的利用。"当时就是开两会的时候，2016在佛冈开两会，我就说我们这里比较困难。我们这书记是政协委员，他就认识那个老板，是红十字会的干事，姓邓。我们就同他说，我这里能不能帮扶一下，他说可以啊这个没问题啊。我们就同他商量，说怎么帮。他说我们帮扶就不是给钱的，精准扶贫脱贫我们就要搞那个产业，他这样一说也就对我的心了。我就说这样好啊，拿钱没用的啊，脱贫就是要长期发展啊。"脱贫就是要长期发展，发展就是要搞产业项目，一旦联系上就不能半途而废，邱观先回来后立马找到理事会，与理事会商量怎么在红十字会的帮助下让村庄的产业发展起来。"我就回来同大家说这个东西，后来红会看我们这么齐心，就过来考察了几个月，去年插田的时候就带我们去江西参观有机水稻，理事会就去了几个人，镇上郑主任也去了，去了之后就定下来了。后来红十字会就在我们这挂牌了，种水稻种药材，药材就利用山坡地，还种莲藕，现在教我们种荷花，观赏的。他们拿种子给我们种，还有这个小哈密瓜。现在就是三个品种。"传统水稻每斤1元多钱，有机水稻每斤5元多钱，对于邱观先的吸引力无疑是很大的。2016年晚稻，红崩岗试种了4亩有机水稻，以每斤5元的价格由红会帮忙寻找市场，结果供不应求，从此村民决定 2017 年全部种有机稻。

> "村民对有机稻接受吗？"
>
> "接受啊，晚稻我们全部种有机稻。我还要那个广州那个农科院的，用那个蚯蚓的有机肥，从广州拉过来，华农的，他们来技术指导。晚稻都是种有机的，早稻还不是，红会的人说早稻没有这个晚稻好吃，早稻就不种有机的。"
>
> "有机稻一亩产量怎么样？"
>
> "七八百斤，但是利润高很多。"

红十字会的帮扶不单单是发放水稻种子、销售水稻，每年还会组织各种活动，"红会他们是真心做事，他们下来吃饭都不吃的。我们有时候想请他们吃饭他们都不吃的，他说你要是请吃饭我以后都不来了，我是一心搞帮扶"。在红十字会的帮扶下红崩岗所产的农副产品销路大开，有了广州、番禺两个大型的市场，"定一次货一般都不低于 500 斤，多的我们就发小四轮给他们拉过去，少了我们就发快递，广州也有，番禺也有，他们发一个地址给我们，看看哪一个点要多少，我们就送到哪一个点。"中国的农业一直面临着气候与市场的双重风险，红十字会在这两个方面发力，给红崩岗张开了一把伞，农民的收入也有了可观的变化。

现在再与大田相对比，邱观先充满了底气。"我们是靠自己，他们是政府投入啊，政府投入搞不起来，投了 1500 多万（元）搞不起来。他们就是等靠要，土地给了人家，村民有力没处去，他们没有产业嘛，有产业也是公司的。他们连搞卫生都是要政府拿钱。我们搞卫生就没有钱，全部是自发，这都不同，一般都是大家来，平时就是理事会搞一搞。邱成志看到哪里脏就搞一下，各家门前三包，别的村就不行，大田就是靠政府来搞。"杜绝"等、靠、要"，迎难而上，一万年太久，只争朝夕。经过两年锲而不舍的努力，经过从一开始的一无所有到现在的产业成型，经过与村民的斗智斗勇到现在的全村一条心，邱观先付出了很多，但得到的也很多。行百里者半九十，虽然红崩岗目前第一产业、第三产业已经有了起色，但是距离他的目标依然甚远，农村发展的内生动力依然虚弱，没有了以他为代表的改革动力，很难说红崩岗是否能继续大步迈进，因此，村民理事会应是红崩岗稳步向前的保障。

三 理事会同跑：建设的核心动力

如果说邱观先是红崩岗改革的设计者，赋予了红崩岗改革的初始动力，那么红崩岗村民理事会就是执行者，是红崩岗建设的核心动力，没有他们密切的配合和坚定的实施，一些美好的设想注定都会落空，而不能成为我们今天看到的实实在在的变化。"我老家就是红崩岗的"，"上面有什么政策我就指导他们去做"，作为外出村民的杰出代表，邱观先与红崩岗村民同根同源。"兄弟同心其利断金"，邱观先回村后，在红崩岗成立理事会，开展了一系列资源整合、拆旧建新工作，进行政策上的指引，在红崩岗摆脱砂糖橘之困、重塑村庄产业过程中牵线搭桥。反过来，理事会及理事会成员构成的邱姓能人群体，又保证了每一项改革措施的具体落实，每一次村庄建设的顺利实施。

（一）理事会从空转到发力

2014 年清远市启动"三个重心下移"改革，部分试点村已经先行展开。小潭村并不是试点村，政策传导至红崩岗时，时间已经到了 2014 年下半年，红崩岗紧接着就着手成立村民理事会。理事会成员共有 5 名，村民小组组长自动成为理事长。最初的理事会成员清一色是年轻人，但是面对收入乏力和货币压力，年轻人纷纷外出，导致理事会成了摆设。理事不能真正"理事"，理事会就发生了空转。在这种情况下，理事会再次进行了改组。村庄有四个姓氏，就由四大家族分别推选出一个理事人员组成理事会。2014 年年底，改组后的理事会正式建立。因为王、徐两姓后来均在县城发展，村中只有住宅没有人居住，所以最终选出的理事会成员如表 1 所示。

表 1 红崩岗村理事会组成情况

理事长	理事			
邱成球	邱东水	邱成志	邱宝熙	陈文珍

因为年轻人外出，所能看到最直观的就是理事会成员年龄偏大，邱成球 55 岁，邱东水 58 岁，邱成志 55 岁，陈文珍 65 岁，邱宝熙 31 岁，最年轻的理事是邱宝熙，但他是挂名理事，实际上不在村。邱姓为理事会的绝对主体，一方面他们是未出五服的兄弟关系，另一方面邱姓也是红崩岗村的"原住民"，在人数上有着绝对优势。邱姓为村庄的主体，邱姓能人构成理事会的主体，形成了一个具有内生凝聚力的能人群体。基于这种血缘与地缘关系建立起来的基层自治组织，可以较好地解释为什么红崩岗在后来的转变过程中能够取得成效，进而成为农村综合改革的示范村。自治重心下移之后的红崩岗村，村庄事务由理事会管理，遇到重大决策由理事会拿出方案，经群众大会投票表决。考虑到本村外出人口多，在村村民少，户代表组成的家长会在决议中就发挥着重要的作用。每一次开会户代表都需要签到，会后在会议本上按手印，村民不在家的家庭由理事电话联系确认意见，保证每家每户能够参与到村庄事务中。春节对于红崩岗村来说不仅仅是阖家团圆的时刻，还是发扬基层民主、让村民参政议政的好时机，能让更多年轻人走向村庄治理，他们也在接下来的两年里为村庄的发展做出了自己的努力和贡献。理事会的成立是村民自治的意涵在实践中的反映，既是探索也是实践，创新了村级事务管理模式，同时也拓宽了村民自治的内容。

（二）"拆、建、合"打好组合拳

组建村民理事会，带动村民建设家乡，激发村民内生动力，促进农村农业发展，这也是基层治理改革的一个探索。2014 年年底，邱观先号召外出村民回乡整治卫生期间，趁着春节外出人员都在家，腊月十二理事会召集户代表开会，告诉了大家 2015 年的村庄建设规划，上接清远市农村综合改革的"天线"，下接本村实际情况的"地气"，同时理事会征询村民关于拆除旧屋、村庄建设、土地整合的意见，准备工作已经开始。

（1）"拆"

2015 年年初最先开始的是旧屋、杂物栏的拆除。"我们春节的时候开了会，决定 2015 年就动工，先拆掉旧房子，拆完了就建文化室。"现在看上去宽敞明亮的村民文化室之前是村民的旧屋和菜地。拆旧屋这项工作是最难啃的一块硬骨头，村民对于拆除自己的旧房子多数持不同意的态度，涉及村民的旧屋、菜地、杂物栏每家每户都有，其中最多的是小潭村村支书邱观先的旧屋。村支书带头拆掉了自家的旧屋，为整个村庄的旧屋、菜地整合工作打下了一个基础。对于其他有异议的村民，理事会成员就上门做工作。"我们就是不断地说服，有些老人思想转不过来，我们就跟年轻人商量，由年轻人去做家长的工作。"在回忆当时组织村民拆屋的工作时，理事长邱成球坦言这是一件很难办的事情。在这种情况下，除了村支书率先垂范，理事会成员更是以自己为目标，先拆自家的再说服大家，动之以情，晓之以理，另外充分尊重少数不同意拆旧屋的村民的意见，不搞强制。"拆房子的旧木板、水泥块，村民不让拉走的我们就不动。"经过理事会的多次组织、多方努力，文化广场所需用地被腾了出来。拆旧屋折射出两大村民自治的功能：一是转变思想，将村民的思想转变过来。在砂糖橘之后不能"等、靠、要"，村庄要发展村民要增收就必须调动村民的积极性，以我为主。二是重塑集体。分田到户之后集体坍塌，"你做你的，我做我的，谁也不管谁"，红崩岗在综合改革之前集体组织缺失，集体经济乏力，集体文化流失，只有一个村民小组组长连接着村委会与村民，通过拆旧屋，村民理事会第一次站在台前，将村民组织起来，村庄是属于大家的，建设过程每一个人都要参与，集体组织再次复苏。

（2）"建"

虽然建设文化广场的所需土地已经腾出来，但是文化广场建设包括文化室、球场、绿化、健身器材等一系列工程，光是资金这一项就让红崩岗原本就没有集体收入的理事会陷入困境中。集资是一个解决办法，但是"大家对于理事会将要做的事情很怀疑"，"谁也不认为我们能把文化室做起来"。邱成球认为村民的转变需要一个过程，可村庄建设已经箭在弦上。在这种情况下，理事会组织村民参观了在改革上已经做出成绩、颇有名气的大田村。此时大田村的文化室、球场等村庄改造工程已经建设完成，村庄干净整洁，还打下了扎实的旅游基础，成为远近闻名的示范村，获得了政府的大量政策和资金支持。

学习先进方知自己落后，不改革就会掉队。"不能只看着别人村子热闹，我们自己也要搞。"经过理事会提出方案、家长会决议，按照人头每人1300元的集资方案正式提出。从2014年开始，县国土局定点支援小潭村，红崩岗建设文化室国土局捐资 6 万元，作为小潭村主管单位的石角镇镇政府捐资 3.1 万元，加上村里获得的相关扶持资金，来自上级单位的捐资共计 15 万元。作为小潭村的当家人，并且还是红崩岗人的小潭总支部书记邱观先个人捐资 5 万元，有效地带动了村民建设文化广场的热情。多数村民同意集资方案，不过 1300 元对于普通村民来说也算得上一笔较大的开支，尤其是有些困难的村民，一次拿出来压力很大。理事会充分考虑到不同家庭的实际情况，"有些村民困难点的就晚一点，分了好几次，但没有不给的。"来自村民的集资约有 10 万元，这样再加上上级单位的 15 万元和邱观先个人捐赠的 5 万元，文化室建设资金得到解决。2015 年年底，文化室正式落成，村民开会议事有了固定的地方；村民家里有喜事可以直接在文化室举办；文化室里厨房、厨具、桌椅等一应俱全，村民有需要就可以拿去使用。除了上述实用功能以外，文化室更深层次的意义是维系集体，在村民眼里，文化室是他们辛勤汗水的结晶，如果说理事会是集体运转的核心的话，文化室就是集体的象征。从拆旧屋到新建文化室，被整合的不仅仅是资源，还有分散的村民，经过这个过程，村民的思想发生了转变，由消极转为积极；村民的地位有了提升，在公有属性很强的文化室里议事，以村民为主体就不再是一句空话，村民自治能够落地就有了扎实的基础。

（3）"合"

在村民理事会班子建立起来以后，按照改革政策要求，红崩岗立即着手进行"三个整合"：整合农村土地资源、整合涉农资金、整合涉农服务平台。零碎土地，各自经营，因生产效率低下和产出微薄，已无法适应现代农业发展需要，整合既是改革的要求，也是当时红崩岗切实需要做的。

"村民自发改革　一个月内完成土地整合"。2015 年 6 月，《清远日报》刊登了这样一个标题的新闻，"小块变大块、多块变一块，土地整合后，将极大地提高红崩岗村土地的生产效率"，报纸中的短短几句话却包含了红崩岗土地整合的全过程。红崩岗土地整合以快闻名，用理事长邱成球的话说就是，"文化室建好了，村民思想通了，整合土地就很顺畅，个把月就做完了"。

在土地整合之前，村民不种砂糖橘之后就变成了"八仙过海各显神通"，愿意种水稻的就种一些，愿意出门的就奔向珠江三角洲，部分田地杂草丛生，"一些还没挖掉的果树都还在田里"。自 2013 年全面开展农综改试点工作以来，不少地区已经在解决"有地不好耕"的难题上走在了前头，红崩岗起步已经晚了不少。理事长坦言，"如果我们早一年启动改革工作就好了，那样能够得到更多的支持"。但是红崩岗做到了后发先至，在全镇农村土地整合的新形势下，村民也都能看到其他地区的变化。田地不能总闲置，红崩岗村民小组充分发挥村民理事会的协调作用，在清明前后多次召开了村民家长会，进行土地整合，探索出连片规模经营、专业化生产的路子。为了解决树头残留在田地里的问题，理事会决定由集体拿钱请挖掘机清除树根，将果园变为良田。镇政府为了鼓励村民进行农田改造，有一笔资金下来，红崩岗立马将这笔钱用在了田地整合上，前后租了两次挖掘机，最终清除了树根，平整了土地。红崩岗村民小组的工作开展得可圈可点，在短短一个月的时间内，顺利推进并完成了村中全部土地的整合，盘活了土地资源，为走"规模化经营，专业化生产"的现代农业发展之路打下了良好的基础。

四　村民共建：发展的整体合力

从历年中央政策文件中我们可看出新农村建设是一个持续不断的系统工程，而农民既是新农村建设的主体又是新农村建设的基本立足点。农村建设得好不好，发展得好不好，只有他们最有感触，也最有获得感或丧失感。只有广大农民充分参与，农村的建设与发展才能行稳致远。在红崩岗，经过能人群体的推动与理事会的不断努力，村庄整洁了，设施齐全了，功能增多了，这是 2015 年年底外出人员返家之后最大的感受。年轻人对村庄有了更积极的参与感，村民建设家乡的心情更为热烈，村庄氛围更加和谐，红崩岗的发展也形成了一股整体合力。

（一）村庄建设同筹共建

（1）共建设：村民思想通了

村庄建设中，除了重中之重的文化室之外，红崩岗于 2015 年年底在全村安装了路灯和巷灯，建成了篮球场、健身广场、公厕等配套设施。在城里公厕体现了一个城市的整体形象和文明程度，但是提到农村厕所，人们总是会想到旱厕，甚至是随意的解决方式。红崩岗的公厕与城市公园的公厕并无二致，精致的小屋与周围环境十分协调。这说明发展农村不仅要增加物质收入，转变生活方式、接受先进生活理念也不应被忽略。配套设施中球场的建设主要靠村民理事会众筹，其中邱成球出资1万元，邱东培出1万元，邱国峰出1万元，邱东水出1.5万元，邱成志出5000元。有了这笔资金，篮球场建设也应声落地，使老人、小孩每天傍晚可以打篮球，可以聊天，给村民提供了一个娱乐健身的空间。自村庄改造以来，村民感同身受，看见红崩岗一天比一天好，村容村貌有了天翻地覆的变化，有了干净整洁的巷道、设施完备的健身广场，因此自发建设家乡的热情越来越高，人均捐款超过2000元，建设项目如表2所示。

表2　红崩岗村捐资建设具体项目

工程名称	捐资对象	金额（元/人或户）
文化室	村民全体	1000
道路硬化	村民全体	200
亮化工程	年轻人自愿	1000
后山道路	每户	300
下水道	村民自愿	100~200
水泥路拓宽	村民自愿	100~200

理事会的工作简单了、方便了，也得到村民的理解与拥护了。2017年年初，为了改善村庄的治安条件，给村民提供一个更加和谐的生产生活环境，理事会提议在主要出口和巷道安装监控设备，此举得到村民普遍同意。在过去理事会做工作需要反复商议与多次协调，现在村民思想的通达让一切都快了起来。很快村民筹集的3万元安装费用就到了理事会，理事会的重心只需要放在设备的购买上就可以了。村民的思想意识从过去的"不通"到现在的"通"经历了一个较长的过程，其中有乡村能人与理事会的不懈努力。最终村民的支持也让村庄的建设步伐快了起来，形成了良性循环。红崩岗的发展也有了村民共建的整体合力。

（2）真参与：年轻人成为中坚力量

最初成立理事会时，红崩岗的年轻人有过一次短暂的参与经历，但是面对货币的压力和外面世界的吸引，年轻人纷纷外出，导致理事会发生了空转，这虽然是一次不成功的尝试，但年轻人建设乡土的想法已经扎下根来。后来拆除旧屋时，在这里生活了几十年的老人阻力最大，他们在这里住了几十年，对于旧屋都有着深厚的感情，同时像杂物栏可以堆放柴草，依然在发挥着作用。理事会工作一时很难展开，就想到了年轻人，他们在外面眼界开阔，知道农村的落后。年轻人这时已经不在理事会，但是成了理事会的得力助手，经过与年轻人的协商与沟通，拆除旧屋工作事半功倍。从此以后，年轻人就成为红崩岗建设的中坚力量。重大节日既是年轻人回家团聚的时刻，也是年轻人参与村庄建设的时刻，重大事情都会在此时商议，遇到捐款筹资年轻人更是积极响应。

（3）全投入：红崩岗建设的零距离

红崩岗外出劳动力较多，年轻人绝大多数在外发展，但他们对村中推行的各类公共事务也该拥有知情权和话语权。为了让他们了解村中公共事务并积极参与，红崩岗开设了微信群，召集村民进群参与集体公共事务讨论。这样不管在哪里，大家都可以零距离地参与到村庄的公共事务中来。为了全方位、多角度地宣传和展现红崩岗的有效做法、特色亮点、成功经验、动态信息和新农村建设成就，同时将农产品的信息传播出去增加销售渠道，红崩岗创办了"美丽乡村红崩岗"的微信公众号，公众号分为"美丽乡村""博爱家园""自然农耕"三个板块，涵盖了村庄建设、旅游项目、产品信息等多方面的资讯，村民通过微信就可以零距离地知晓村庄动态。

（二）产业发展：走向田园综合体

土地整合完成，基础设施完备，村庄建设成型，产业发展就成为红崩岗的着力点。红崩岗村得到省红十字会、省红十字企业家支援服务队、沃土可持续农业发展中心、中国民族建筑研究会的四方帮扶，并于2016年在红崩岗实验基地挂牌"博爱家园"。"博爱家园"项目依托当地自然环境、农业资源、农耕文化等优势，进行科学种植，提供平台协助销售，拓宽红崩岗农产品销售渠道，带动了该村的农业产业规模化发展。同时，将乡村原有的民族建筑、当地的风土人情、村落文化及民俗旅游建设相结合，带动美丽乡村的旅游和民俗项目发展，最终带动了地区脱贫致富。集体经济开始好转，从 2014 年的"没有一分钱"到 2016 年每位村民分红 136 元，集体经济由弱变强，得到了根本提升，同时也说明只有集体经营抱团发展对于"小、差、散、弱"的红崩岗来说才是最终的出路。

未来规划中红崩岗将把山林利用起来，向山上发展，最大限度地整合资源，形成立体多元的发展格局。目前正在修建山间游泳场和环山路，以及民宿的各项配套设施，以实现产业结构升级、村集体经济壮大、村民收入增加为发展目标，充分发挥红崩岗自然资源及区位优势，围绕特色产业积极培育农村新型业态，从传统封闭走向融合开放，采用"旅游+"的思维和方式打造出具有红崩岗特色的田园综合体。

五　经验总结与思考

纵观红崩岗的改革、建设、发展的历程可以发现，红崩岗村经历了砂糖橘种植时期的辉煌到砂糖橘危机时的没落再到发展新型产业的成效初显，在这个过程中，能人领跑给红崩岗改革注入推力，理事会在村庄建设过程中成为核心力量，最后村民共建美丽乡村形成整体合力，形成了上有帮、中有扶、下有撑的"红崩岗模式"，充分说明了新农村的建设与发展是一个系统工程，红崩岗的发展模式也给其他村庄的变革带来了有益的借鉴。

（一）以能人领跑为基点，撬动农村改革

新农村建设的主体力量是农民，但是普通农民承担风险的心理和抗风险的能力普遍较弱，效仿和跟随是大多数农民的行为选择。红崩岗村民在最初种植砂糖橘时并没有一个明确的选择，看见其他农户种植获得不错收益时也跟着种。在砂糖橘之后，试验区还没有另外一种作物能够替代砂糖橘的时期，村民普遍选择观望。邱观先回来之后，以自己为试验对象，自己做成功了再引导村民发展。所以，农民自身难以自觉地参与新农村建设，必须有农村能人进行组织和发动。农村能人不仅能够直接推动新农村建设，同时能够凝聚村中大多数农民的共识，使其共同参与到村庄建设的过程中，因为农民有着简单实用的学习效仿心理，农村能人正好是其他农

民接触新思想进行新实践的示范者。

红崩岗在农村能人的推动下，不论是村庄面貌还是村民心态都在短时间内得到了改善，而上层传导而来的政策，又能够让能人的作用发挥得更加明显，同时能人借助政策，又将改革的步子跨得更开，走得更远。由此可见，高度重视农村能人在新农村建设的特殊地位和作用，大力开发农村人力资源，加强对农村能人的培育和支持，"培育与社会主义核心价值观相契合，与社会主义新农村建设相适应的优良家风、文明乡风和新乡贤文化"是新农村建设的重要保障，真正实现启用一个能人，建好一个班子，搞活一项产业，带动一方发展。

（二）以村民共建为核心，推动农村建设

仅有农村能人是不够的，能人可以快速改变一个村庄的面貌，但是要想可持续地进行新农村建设，只有全体村民共建共享共担当，集体参与抱团发展，才能够实现。红崩岗从能人推动开始，对改革的进程、村庄的建设、发展的方向率先进行了铺垫。随后建立村民理事会，形成村庄的核心动力，带动村民建设家乡，做好发动和宣传工作，使广大村民家喻户晓，积极参与，在建设过程中，广泛采纳户代表、年轻人的意见，共同谋划建设项目。通过宣传发动，使红崩岗建设工作得到了全体村民的积极响应和大力支持，激发了村民内生动力，促进了农村农业发展，形成了一个由点到面的发展路径，这也是村民自治的有效实践。人民群众是农村的主人，只有发挥群众的自觉性、主动性和积极性，农村建设和发展才能持续有效推进。

"小康不小康，关键看老乡"，评价新农村建设效果的最终标准是看是否增加了农民的民生福祉，是否让农民真正享受到了建设的成果。因此农村在建设的每一个环节都要充分体现以农民为主体，建立农民民主参与机制，并想方设法激发农民参与建设家乡的热情。新农村建设不是给外人看的，也不是政府的面子工程，所以不能只是"乔装打扮"，而是要让村庄成为农民赖以生存并能生活得舒心的幸福家园。因而以农民为主体，村民共建，并且建设成果由村民共享的新农村建设才是激活农村内源的可持续建设。

（三）以顶层设计为理念，驱动农村发展

红崩岗在今后建设和发展中要坚持顶层设计、规划先行，结合本村实际和资源禀赋，做好科学规划和设计。建设推进过程中，科学理解"城乡一体化"的真正含义，就是要在引入现代城镇文明的同时，保护好农村特色田园风光和农林文化产业。建设目标包括经济、生活、生态的统一，底色则是独具特色的农村风光与自然的农产品。所以在进行诸如"美丽乡村建设""美好乡村建设"等各种新农村建设实践过程中要学会保护村庄现有的特色产业资源，坚持可持续发展的原则，因地制宜发展，统筹兼顾，立足长远，走出一条特色乡村发展之路，让村民共同受益、同步小康。2017年2月5日，"田园综合体"作为乡村新型产业发展的亮点措施被写进中央一号文件，为未来农村发展指明了方向，这就更加要求农村的建设者要综合化发展产业和跨越化利用农村资产，全域统筹开发。

中国是一个地域大国，并且发展不均衡，城市与城市、城市与农村、农村与农村的发展千差万别，因此在发展之前须规划先行，既要统筹全局又要因地制宜，防止同质化、简单化的发展路径造成的"千村一面"，在实现全面小康目标的基础上和根本性的农村发展政策指导下，各尽所能，各展所长，既能留住乡愁的底色又能保护乡村的特色。中国是一个农业大国，一直伴随着问题与挑战，因此必须把农村的改革、建设、发展作为一个系统性、长期性工程逐步推进，以顶层设计为理念，明确农村发展的阶段性和长远性目标，进而系统思维，综合施策，在发展中创造机遇，解决问题。

专题调查

政府担当：引领高水平乡村
建设"华丽转身"

——官埗围村调研报告

（执笔人：李克义，周　颖　指导老师：张利明）

习近平总书记强调："中国要美，农村必须美，美丽中国要靠美丽乡村打基础。"建设美丽乡村，是中央深入推进社会主义新农村建设的重大举措，是为了实现更高水平的乡村建设，这就需要充分发挥政府的统领作用。然而，长期以来，地方政府在乡村建设方面往往存在两大误区，要么是"大包大揽、大拆大建"，使乡村建设陷入"政绩工程、面子工程"的误区；要么是"撒手不管、不闻不问"，导致乡村难以建设。鉴于此，广东省佛冈县官埗围村在美丽乡村建设中，以政府担当为基点，通过高起点规划，高标准建设，以高位施力助推美丽乡村；通过着眼乡土特色，借力乡土资源，促进美丽乡村深层落地；通过适时适度放手，全面激活建设力量，由此将村庄建设成为美丽乡村最高层次的"生态村"，实现了高水平乡村建设的"一步跨越"。

一　统筹引领，积极担当，以高位施力助推美丽乡村

政府通过顶层设计、高位引领，为美丽乡村奠定了高起点；同时扎根

乡土，借力乡土力量，促进了美丽乡村深层落地，走出了一条"高位引领，优质打造，深层扎根，放手升级"的高水平乡村建设之路。

（一）统筹引领，高起点规划

规划先行是美丽乡村建设的起点与基础。政府通过立足村庄基础与特色，量身定制一套集特色性、科学性、优质性于一体的规划，为美丽乡村建设筑就了高起点。

一方面，立足村庄基础，高位引领。佛冈县政府立足官塅围村坚实的经济基础、优越的生态基础、良好的群众基础，从战略高度出发，在2013年就引领村庄开展广东省"名村建设"，着力在村庄已有基础上不断优化和升级。

另一方面，着眼村庄特色，科学规划。政府遵循"一村一韵"的原则，着眼于村庄青山绿树的生态特色、古色古香的建筑特色，依托广东省建筑规划局专业的规划团队，在征求农民意见的基础上，规划将官塅围村打造成一个环境优美、历史悠久的"最美客家风俗名村"。

（二）积极有为，高标准建设

政府凭借自身在资源分配、宏观调控、综合监管等方面的权威性，从高标准出发，为美丽乡村建设"顶起大梁"。

第一，注资金，撬动社会资本。政府通过加大扶持力度，以先期财政投入吸引和撬动社会资本，为美丽乡村建设提供"第一桶金"。在建设过程中，政府首先投入财政资金300万元，在建设成效初显的基础上，又通过"奖补"方式，成功吸引企业投资、村民捐资等共计700余万元，为中后期建设筑造了"资金池"。

第二，引产业，助力三产融合。政府以"产业融合"为导向，结合村庄特点，充分发挥新型业态拉力，以旅游业为抓手，升级村庄传统产业。在政府引导下，官塅围村与红日莲藕公司和丰业葡萄庄园合作，分别培育了100亩观赏荷花池和103亩葡萄采摘体验园，建设农产品自助购物一条街，成功实现了农业与旅游业的对接升级。

第三，严把关，实施动态监管。高标准的乡村建设需要严格的监管进行把关。佛冈县在推进官塅围建设"生态村"的过程中，一方面，建立公示制度，将建设的内容、程序、资金使用等纳入"三资"监管平台，进行实时公示和监督；另一方面建立回访督查制度，不定期对村庄建设情况进行督查和回访，如果未能达标，则扣减奖补资金，进行降级处理。2017年5月，官埇围村在通过层层把关和监督考核之后，被评为清远市美丽乡村"生态村"。

（三）扎根乡土，深层次落地

政府在积极有为的同时，充分借助乡村的内在资源和力量，实现了乡村建设与乡土的无缝衔接，真正让美丽乡村建设落到实处。

其一，依托乡贤理事，让政策有效落实。为更好承接乡村建设项目，2013年6月，在政府引导下，官埇围村通过民主推选，产生了7名成员，组成了理事会。村庄以理事会为载体，通过职责分工、共商共谋，推进美丽乡村建设各项政策的有效落实。种植莲藕的谢老板说："没有理事会的协调，我们在土地承包、后续经营和管理方面都将难以完成。"

其二，鼓励村民参与，让政策深入人心。政府在推进美丽乡村建设的过程中，通过意向调查、项目演示、就业推介等渠道，鼓励村民以各种方式参与到乡村建设中来，提升村民的认同感，让政策深入人心。2015年，在村庄产业园建成后，政府鼓励产业园区内的企业返聘当地村民，每年可吸纳50多位村民就业。村民通过参与，切身享受到了乡村建设带来的红利。

其三，借力村规民约，让理念融入乡土。在政府指导下，村庄通过民主讨论、民主决议的方式，让群众共商共议村规民约的细则，编写完成了《村民卫生公约》等规约，通过规则约束，让美丽乡村的新理念成为村民的一种习惯。村民范茂全表示："自从有了村规民约，卫生好多了，自己都形成习惯了，要是乱扔垃圾，村里面其他人都会站出来指责。"

（四）放手激活，全方位升级

在建设初见成效之后，政府将发展的接力棒交至村庄，划出管理边界，给村庄留足空间自我发展。

一方面，放活市场，发展多元化产业。政府将发展经济的权力充分下放给公司、企业等市场主体，以市场力量发展多元产业，让乡村获得再生力量。2015年官埇围村引入专业公司发展"农旅一体化"，将村庄细分为"农业采摘体验区""民宿文化体验区""荷塘摄影观光区"等区域，形成了"以农为本、以文为心、以旅为轴"的多元产业链。

另一方面，放权理事，村庄自主化发展。政府将村庄发展的权利交给了理事会，理事会通过"项目群众定、工程群众干、事务群众管"等来实现村庄的自我发展。2016 年，官埗围理事会根据村民生活需要，召开村民大会，投票通过了自来水建设计划，动员群众共筹共建，顺利实现了自来水全村通。

二　高水平落地，美丽乡村开出"生态之花"

在政府高起点规划、高标准打造之下，官埗围村充分依托村庄的特色与优势，精心建设，发展成为清远市仅有的两个"生态村"之一，实现了生产与生态的互融发展，环境与服务的共同升级，政府与村庄的良性互动，使村庄走上了一条高水平的可持续发展之路。

（一）高品质成长，促进了生产与生态的同步提升

政府将产业发展与生态保护紧密结合，依靠良好生态环境带动产业发展，又通过产业发展促进生态的可持续，实现了两者的良性循环发展。

一方面，涵养生态让生产更有保障。政府引导官埗围村将生态优势转化为产业优势，村庄后山公园与百亩花田以美丽的自然风光吸引游客前来，极大地拉动了村庄旅游业、民宿与农家乐的发展。理事会会长范秀军表示："村里的绿水青山是我们的资本，经过合理开发后，变成了'金山银山'，产业也发展起来了。"

另一方面，绿色生产让生态更可持续。政府在引进产业的过程中，注重产业过滤，侧重发展绿色产业，在产业发展的同时也促进了生态环境的可持续发展。官埗围依靠产业收益反哺村庄，将民宿经营收入的 70% 划归集体所有，用于村庄的卫生清洁和生态保护。

（二）高质量发展，推进了环境与服务的同步升级

高水平的乡村建设在关注外部环境的同时，更关注村民切身能够享受到的服务体验。

其一，生态环境与卫生服务同步升级。政府在引导、支持官埗围村进行生态保护、卫生清洁的同时，为村民提供了优质的公共卫生服务，通过合理配置垃圾桶、定期开展环境保护知识讲座、发放《垃圾分类指导手

册》等活动，为村民普及环保知识，提供环保服务。

其二，文化环境与文化服务同步升级。为进一步提升美丽乡村建设质量，政府支持官塱围村建设"特色文化驿站"，搭建了一个集宣传教育、文化活动、休闲娱乐等功能于一体的公共文化服务平台，为村民提供丰富多彩的公共文化服务。村民范秀芳说："村里有了文化驿站，没事了可以看看文艺演出、电影，每天还能听听'乡村大喇叭'，日子比以前丰富多了！"

其三，政策环境与管理服务同步升级。在美丽乡村建设的同时，官塱围开展了"重心下移"的政策试点，村民自治活动进一步向自然村和村民小组延伸，通过村民理事会平台，填补了村庄的"治理真空"，提升了村庄的管理服务水平。2016 年，官塱围村民理事会共召开理事会议 30 多次，村民代表会议 5 次，使村民都能参与到村庄管理中来。

（三）高层次保障，实现了政府与村庄的良性互动

在政府的积极担当和科学管理下，政府与村庄形成了良性互动，为高水平乡村建设提供了有力保障。

一方面，自上而下传达畅通。政府通过依托村民理事会，在官塱围村设置了"大榕树下的小讲堂"固定宣讲点，及时进行政策宣讲活动，让村民对政府的政策有"看得见""摸得着"的感受。2016 年官塱围共计开展"小讲堂"活动 10 场次，95% 以上的村民都参与其中，有效传达了政府政策。

另一方面，自下而上反馈有效。官塱围村在文化室专门设置了"群众心愿树"，通过"匿名投意见，理事会定期记录，筛选集中反馈，政府统一回应"的方式，收集群众心声，目前共收集到心愿 60 余条，90% 以上的问题都得到了解决，村民们高兴地说："村里的心愿树是老百姓的连心树。"

三　积极政府，实现高水平乡村建设"一步跨越"

在官塱围"生态村"建设过程中，政府凭借其有力有智的担当、深掘本土特色的手段、适时适度放手的智慧，走出了一条高水平的乡村建设之路，具有积极的启示意义和借鉴价值。

（一）政府担当是实现高水平乡村建设的有力保障

美丽乡村建设是"美丽中国"宏伟蓝图中的重要一环，政府作为资源配置、社会动员职能的承担者，"操其要于上"是其应有之责。当前，大量村庄因建设资源不足，建设能力有限，难以实现向更高水平建设的跨越，此时，政府的作用显得尤为重要。从佛冈县官塅围村的建设经验来看，政府积极有为，凭借高站位优势，为村庄定制个性科学的规划蓝图；利用雄厚的资金优势，打造高质量的精品项目，实现了村庄的高水平蜕变。为此，建设高水平乡村，需要充分发挥政府的引领、扶持、担当作用，通过积极有为的政府，为乡村建设提供强大后盾。

（二）立足乡土特色是政府建设美丽乡村的核心要义

习近平总书记强调，"建设社会主义新农村，要注意乡土味道，保留乡村风貌，留住田园乡愁"。美丽乡村不是缩小版的城市，而是升级版的农村，建设美丽乡村应因地制宜，彰显乡土特色和个性之美，避免"千村一面"。佛冈县政府在建设官塅围"生态村"的过程中，遵循"一村一韵"的原则，因地制宜，因村施策，充分发掘其岭南文化底蕴与绿水青山的独特优势，在尊重村庄现有格局的基础上，有效利用已有基础和优势条件，让村庄建设不失底色，让村民能"望得见山、看得见水、记得住乡愁"。

（三）激活内生动力是政府建设美丽乡村的终极目的

美丽乡村不是政府的"面子工程""政绩工程"，更不能只是"昙花一现"，其归根到底是要建设农民自己的美丽乡村，激发村庄发展的内生动力。佛冈政府在美丽乡村建设过程中，有别于以往"大包大揽"的建设模式，在积极发挥政府作用的同时，充分利用和挖掘村庄的内在力量和要素，通过外部引导和支持，培育和壮大村民理事会等自治组织，创新"文化驿站""大榕树下的小讲堂"等各种形式和载体让村民参与其中，全面激活村庄建设的内部动力，使村庄进一步发展保持了强大的生命力。

市场领跑：为美丽乡村建设
挂上"加速档"

——陂角村调研报告

（执笔人：张　羽，潘雪芝　指导人：唐丹丹）

2017 年中央一号文件指出，在农业农村发展动力方面，必须牢牢把握体制机制创新这个主要着力点，充分发挥市场在资源配置中的决定性作用。长期以来，由于农村土地零碎，务农效益低下，规模化产业缺失，市场缺位，农村大量劳动力转移，村内优势资源闲置，村庄发展缺少有力"支撑点"。在美丽乡村建设的大背景下，清远市出台《实施意见》，也明确要求充分发挥市场配置资源的主导作用，实施一二三产业融合发展战略。为此，陂角村积极探索并实践出一条"市场领跑"、助推美丽乡村建设的新路子，具体而言，就是通过充分发挥市场的作用，拓展参与主体，对接市场需求，丰富筹资渠道，使村内外人力、物力、财力资源在村内形成发展合力，让村庄发展增效用、提效益、壮前景，成功地为美丽乡村的建设挂上了"加速档"。

一　整合资源，转动美丽乡村发展"变速器"

以美丽乡村建设为契机，陂角村充分发挥市场机制在资源配置中的主体作用，将人力、物力和财力资源高度汇聚于村庄建设中，激活村内外优势资源，为美丽乡村的建设与发展助力。

（一）拓展参与主体，激活人力资源

过去，村庄建设往往被认为是少数村干部的事情，他们力量小，作用微，更多有能力、有热情的村民未被充分吸纳到建设队伍中来。为汇聚所有人的力量，陂角村通过开放的市场理念，成功激活了村内外的人力资源。

首先，以"互联网+"集聚村民参与。陂角村在外务工但热心村庄建设的村民多，为能让更多村民参与村庄发展，陂角村通过"互联网+"，搭建起理事会微信群、陂角村村民微信群以及"岭南聚龙湾温泉古村落"微信公众号等平台，一方面通过公众号文章激发村民建设家乡的热情，另一方面通过微信群将所有村民拧成一股绳，在群内实现了村内大小事务的及时讨论、协商和决策。"微信群现在200多人了，好的坏的都能随时在群里提出来，一个小小的互联网应用，就将全村人的心都连起来了。"提议建立微信群的周永棠非常感慨。

其次，以"市场资源"吸引族内能人参与。作为汤塘镇乡村旅游发展的南大门，陂角村以其优越的地理位置、古村落和温泉等市场资源，成功吸引了同为周氏宗亲的村外能人参与村庄建设。周氏宗亲理事会副会长周永棠全程参与村庄规划，并带资进行美丽乡村整改。同时，为了让外村能人在陂角村充分发挥带头作用，村内将10亩公田的股份指标分给了他们，让他们也能共享合作社股份分红。

最后，以"优势互补"吸引企业精英合作。陂角村充分开发市场资源，借助区位优势，成功吸引了周边企业精英的关注，通过与周边五星级度假酒店强强联合，利用产业辐射的带动作用，将陂角村的旅游资源和酒店的优势客源牵引了起来。周理事长说："我们有旅游资源，酒店有稳定客流量，我们完全可以'借船出海'嘛。"

（二）接轨市场需求，集聚物质资源

在将人力资源充分调动起来的同时，陂角村以市场需求为出发点，通过土地整合、环境优化、民宿开发等方式，将沉睡的物质资源成功唤醒，为美丽乡村的建设开拓了广阔的空间。

第一，整合土地，市场流转。规模化经营是我国农业现代化的发展方向。陂角村为了破解过去土地零碎分散、土地效益低下的难题，以市场需求为出发点，积极引导村民自主进行村内"互换并地"，实现"一户一田一地"，充分激发土地作为"潜力股"的价值，并通过市场化流转，将土地入股到经济合作社中，凭借一三产业融合等方式，开展"花海"打造等农业项目，成功激活了土地资源的潜能和价值。

第二，优化村貌，市场激活。要转变村庄发展的模式，对接市场需求，就必须改变村庄"脏乱差"的面貌。陂角村首先对村口20多户农户的临建房、菜地进行了自发整治，同时对村内建筑进行了重新规划，建立起文化室、喷泉池广场、荷花池等基础设施，村庄面貌焕然一新，游客大为增多，陂角村彻底摘掉了汤塘镇村容最差村的帽子。

第三，打造民宿，瞄准市场。陂角村准确瞄准近年来兴起的乡村旅游热潮，找准村庄特色，将村内保存完整的岭南特色围屋、爱莲书院等进行了重新整治与维护，通过招商引资，开发古村落民宿项目，打造了一个集"观光旅游、鲜果采摘、围屋民宿"于一体的特色旅游线路。

（三）丰富筹资渠道，融汇财力资源

为保障美丽乡村建设的可持续性，陂角村在资金有限的背景下，充分发挥市场的作用，开辟多种资金筹集渠道，以"村民众筹+合作社募股"的方式，将村内外的资金合力激发了出来。

一方面，激励众筹。在陂角村一期建设初期，资金不足，为了聚集财力投入建设，陂角村通过市场化的捐资途径，采取"线上+线下"的筹款方式激励村民众筹。村民既可以在微信群里认捐，也可以现场缴纳捐款或是将自家整改腾出的临建房及菜地以折价方式换算为捐款数额。其中，微信认捐，成为外出村民捐资的重要渠道。村民纷纷被乡亲建设家乡的热情所带动，村内下到3岁小孩，上至90岁老人，全部参与了集资。村庄最终筹得资金20余万元。

另一方面，募股融资。为适应市场化的发展需求，陂角村因势而动，成立经济合作社，让农民变股民，即根据自愿互利原则，实行"以田入股"和以资金认股，筹集资金，村内人人均可按照每股100元的标准参股。通过合作社募股，不仅将资金聚合了起来，也通过合作社的发展带

动，实现了资源的升值。"我现在将家里一亩四分地都入了合作社，同时还入了7000元现金，一共87股，合作社每年盈利的75%都用来分给我们股东，有钱分，大家都愿意将钱放在合作社里。"村民周柱煌介绍。

二　释放红利，跑出美丽乡村发展"加速度"

市场作为美丽乡村建设中的重要力量，在区位好、能人多、资源广的陂角村作用尤为突出。陂角村利用市场重开放、效率、竞争的特性，顺利将人力、物力、财力资源吸引到了美丽乡村建设中来，为村庄建设增添了动力。

（一）增效用：实现了资源配置最优化

陂角村从市场需求出发，将村内人力、物力、财力资源纷纷盘活，充分发挥了市场在资源配置中的作用。

一是提升了土地资源效益。通过土地整合和市场流转，陂角村过去种植效益不高、抛荒严重的土地都被重新利用起来。现在，陂角村的规模化种植达到102亩，每年仅"花海"项目预计将吸引上万人前来参观。

二是激活了闲置资源价值。陂角村经过村庄建设，将过去闲置、杂乱的临建房、菜地统统进行了整改，村口不再垃圾遍地，而是变成了环境舒适的文化广场和停车场等，不仅环境漂亮了，还能收取停车费增加收入。"这片地过去荒废着，又脏又臭，现在一开发，荒地变成宝地了。"村民纷纷感叹。

三是实现了闲置人力就地务工。村民将土地进行了市场化流转后，合作社吸收了一部分村内闲置劳动力就地务工，负责安排轮工的合作社理事周柱煌介绍："现在村里有24人在合作社工作，按号排工，在打造'花海'的时候，每小时提供10元的报酬，次月5日准时将工资发放给农户。"有种植技术的在家村民不出家门就成功解决了就业问题。

（二）提效益：促进了经济收入稳提高

陂角村以建设美丽乡村为契机，通过市场化的管理和运营方式，推动了村庄产业的发展，同时带动了村民和集体收入的大幅增加。

一方面，村民"旱涝保收"。过去，传统农业耕种成本高，收益低，遇到灾害天气甚至颗粒无收。陂角村采取土地入股合作社的方式后，村民不用再担心种植收入不稳定的问题，他们不用耕种，就可以获得1200元/亩的流转租金，还同时能获得自己的股份分红收入，在合作社工作的村民每年还有工资。"现在我们不用下地干活，坐在家里赚的钱都比过去多，旱涝都保收，多好！"

另一方面，村庄"富裕富有"。以前，陂角村集体收入很少，每年只有外租20亩公田获得的2.8万元的租金，现在，通过一三产业融合，村集体每年还能收取经济合作社支付的10亩机动田的租金共12000元，并能享受经济合作社25%的利润股，村集体收入的来源大大增加，村庄总收入也大幅提高了。陂角村依靠农业观光旅游产业大大增加了经济收入，使集体和村民同步富裕起来了。

（三）壮前景：保障了村庄发展可持续

陂角村在市场机制的作用下，不仅将村内多种资源激活了，同时，通过规则习惯的形成，为美丽乡村的建设增添了持续性。陂角村村民通过"互联网+"平台，在微信上广泛参与村内议题的讨论，已经将村庄建设中的大小事情均当作自己的事，而不再像以前一样置身事外。"现在美丽乡村建设的任何事情，都是在群里讨论的，村民有不满的地方随时提出，随时解决，有任何好的提议，任何人都可以在群里商量。只要是发展村里的事情，现在人人都很支持。"理事会成员说。与此同时，陂角村作为汤塘镇旅游点之一，不会局限于目前的发展，而是在汤塘旅游发展的整体规划下，会充分对接市场需求，进一步推动民宿、温泉等新项目的开展，周理事长介绍说："我们的美丽乡村不是达到了'特色村'就行了，而是会根据市场的发展，寻求更有利于村庄发展的产业和项目，保障村庄建设未来的持续性。"

三 以"市"为帆：美丽乡村驶入发展"新航道"

陂角村通过建立符合市场经济要求的农村建设发展运行新模式，以市场机制为牵引，破解了美丽乡村建设中市场缺位的难题，成功营造了一个开放、高效的发展环境，强有力地带动了美丽乡村的快速推进。

（一）美丽乡村建设的核心是优化资源配置

过去，传统农村发展难度大、门路少，很大原因在于村内外资源没有被充分利用，土地零散，人力闲置，资金匮乏，导致村庄"脏乱差"且人心"涣而散"。陂角村在美丽乡村建设中的成功，得益于其通过市场化的方式，将过去闲置的各种资源都充分吸纳到了村庄建设中，土地市场化流转助推了规模化种植和产业化发展，村内外的能人和热心村民的群策群力充分发挥了个人的带动作用，经济合作社的"以田入股"让村民的土地和闲置资金生出钱来，人力、物力、资金的充分优化配置，让村庄在发展过程中拥有了广阔的发展空间与能力。如果不能发挥市场在资源配置中的主体作用，让资源"活"起来，美丽乡村建设将只是海市蜃楼，难以持久存续。

（二）优化资源配置的关键是引入市场机制

村内外资源的充分优化配置，仅仅依靠政府的引导是不够的，政府可以引导资源的分配，但是不能决定资源的分配去向，而必须尊重市场在资源配置中的主体作用，通过市场的牵引，结合当地特色，将资源吸纳到合适的位置来发挥最大的效用。陂角村的成功正是尊重了市场的作用，根据市场经济的发展需求，实现了土地的市场流转，建立起经济合作社组织，并且通过"互联网+"汇聚了村内外的智力资源，在开放、竞争的市场环境下，让资源落到了最适合的位置，自主发挥作用，而非在政府政策指导下"一刀切"的优化方式。因此，在市场经济体制下，市场机制是资源配置的决定性力量，在进行美丽乡村建设时务必要充分发挥市场机制的作用。

（三）产业融合发展是美丽乡村建设的有力保障

要保障美丽乡村建设可持续，必须要有特色产业进行支撑，在传统农业基础上进行一三产业融合，与市场需求完美对接，是村庄发展的有力保障。我国大部分农村没有充分挖掘当地特色，未搭建起产业发展的平台，仅依靠传统农业的发展很难转变村庄面貌。陂角村理事会凭借独到的眼光，充分利用当地旅游资源优势，推动一三产业融合，建立起乡村旅游产业，并通过入股经济合作社，让村民和村集体都获得分红收入，让村民从产业发展中看到了村庄建设的希望，内生出参与建设的自主性。村集体通过产业经济的发展，为美丽乡村的进一步发展奠定了经济基础，有力保障了村庄建设的可持续性。

小角色，大能量："远山穷"
村庄何以"蝶变"

——同兴村调研报告

（执笔人：朱　露　指导人：刘迎君）

美丽乡村建设是推进美丽中国建设与生态文明建设的重要一环。然而，长期以来，美丽乡村建设仅见政府单一力量主导，作为美丽乡村建设主体的农民群众却"不干预、不参与、不相关"。由于缺乏有效的村庄牵引力量，农民群众往往力量无处使，发展无人带，导致美丽乡村建设"上热下冷""外热内冷"。鉴于此，广东省佛冈县同兴村自建村民理事会，以尊重农民发展意愿为前提，通过"共谋共议""共筹共建""共理共管"等方式，重拾村民参与热情，重置村庄发展资源，重构村庄发展优势，实现了由"远、山、穷"村庄向美丽乡村示范村的转型，成为理事会带动下的美丽乡村建设范本。

一　理事会为基，筑实自主平台，助力美丽乡村建设

同兴村民理事会自主成立，示范带头，引导村民共谋共议、共筹共建、共理共管，成为美丽乡村建设的重要牵引力量。

（一）共谋共议，组建美丽乡村建设"智囊团"

一是自主推选，搭建理事会平台。2011年，同兴村以村小组长换届为

契机，通过民主选举成立了同兴村民理事会，吸纳有能力、有公益心、有威信的能人加入理事会平台，打破了过去村小组长"带而难动"的困局。村民小组长朱然光讲道："过去我们村组织开会的时候大家都不愿意来，想集中解决问题也解决不了，村民们觉得开会讨论的事跟他们无关，开个会太难了，在群众心中没有威信，我也越来越没有信心。现在成立了理事会，光理事会成员就有8个人，来商量事情的人多了，这个会就自然而然开起来了。"

二是理事分工，议事有规可循。为便于协同议事，同兴理事会一方面从各房推选成员，另一方面依照成员优势进行内部分工，如朱然栋负责经济和财务，朱光振负责与政府、企业沟通接洽，朱然光负责全面统筹，保障所有待议事项及时解决。2013年村庄修建文化室时，村民在资金筹集方式、文化室样式、工程造价等方面存在异议，后通过"户代表建议+房理事提议+理事会决策"的议事方式，有效化解了争议。

三是微信助力，网上理事会共议。同兴村总人口近400人，常年在村人口仅150人左右。为有效带动村民共同商议美丽乡村建设事项，理事会组建了"同兴村理事会""同兴村大家庭"两个微信群，通过互联网微信平台收集民意、倾听民声，调动村民的议事积极性。村民朱沛傍说："我在外面打工20多年，过去家乡发生什么事情都不知道，更别提为村庄做事。现在有了微信群，在外地打工的年轻人，不用回村也能够为我们村庄建设建言献策。"

（二）共筹共建，当好美丽乡村规划"掌舵人"

其一，"带路"资源重组，解决"地从哪里来"。过去，同兴村人均耕地不到5分，土地分散细碎，难以产生规模效益。理事朱光振说："砂糖橘产业衰败后，村里更没有人愿意种地，土地都长满了高高的草，基本上都撂荒了。"为发挥土地效益，村民理事会带头组织村民通过土地置换和土地整合的方式，将小块土地变大块、碎块土地变整块，为后期成立专业合作社、实现美丽乡村建设产业升级打下了基础。

其二，"领路"内筹外引，解决"钱从哪里来"。长期以来，同兴村集体经济收入薄弱，缺乏发展资金成为美丽乡村建设的一大难题。为此，村民理事会探索"领路"，开拓资金来源渠道。一方面鼓励"内筹"，邀请在村村民和村庄外出经济能人贡献财力；另一方面进行"外引"，理事会成员主动联系外村朱姓人捐款，同时做企业老板工作，争取老板带资投入。通过内筹外引，共筹集到100多万元的美丽乡村建设资金，缓解了资金压力。

其三，"引路"整合动能，解决"人从哪里来"。人力资源是美丽乡村建设的基本力量。理事会一方面发挥示范引路功能，如理事长朱然栋、理事朱光振两人无偿提供自家挖机并亲自拆除村庄旧屋，形成示范效应，以此激发村民的配合积极性和能动性；另一方面采取市场用工方式，鼓励有劳动能力的在村村民参与美丽乡村建设工程，每天依市场标准给予80元用工报酬，充分挖掘可参与建设的人力资源。

（三）共理共管，凝聚美丽乡村发展"合力股"

首先，整体规划布局，合心改变村貌。为改善美丽乡村村容村貌，理事会带头对农户的156间危房旧屋进行了拆并，后实施统一规划建设，村民配合理事会进行统一房屋规格再建、统一房屋朝向修建，改变了过去乱搭乱建现象。同时，利用新整合的宅基地资源，同兴村相继建成了村庄文化室、篮球场、健身广场、公园等基础设施。理事会与村民同心使村庄面貌大为改善。

其次，向外取长补短，合智探索发展。为探索寻找适合本村的美丽乡村建设发展道路，同兴村民理事会成员自发到县域内特色乡村进行参观学习，交流美丽乡村建设经验，取长补短。在参观"田野绿世界"后，理事会掌握了释迦、红毛榴梿、红心番石榴等高端水果的种植技术，在进行市场考察后，于2017年初引进3000棵果苗进行栽种试验，以积累发展经验。

最后，向内挖掘优势，合力发展产业。美丽乡村也要是富庶乡村，产业发展至关重要。同兴村理事会根据村庄实际，结合村庄优势，确定了"短期、中期、长期"三种不同的产业发展模式。具体来说，短期种植水稻、紫米等农作物，发展农业产业，保证农户基本收入；中期打造高端水果，发展经济产业，吸引外来游客；长期发展观光旅游业，利用村内优越地形，推进"七十二家房客"休闲民宿项目建设，实现村庄一三产业融合发展。

二　共惠共享：美丽乡村建设成果惠泽民生

同兴村民理事会以美丽乡村建设为方向，引导村民共议、共筹、共管，改善村庄环境，激活产业发展资源，实现了环境留人、情感聚人、产业引人，使"美丽"升级。

（一）改善村庄人居环境，实现了环境留人

一是变"脏乱差"为"宜居地"，村民安于居住。理事会朱然栋回忆称："以前，满街都是老鼠，卫生很差，玉米没得收，水稻也没得收，都被老鼠吃了。"同兴理事会引导村民改善生产生活环境，带领村民全面清理房前屋后的生活垃圾和废弃杂物，并统一设置垃圾箱，修建垃圾池，定期处理垃圾，使村容村貌焕然一新。2017年初，同兴村被评为县美丽乡村建设"示范村"，村庄成为宜居之所。

二是变无序为有序，村民乐于维护。进行土地整合与规划使用前，村民常私占公共土地，村庄环境杂乱无序。理事朱光振说："（一些）原本属于集体的土地，村民在长期的生产生活中慢慢占用，各家在门前屋后种上竹林占用土地，时间久了，村民已经将这部分土地和竹林当作自己的私产了。"理事会牵头进行土地整合与规划，统一在路边、屋边、田边栽树，使村庄四季常绿，村民享受到了环境变化带来的益处，开始主动进行维护。

三是变"空壳村"为人气地，村民喜于回村。长期以来，同兴村2/3的村民长年在外打工，村里只剩老人和小孩，环境脏乱差更加剧了"空壳"程度，很多外出年轻人不愿回乡看望。理事朱金培说："将村子建设好，环境干净整洁了，基础设施完善了，村民们不只在重大节日才返乡，平时工作休闲时间也会从广州回家来看看，我们家亲戚朋友都爱来村里面玩，村庄变化太大了！"

（二）聚力发展齐心合力，促成了情感聚人

首先，变反对为支持，激发了建设能动性。一开始，村民对美丽乡村建设不理解、不参与、不支持，在拆旧房时，有老人躺在路上阻止拆除，导致工程中断。在理事会引导美丽乡村建设取得成效后，村民开始转变态度，支持理事会的工作。特别是修建文化室占用到部分农户的土地，村民

均配合拿出。文化室建成，成为村民的娱乐活动中心，村民得到实在的收益，参与建设的能动性进一步提升。

其次，变被动为主动，激活了建设自主性。"没有理事会时，什么事都干不了，村民说没时间、没空，有事情不参加"，理事朱光振讲道。理事会反复做村民工作，带动大家共商事务、共筹共建，让村民的事情自己办，逐渐改变了村民的被动行为和观望心理，使村民觉得主动参与是在为自己改善条件，从而激活了他们的建设自主性。村庄在建文化室时，即使工资比较低，在村村民也都出力出工主动参与。

最后，从外出到返乡，激起了建设热情度。外出务工者是美丽乡村建设的重要力量，在理事会带动下，村庄环境的改变及产业初步发展使外出村民看到了希望，吸引了大量外出者回乡看望，并参与到村庄建设中来。近两年来，逢年过节外出者不仅会自己返乡，还会带上亲朋好友到家乡旅游，外出者见到理事成员常说："做得好，做得好，家乡发展更好了！"

（三）富民强村利益共赢，推进了产业引人

其一，盘活了村庄闲置资源，引人有依靠。在理事会牵引下，同兴村将抛荒耕地、废弃宅基地等重新整合，变小为大、变废为宝，为村庄产业引人夯实了资源基础。当前，同兴村成立了"农旅文专业合作社"，引导农民以"土地+资金"的方式入股，每股 1.5 万元。村民每亩土地可作价 500 元，3 亩土地为期 10 年可以算作一股，不足 3 亩，要补足剩余资金。据此，专业合作社共筹集到 30 万元的产业发展资金。

其二，壮大了集体经济实力，引人有基础。同兴村依托本地自然景观、生态产业和传统文化优势，摸索出了适合本村的资源型集体经济模式，成为美丽乡村建设产业发展的可持续动力。村民小组长朱然光说："2010 年的时候，我们村是水头镇最穷的村，村集体经济只有 6000 元"。当前，同兴村每年的集体经济收入达到了 4 万~5 万元，为产业发展积蓄了能量。

其三，增加了在村农民收入，引人有保障。自砂糖橘染上黄龙病后，村民失去了稳定的收入来源，很多村民离开村庄向外发展。而在美丽乡村建设过程中，在土地生金的基础上，理事会还积极牵线为村民提供就业岗

位，如农忙时到合作社插秧人均每天80元；让懂技术的村民开农耕机每天给予100元报酬；此外，聘请两名保洁员每月各支付500元报酬，使在村村民留在家里也能有收入。

三　小角色孕育大能量：理事会牵引美丽乡村建设启示

同兴村以村民理事会为美丽乡村建设的重要牵引力量，通过引导农民共议、共建、共管，实现了村貌改变、村民聚心、村庄发展升级，打造了美丽乡村建设的新范本。

（一）村民理事会是推进美丽乡村建设的可靠载体

村民理事会作为农民群众的自组织，在倡引农民共议、引导农民共筹、带领农民共建等方面具有特殊优势。特别是在探索进行美丽乡村建设的当前，充分发挥村民理事会在牵引整合村庄资源、尝试发展适宜产业等环节的功能，是美丽乡村建设有序铺开的重要保障。佛冈县同兴村一批志在发展乡村的乡贤能人自主搭建起村民理事会平台，通过自身的示范引领和直接参与，不仅调动了村庄闲置发展资源，而且将农民这一美丽乡村建设主体的能动性充分激活，打造了村民理事会载体带动下的美丽乡村建设新模式。

（二）保障农民参与是理事会牵引美丽乡村建设的前提

习近平总书记提到："还农民建设美丽乡村之权，赋美丽乡村建设之能。"长期以来，农民群众作为美丽乡村建设的主体，却抱着"不干预、不参与、不相关"的态度，政府主导有余，农民参与不足，导致美丽乡村建设"上热下冷""外热内冷"，变成了村庄少部分人的事情。村民理事会作为重要牵引性力量，如果不能调动农民群众的参与和支持，也会使美丽乡村建设陷于"带而不动""牵而不走"的困局。佛冈县同兴村民理事会从引导农民共议共谋入手，通过户代表会、微信群平台等拓宽村民参与美丽乡村建设的渠道，后鼓励村民共同整合发展资源、征求村民发展意愿，形成了理事会与村民共建美丽乡村的合力。

（三）整合美丽乡村建设资源是理事会功能的重要着力点

美丽乡村建设不仅要"美"在外观，更要"美"在发展，依靠产业力量拉动富民强村。对于农村来说，能否有效整合自身的土地、资金、生态环境等既有资源，是确定产业发展模式、形成产业发展优势的关键。因此，作为美丽乡村建设的牵引者，村民理事会可否实现建设资源的整合，对其自身功能发挥至关重要。在佛冈县同兴村，村民理事会以带动村民进行土地、资金等资源整合为突破口，积聚了美丽乡村建设的产业发展基础，为美丽乡村的发展"添砖加瓦"。

激活小组：为美丽乡村建设
注入"源头活水"

——益茂村调研报告

（执笔人：黄　莺　指导老师：张利明）

习近平总书记指出，美丽乡村建设"一定要走符合农村的建设路子，注意乡土味道，体现农村特点"，这就需要充分利用农村的内在特点和规律进行建设。然而，长期以来，我国很多地区都以行政村为单位开展乡村建设，由于"规模大、人口多、利益杂"，农民往往"无心参与、无力参与、无法参与"，导致美丽乡村建设"难发力、难落地、难持续"。鉴于此，广东省佛冈县益茂村以美丽乡村建设为契机，准确把握乡村特点，通过依托小组单元、激活组长功能、整合组内资源、利用小组机制，有效唤起了乡村的内在动力和活力，促进了美丽乡村建设"巧发力、深落地、可持续"。

一　小组为基，激活内部动力，让美丽乡村"动起来"

益茂村以村民小组为依托，将建设的关口下移至小组，筑牢在农民身边，让美丽乡村建设扎稳了根基，落到了实处。

（一）依托小组单元，让建设"接地气"

首先，单元下沉至组，小组能作为。益茂村根据地域条件、人口分布、村民习惯等因素，以长期自然形成的小组为基准，将美丽乡村建设的重心下沉至村民小组，让美丽乡村从"十几公里外的事"变为"家门口的事"。"我们益茂是条大村，有54户人家，370多人，以村民小组为基础进行建设后，更容易与群众形成共同意见了。"益茂村七三组组长陈汉钊说道。

其次，以小组聚能人，建设有队伍。村民小组通过村民推荐、自我举荐等方式，汇聚组内的乡贤能人，组成一支热心公益、乐于奉献的8人队伍，为美丽乡村建设建言献策、出钱出力。鱼档老板陈汝流表示："经常要开会商量事情，自己的生意有时也顾不了，但能为村里做点事也就值了。"

最后，以小组搭平台，建设有载体。在政府引导下，益茂村小组经过群众民主推选，产生1名会长，6名成员，组成理事会，成员之间根据个人能力、特长等进行职责分工，相互配合，为美丽乡村建设提供了有效载体。益茂村理事会自2015年7月成立以来，每年都会召开30多次理事会议，召开3次以上会员大会，共同讨论美丽乡村建设。

（二）激活组长功能，让建设"能落地"

一是借力组长，担当"点子王"。益茂村充分利用小组长懂政策、懂村情、懂组情的优势，让他们适时为美丽乡村建设出点子、谋方子。小组长陈汉钊表示："我们参观其他村庄，发现他们通过建设文化室把村子搞热闹，搞活了。于是我们学习他们的经验，决定建起文化室。"

二是依仗组长，甘当"领头羊"。为保证美丽乡村建设有序推进，小组长充分发挥带头作用，带头出地，出钱，出力，做好示范，有效提高了其他村民的积极性。小组长陈汉钊率先无偿交出自家0.2亩自留地，带动了绝大部分村民交出自留地，不到一个星期就完成了文化室建设用地整合。

三是依靠组长，慧当"协调员"。小组长利用自己熟民情、知民意、有威望的优势，以公平公正为准则，调和村民之间、村民与集体之间的利益矛盾。2015年益茂村在建设文化室时，一些村民在选址上产生了较大矛盾，小组长利用"土办法"，帮村民"算细账"，使村民之间达成了共识。

（三）整合组内资源，让建设"有底气"

一方面，以产权相关，整合土地资源。益茂村基于土地产权在村民小组的实际情况，以小组为单元，在村民自愿的原则上，按照相关的政策流程，通过区域划分、丈量到户、结果公示三个流程完成了土地整合，整合面积共 303.53 亩。

另一方面，以利益相连，整合涉农资金。在政府政策指引下，益茂村根据规定流程，利用村组熟人社会利益关联的特点，做通了村民的思想工作，整合了种粮直补、生态公益林补偿资金，用于美丽乡村建设中的公共事业。

二 小组为纽，聚合内外资源，让美丽乡村"活起来"

益茂村以村民小组为纽带，通过引入政府、市场、群众多方能量，实现上中下三级联通，提升了建设动能，为美丽乡村建设注入了"活水"。

（一）上联政府，让建设有"助手"

村民小组是政府政策执行和落实的"最后一公里"，通过借力政府资源，可为乡村建设提供强大"助手"。

一方面，接收政策，建设有方向。益茂小组通过张榜公示、入户宣传等方式疏通政策传导渠道，打通了政策到民的"最后一公里"。村民在阅读美丽乡村政策宣传展板后，增强了建设的信心。

另一方面，善用政策，建设能惠民。村民小组根据政策要点，将政府政策与当地实际相结合，使政策成为惠及民生的工具。益茂小组通过申报"一事一议"和示范村项目，共获得政府资金支持约 160 万元，有力推进了美丽乡村建设的进度。

（二）中接市场，让建设有"外援"

其一，引入市场主体，建设更有活力。村民小组通过成立经济合作社，集中土地资源，以优越条件吸引农业企业、公司入村，有效提升了乡村建设的产业基础。村小组引入以香蕉、冬瓜为主的规模种植业帮助将闲置土地以每年 1100 元每亩的价格流转出去，同时为村庄闲置劳动力带了更多就业机会，增加了村民收入。

其二，接入市场机制，建设更有效率。益茂村小组以公开招标的方式，接入市场竞争机制，提升了美丽乡村建设的效率。村民陈剑飞在"公开招标，价优者得"的机制下，以"更低金额，更多项目"的优势，获得了文化室项目及示范村项目的承建权，使美丽乡村建设实现了更优的效率。

（三）下通群众，让建设有"主力"

一方面，巧用"家长会"，共商共谋。村民小组定期召开"家长会"，召集户主参与美丽乡村建设事务的讨论，让村民共商共谋，激发了村民的"主人翁"意识。80 岁的老党员陈柏淳说道："作为村里的老党员，我们有义务为村庄发展提建议。只要天气好，我都会去参加家长会，每次开会还签到了呢。"

另一方面，依靠群众，共筹共建。村民小组通过利益引导、荣誉激励、心理认同等方式激发村民筹资筹劳，共同参与美丽乡村建设。益茂村小组以"300 以上刻碑、300 以下上榜"的方式向村民发起捐款倡议，动员群众捐款 10 余万元。

三　小组为轴，转活内生机制，让美丽乡村"美起来"

益茂村积极利用村民小组内在的监督机制、约束机制和激励机制，为美丽乡村建设提供了制度化保障，破解了美丽乡村"一时新"的建设困局，实现了美丽乡村的"持久之美"。

（一）创新监督机制，让美丽乡村"可延续"

其一，建立会议纪要制，事事可监督。对于组内的重要事务，村小组统一进行会议记录，建立常态化的"会议纪要制度"，在文化室门口显眼位置，及时公开党务、村务、财务等相关文字记录，实现决议有字可循，账目有账可查。

其二，创新动态网络制，实时可监督。益茂小组利用互联网技术，创建村组微信群，让村民时时掌握最新村态。外出村民通过"美丽乡村建设青年微信群"，可第一时间获得村内消息，消除了时间和空间的阻隔，实现了实时化监督。

（二）构建约束机制，让美丽乡村"可持续"

第一，用规章制度，拉起"规矩准绳"。益茂村小组根据村庄实际、村民习惯，设立村规民约，规章制度，规范村民行为习惯。《益茂村乡规民约》明确规定"禁止在路上晒东西和堆放杂物"，村规民约有效约束了村民行为。

第二，签署承诺书，设下"思想防线"。益茂村通过动员村民签署各种承诺书，如《卫生公约承诺书》等，让村民在思想上重视美丽乡村建设。"想到自己在责任书上签了名，都不敢再随便扔垃圾了。"

第三，立惩罚机制，敲响"行为警铃"。益茂村通过取消评优资格等惩罚，有效防止村民的逾越行为。对于违反村规民约、规章制度且屡教不改的村民，取消其"文明家庭""优秀村民"等评选资格，同时禁止其使用村庄文化室设施，以此促进村民遵规守约。

（三）强化激励机制，让美丽乡村"可长效"

一方面，物质激励，让村民"尝甜头"。村民小组通过举办有奖竞赛等活动，给予村民物质奖励，让村民在经济上尝到甜头。小组长陈汉钊表示："春节期间举办篮球比赛，获胜一方可以获得1000元奖励，连在外打工的村民都回来参加比赛，村里赌博的风气也消失了。"

另一方面，荣誉激励，让村民"增劲头"。益茂村通过举办评选活动，授予村民荣誉称号，为村民参与注入了"强心针"。"村民看他人评上了'优秀村民'称号，都向他学习，也想争当优秀"，七三组组长陈汝流说道。

四 小组激活，促进美丽乡村"常新常美"

益茂村依托村民小组，整合乡土资源，激活乡土内生动力，为美丽乡村发展提供持久动力，实现了美丽乡村建设"常新常美"，具有重要的启示意义和借鉴价值。

（一）村民小组是承接美丽乡村建设的合理单元

美丽乡村建设的有效落地需要合理的承接单元。长期以来，我国的乡村建设都主要以行政村为单元，往往由于规模过大、利益缺乏、形式单一，建设成效不甚理想。为此，广东省佛冈县益茂村以"美丽乡村"建设为契机，结合村庄实际，将村民小组作为建设的基本单元，充分挖掘村民小组"地域相近，利益相关，规模适度"的优势，整合组内资源，激活小组内部动力，使美丽乡村建设"动起来、活起来"，真正走好"最后一公里"。由此可见，推进美丽乡村建设，需要根据因地制宜的原则，充分重视乡村的内在特点，探索多种有效的承接单元和建设单元。

（二）依托乡土内在资源是美丽乡村建设的基础

长期以来，由于乡土缺乏内生动力和建设主体，农村建设大多是政府单一主导，往往由于"水土不服"而难以持续运行，难以自主发展。佛冈县益茂村通过依托小组单元，充分挖掘乡土内在要素，以聚合乡土人才汇聚人力，以整合乡土资源汇集物力，为美丽乡村建设凝聚了一股强大的内生力量。可见，美丽乡村建设不是单一的外部建设，还需要激活乡土内生资源，充分发挥乡土内部力量的作用，实现乡村的自我建设、自主发展。

（三）完善小组内生机制是实现美丽乡村持久发展的关键

美丽乡村建设是一项长期任务，需要长效推进，这不仅要发挥农民的主体性作用，还需要一套完善的制度体系。佛冈县益茂村通过创新监督机制，形成了长效化、动态化的监督渠道；通过构建约束机制，利用小组的内在规约、内部规章来约束村民；通过强化激励机制，调动村民参与积极性，促进了乡村建设"建得好、保持住、不反弹"，实现了美丽乡村的"持久之美"。

新乡贤"归根"：社会力量如何聚心聚力聚智

——中华里村调研报告

（执笔人：彭晓旭　指导人：刘迎君）

2015 年中央一号文件明确提出："创新乡贤文化，弘扬善行义举，以乡情乡愁为纽带，吸引和凝聚各方人士支持家乡建设，传承乡村文明。"2016 年中央一号文件再次指出，要"培育文明乡风、优良家风、新乡贤文化"。但长期以来，乡贤功能多聚焦于单一的资金捐助上，在激活村庄闲置资源、激发村民自动力、激励集体产业发展等方面作用甚微，农村缺乏能够凝聚人心、整合人力、聚合智慧的新乡贤力量。鉴于此，广东省佛冈县中华里村借助有道德、有知识、有魄力的村庄新乡贤力量，充分发挥新时代乡贤在美丽乡村建设中的助跑功能，通过牵引整合内外资源，引入先进发展要素，实现了情感"聚心"、资源"聚力"、发展"聚智"，打造出了社会力量牵引下的美丽乡村建设新高度。

一　新乡贤为基，打造要素合力，助力美丽乡村建设

新乡贤是新时代背景下，在乡民邻里间威望高、口碑好、德才兼备的群体。中华里村新乡贤充分运用自身情怀与能量，聚合乡民，共同致力于

美丽乡村建设。

（一）情感在乡，新乡贤倡引"聚心"

一是治心，引导思想转变。作为中华里新乡贤力量之一的李庚原退伍回乡后，发现村庄年轻人沉溺于打牌赌博，民风习俗逐渐遗失。为此，新乡贤力量协同村民理事会成员，经常与村庄年轻人私下交流谈心，和他们打成一片，同时召集大家开展经验分享会，统一年轻人的思想，积极引导年轻人作风和行为转变。

二是归心，重拾忠孝文化。中华里村向来以"忠孝"文化为根，在新乡贤的带动下，村庄年轻人自主组织起来，于每年腊月二十八为村里60岁以上的老年人送保暖服，并亲自为老人准备一顿"敬老饭"。此外，新乡贤还号召村民逢佳节举行升国旗仪式，倡导爱国文化，通过一忠、一孝的活动，引导村民归心。

三是凝心，增强集体观念。为增强村民集体观念，村庄新乡贤积极组织村民开展唱歌、跳舞、猜灯谜等文娱活动，同时举办接力赛、拔河比赛等集体项目，发动村民以村民小组为单位进行竞技比拼。通过激活各个村民小组的凝聚力，使村民拧成一股绳，为齐心建设美丽乡村打下了心理基础。

（二）责任在乡，新乡贤牵引"聚力"

首先，乡贤带头聚人力。为改善美丽乡村人居环境和生产条件，中华里新乡贤动员村民们参与田间大茅寮休息亭、中华村大桥等系列村庄公益设施共建。2010年春节，新乡贤带领村民在冷雨天气下翻修中华里广场地笪，见雨势加大，乡贤劝说村民停工避雨，村民们却说："别停了，反正内裤都湿了，我们就一干到底！"仅用一天半时间，地笪便修整完工。

其次，民事民议合物力。为提升美丽乡村建设的精神文化水平，新乡贤与村民理事会商议修建村民文娱活动场地。之后，新乡贤与理事会一起征求村民意见，并倡导村民以大局为重，通过土地置换方式将零散闲置地整合成大块可用地，有的村民在乡贤号召下还自愿捐出自家堆柴的空地。通过合力打造，昔日闲置土地资源变成了禾塘赛鼓场、篮球场，村民娱乐活动得以丰富。

最后，内筹外引汇财力。整合发展资金是推进美丽乡村建设的重要保障。为奠定村庄产业发展基础，中华里新乡贤一方面通过个人力量联系企业老板，通过老板带资方式加入村庄公园修建项目，补足了 100 多万元的资金缺口。另一方面，新乡贤号召村民筹资捐款十多万元，使村民也为美丽乡村建设贡献了一分力量。最后，新乡贤与理事会成员共同决策，争取到政府"一事一议"财政补贴资金 27 万元。通过内筹外引，聚合了发展资金源。

（三）愿景在乡，新乡贤援引"聚智"

其一，"大围事"共议，夯实产业发展基础。长期以来，村民经营的土地松散零碎，人均 2 分地且分散在 4~5 个地方，土地效益难以发挥。为实现"以土生金"，2015 年春节，中华里新乡贤号召进行土地集中流转，引导村民以土地入股。最初，有 3 户村民不同意参加，新乡贤就协同理事会成员、老村长等，通过召开"大围事"，向农户说情讲理，终于在 4 月 4 日全体村民均签字确认同意。最终，全村共整合耕地 136 亩、山地 2600 多亩，为美丽乡村产业升级打下了基础。

其二，"大创意"引导，建立多元经营模式。为充分发挥土地资源效用，中华里新乡贤贡献个人创意，探索出了适于本村的多元化产业经营模式。首先，新乡贤主持成立了大茅寮经济合作社，开展红葱头等集体自主经营项目；其次，他们引进外来企业老板，将整合起来的其中 80 多亩土地出租给老板种植西瓜，通过"村企合作"，促成集体分红；最后，他们鼓励村民利用闲置土地种植红薯等经济作物，同时以"村民+合作社"模式创办"黄花鹅"养殖场、龙泉山庄等项目，多渠道发展产业。

其三，"大智慧"规划，探索村庄发展前景。为探索美丽乡村建设的可持续发展道路，规划村庄前景，中华里新乡贤充分发挥其企业家精神和个人经验的作用，与理事会共议共谋，尊重村民意见，在分析村庄既有的山、水、生态优势的基础上，制定出了建立绿色生态旅游休闲区的长远目标，发动村民搭建"卧龙谷"绿色产业链条，使美丽乡村建设走出了自我特色。

二　新乡贤助力，"美丽乡村"升级，打造多元成效

中华里新乡贤通过发挥群体能量，推动"聚心""聚力""聚智"，有

效整合了美丽乡村建设的各方发展资源，实现了"美丽"升级。

（一）村貌换新，共筑美丽乡村心理归属

第一，改变了环境，暖民心。在新乡贤力量的带动下，中华里村的村容村貌得以焕然一新，一系列村庄公共设施的建设和完善则进一步改善了村民的生产生活条件，村民获得了看得见的实惠。中华里村年龄最长的90岁老人感慨道："我做梦都想不到，我有生之年能够看到中华里的今天！"

第二，凝聚力增强，牵民心。中华里村民在新乡贤牵引进行美丽乡村建设的过程中，增强了共筹共建的自动力和主动性，村庄的每一点变化都成为村民们的期望。在2014年国庆节庆典暨中华里乡村公园开园仪式上，出现了"千人迎国庆"的盛况。新乡贤李庚原回忆称："开园那一天，外出多年的出嫁女都回来了，很多年都没见到过的面孔在那一天都看到了，村容村貌一下子提高了很多，村民们都看到了希望，大家的凝聚力也都大大增强了！"

第三，认同感提升，聚民心。在美丽乡村建设过程中，新乡贤出力、出资、出智，为村庄和村民提升福祉义务奉献，提升了村民对新乡贤群体的认同感，反过来更加支持美丽乡村建设。理事会成员李汉华说："李庚原2014年回村十几次，光飞机票、火车票加起来都花了几万块。一有事他就会马上赶回来，这种真正为村子着想的人，整个黄花地区都难找。"

（二）动能提升，共商美丽乡村规划蓝图

首先，增强了自我参与意识。在新乡贤带动下，中华里美丽乡村建设规划稳步推进，村民相比之前更乐意"舍小家为大家"，从过去的不参与、不配合转向主动参与、积极配合，实现了美丽乡村建设主体从政府向村民自身的转型。理事会成员李汉华讲："其他村一开会就吵架，资源根本整合不起来，在这里村民都积极配合，大家一起参与。"

其次，丰富了自主管理方式。中华里新乡贤力量牵头建立了属于村民自己的"中华里·兄弟群"微信群，借此互联网平台开展线上议事，关于美丽乡村建设的各项事务均提交在群里讨论，加快了信息共享，提高了办事效率。到2014年底，中华里村每家每户都至少有一个代表参与到微信群中，微信平台丰富了"中华里·大家庭"的自主管理手段。

最后，提升了自为发展水平。在新乡贤主持成立村民理事会以前，村民小组长个人能力与精力有限，在村庄建设和发展过程中的号召力受限，小组长功能难以充分发挥，影响了村庄发展进度。中华里新乡贤后带动建立村民理事会，共同参与美丽乡村建设，发挥助推功能，使美丽乡村建设发展水平不断提升。

（三）产业发展，共享美丽乡村建设红利

一方面，拓展了村民收入来源。利用美丽乡村建设的契机，新乡贤鼓励村民通过合作社进行土地入股，每家农户在 2016 年都拿到了 200 多元的股份分红。同时，黄花鹅养殖场、龙泉山庄等项目也优先让本村村民参与，为在村劳动力提供了就业岗位，提高了村民的经济收入。此外，闲置土地的任耕任种也为村民带来了实际经济收益。"我们之所以选择土地入股发展集体经济，更多的是让村民利益最大化，一心为子孙后代留一片青山绿水。"新乡贤李庚原说。

另一方面，增加了集体收益渠道。中华里村依靠产业模式转型，形成村庄自主发展方式，在美丽乡村建设中增加了集体收益渠道。在黄花鹅养殖项目上，近 5000 只草地鹅中的 3000 只由集体合作社直接管理，收益直接归集体。此外，在"外包"项目上，村集体可从企业老板的西瓜种植收益中获得 40% 的分成。而从长远利益出发，中华里打造的以绿色生态产业为基础，集吃、喝、住、玩于一体的休闲旅游度假区建设，为村庄带来了可持续的收入。

三 新乡贤"归根"：助推美丽乡村建设新高度的启示

中华里村发挥"新乡贤"在美丽乡村建设中的助推作用，在村容换新的基础上，走出了一条从"借土糊口"到"以土生金"的产业发展之路，为美丽乡村建设升级提供了借鉴与启迪。

（一）新乡贤群体是美丽乡村建设的重要助推力量

美丽乡村建设是一个系统工程，需整合多元发展要素形成合力。其中，"新乡贤"群体因其特殊的身份与能力，在美丽乡村建设中发挥着重要作用。一方面，相对于其他力量而言，新乡贤群体因具有知识、文化、能力、财力等资源，在美丽乡村建设与规划过程中具有传统优势和后发优势。另一方面，新乡贤群体往往有着浓厚的"报恩"情怀与反哺情结，新

乡贤"归根"参与和支持家乡建设的积极性也较高。在佛冈县中华里村，新乡贤力量在自己富裕的同时不忘牵引家乡建设与发展，用自己的能力造福乡民，成为美丽乡村建设中的关键助力。

（二）扶持"关键少数"新乡贤是美丽乡村建设的捷径

美丽乡村建设离不开能人的示范效应和拉力作用，培育作为"关键少数"的新乡贤力量，有意识地因势利导、乘势而为，使其成为凝聚民心的倡导人、"美丽"人居环境的牵引人和产业致富的带头人，是美丽乡村建设的捷径。这一方面需扶持愿意施惠乡梓、建设美丽家乡的义举之人；另一方面需培育有施展抱负的技能、思想与知识的能人；还要重点支持有持续发展意愿，而非仅一日之功的新乡贤力量。在中华里村，正是有这样一批新乡贤力量群体，才保障了美丽乡村建设步步为营。

（三）新乡贤助推、乡民主跑是美丽乡村建设的应有之义

从本质上讲，美丽乡村建设的主体应是乡民本身，新乡贤作为关键助推力量，应发挥"助跑"角色的牵引功能，农民群众才是"跑步者"。新乡贤群体作为美丽乡村建设的"关键少数"，其核心作用是凝聚乡民、激活村民参与美丽乡村建设的自动力，而不应是美丽乡村建设的主导力量。佛冈县中华里村新乡贤力量在牵引建设美丽乡村的过程中，坚持广泛收集民意、与民共商共议，充分尊重农民群体的意愿和主体意识，助推乡民激发美丽乡村建设的内动力。

（四）新乡贤功能的充分发挥需依靠政府支持与搭台

新乡贤作为美丽乡村建设的助推力量，其群体功能的充分施展除依靠自身能量外，还需要借助政府的资金、政策帮扶与平台支持做牵引。为此，在美丽乡村建设过程中，地方政府需通过一定的项目资金和政策投入给予新乡贤以发展空间和资源。在佛冈县，中华里村新乡贤充分利用政府"一事一议"奖补资金作为美丽乡村建设产业发展的基础资源，有效攻克了"美丽"建设起步的资金难题。

"整合式"扶贫：助推"贫困村"变"美丽乡村"

——井冈村调研报告

（执笔人：王　乐　　指导人：唐丹丹）

习近平总书记指出："要脱贫也要致富，产业扶贫至关重要，产业要适应发展需要，因地制宜、创新完善。"然而，当前产业发展面临资金匮乏、村庄基础薄弱、贫困户发展动力不足、农业产业结构单一等问题，致使产业扶贫处境艰难。为走出这一困境，佛冈县井冈村探索出以"整合式"扶贫为核心的产业扶贫新路径。所谓"整合式"扶贫，是指依托美丽乡村建设，以资源整合推动产业发展，整体帮扶村集体与贫困户的产业扶贫方式。具体而言，就是以土地整合为基础，以资金聚合为支撑，以产业融合为保障，并行帮扶村集体与贫困户，激活产业发展动力，破解产业扶贫难题，实现以产业发展带动长效脱贫致富的新模式。

一　化散为整："扶贫合力"解"量小力微"之困

井冈村在整合土地、汇聚多方资金的基础上进行产业融合发展，以整合之力夯实了产业扶贫之基。

（一）土地整合，扶贫规划定方向

井冈村稳步推进耕地、林地资源整合，通过调查研究确定产业规划，盘活村庄土地资源。

一是耕地整合,促进规模经营。井冈村以村小组为单位,在尊重村民意愿的原则下整合村庄土地1500多亩,由村集体统一打包出租,为推进连片规模化经营奠定基础。

二是林地整合,实现绿色发展。过去,井冈村的林地种植桉树,但桉树对环境不利,却适宜养殖黄牛。为此,井冈村整合了村民600亩林地承包给本村能人,进行黄牛养殖,实现绿色发展。

三是因地制宜,确定产业方向。井冈村是佛冈县的县级农业区,耕地集中,土壤肥沃,水源充足,发展农业种植有着得天独厚的条件;同时又拥有优质无污染的山地牧草,气候适宜,是黄牛养殖的天然牧场。因此,井冈村结合自身优势,在土地整合的基础上培育种植业基地与特色养殖业基地,确定了产业发展的方向。

(二)资金聚合,扶贫投资有保障

井冈村积极推进对零散资金的整合,在整合扶贫资金、项目资金的基础上建立扶贫基金会,为整村推进产业扶贫工作提供了资金保障。

首先,整合扶贫资金,"积少成多"。过去,扶贫资金存在分散、细碎、"撒胡椒面"的现象,导致扶贫资金发挥效益和辐射的力度不够。为此,井冈村将扶贫资金进行整合,截至2017年1月,已整合扶贫资金达169.11万元,破解了扶贫资金零散的难题。

其次,集聚项目资金,"聚沙成塔"。仅靠扶贫资金推进整村脱贫可以说只是杯水车薪,为此,井冈村积极申请农业项目,并将黄牛养殖专项资金30万元、现代农业发展项目资金85万元、农机耕种补助53万元等各类项目资金进行整合(总额累计310万元),统一起来用于扶贫开发,推动产业化发展,化解资金短缺难题。

最后,建立扶贫资金池,"厚积薄发"。为实现"造血式"扶贫,保障扶贫产业长效发展,井冈村成立了扶贫基金会,将整合后的扶贫资金与项目资金汇入基金会,通过基金会进行产业项目投资,项目分红再次汇入基金会,其收益将长期用于贫困户脱贫与返贫户再脱贫,保障扶贫工作的长效开展与推进。

（三）产业融合，扶贫妙笔绘新图

井冈村人多地少，过去一直以发展传统农业为主。而今，通过产业融合，促进农业产业结构调整，让村庄经济在产业带动下有效发展了起来。

其一，以合作社为载体，发展特色农业。井冈村鼓励本村人兴办标准化黄牛养殖基地，成立黄牛养殖专业合作社。贫困户在工作队的帮扶下入股黄牛养殖合作社，齐力打造清远本地黄牛原种场，形成了清远黄牛养殖特色品牌，铺实了黄牛养殖扶贫的道路。

其二，以龙头企业为依托，延伸扶贫产业链。井冈村与清远树华农机种植合作社协作种植了青贮玉米，并积极寻求与风行牛奶公司进行产业合作，将收成后的玉米供给风行牛奶场作饲料，有效对接产业销路。与此同时，合作社结合本村扶贫工作，帮扶贫困户入股农机种植合作社，并优先聘请村内有劳动能力的贫困户进行工作，拓宽了扶贫户的增收渠道。

其三，以美丽乡村为契机，打造生态旅游线。村庄依托美丽乡村建设，利用有600多年历史的李氏宗祠、有500多年历史的香樟树、革命老区等资源与旅游公司合作，种植油菜花，发展乡村农业观光旅游，预计村年收入可达10万元。井冈村将扶贫工作贯穿于一三产业的融合发展中，在改善贫困村生活环境的同时发展生态旅游业，促进贫困户增收，可谓一举多得。

二 化单为整："扶贫一体"达"焕然一新"之效

在全面整合多方资源的基础上，井冈村通过产业融合发展，整体帮扶贫困户与村集体，让贫困村实现脱胎换骨。

（一）贫困户稳定脱贫，摘得致富果

井冈村在产业发展的过程中，通过与能人、企业协作成立专业合作社，多渠道促进贫困户增收。

其一，贫困户变股东，分红有收入。井冈村帮扶21户有劳动能力的贫困户入股农机种植合作社，成为合作社股东，合作社每年将收入的60%用于贫困户分红，使其收入较过去大大增加。

其二，贫困户变员工，增收渠道广。井冈村将土地资源盘活后，释放了大量劳动力，除帮助农户进行劳动力输出外，村内还鼓励合作社、农业

基地等优先聘用贫困户就地务工。贫困户董丽梅作为合作社股东，不仅可以拿到分红和 700 元/亩·年的土地承包收入，还凭借在合作社的工作，每月再拿到 2000 元工资，经济条件大幅提升。

其三，动态资金池，脱贫时效长。井冈村通过基金会进行产业投资，逐渐扩大了基金会的"蓄水"能力。如基金会入股农机服务队，村集体每年将农机服务队收益的 80% 汇入扶贫"基金池"，不断壮大了保障贫困户长效脱贫的基金会的实力。

（二）村集体有稳收入，发展有活力

井冈村在帮扶贫困户的同时，也重视对村集体的帮扶，只有确保了村集体的脱贫，才能保障贫困户的长效脱贫。

一方面，建立了产业支撑，增收有保障。井冈村因地制宜发展了黄牛养殖业、现代种植业、观光旅游业等产业，以产业群发展带动村庄增收。仅在黄牛养殖产业上，村集体每年就可获得 10% 的红利分红，有效增加了集体收入。

另一方面，盘活了集体资产，发展有后盾。井冈村过去每年仅有 2.8 万元的集体收入，后来，井冈村争取到了农机推广政策资金 85 万元，购买了 3 台农机，成立了农机服务队，并将其作为村庄集体资产流转给了清华树华农机种植合作社。通过集体资产，井冈村每年可增加 15 万元的稳定收入。

（三）贫困村华丽蜕变，旧貌换新颜

井冈村将扶贫工作与深化农村综合改革、美丽乡村建设相结合，通过产业扶贫，实现了美丽乡村的华丽转型。

首先，生产条件逐步升级。井冈村以农村综合改革工作为抓手，促使贫困村农田水利条件不断提升。据统计，井冈村现已建成高标准农田 650 亩，改造排灌渠道 550 米，有效改善了村庄的农业生产基础。

其次，基础设施日趋完善。井冈村通过基础设施建设，有效改善了本村的公共服务条件。截至 2017 年 6 月，井冈村已完成村庄基础设施项目 4 个，民生类工程项目 6 个，逐渐提高了村民生活质量和村庄宜居水平。

最后，村容村貌日益换新。作为省级"示范村"，井冈村大力投入资金，改善村庄环境，目前已投入 24 万元帮助 9 户苦难农户完成了住房改造，并建成了村级卫生站 1 间，有效改善了村庄过去"脏、乱、差"的形象。"以前路上脏得很，路也不好走，现在扶贫不仅发展产业，连村庄基础设施都日益完善起来了，我们贫困村也越来越美了。"村民感叹道。

三　化后为先：井冈村产业扶贫的经验与启示

井冈村创新实践产业扶贫，高度整合优化村内资源，实现贫困户与村集体整体脱贫的持续性发展，助力扶贫工作迈上了新台阶。

（一）资源整合是实现产业扶贫的重要前提

产业扶贫是促进贫困地区发展、增加贫困农户收入的有效途径，而资源整合是实现产业发展的前提条件。只有整合多方资源，形成扶贫合力，才能破解产业发展的基础薄弱难题。井冈村在对土地、资金资源进行整合的基础上，结合地区优势资源和实际情况，因地制宜发展黄牛养殖、农机、种植等产业，逐渐建立了以特色农业为主导的产业扶贫体系，最终实现了长效脱贫。没有资源的有效整合，产业扶贫只能是"无源之水，无本之木"。

（二）产业融合是撬动产业扶贫的关键

产业融合是撬动产业扶贫的有力杠杆。产业发展单纯依靠农业是无法实现贫困户与村庄的稳定脱贫的，其关键在于通过农业与第三产业的融合，提升产业价值。井冈村通过一三产业的融合发展，将农业种植业与乡村观光旅游业相结合，在盘活本村土地资源的同时，促进贫困户增收，实现了村庄产业发展与扶贫工作的完美结合。以产业融合发展提升产业价值，撬动了贫困村脱贫。

（三）产业扶贫需因地制宜选择精准产业

产业扶贫是铲除穷根的根本之策，而选对产业对于产业扶贫至关重要。不同贫困村资源禀赋各异，基础条件与发展现状各不相同，这就决定选择产业时，要有对村庄的精准认识与精准定位，才能选对、选好合适产业。井冈村是佛冈县的县级农业区，土壤肥沃，土地集中，有着发展种植业的天然优势。井冈村依托土地整合，因地制宜发展规模化种植业基地，上半年种植油菜花，发展乡村观光旅游，下半年种植高产青贮玉米，卖给风行牛奶公司作饲料，有效拓展了产业经济链。

（四）创新利益联结机制是产业扶贫可持续的保障

贫困户是扶贫的主角，因而产业扶贫应让贫困群众心热起来，身动起来，靠自己的双手摆脱贫困。这就需要创新利益联结方式，激发贫困群众自我发展的内生动力。井冈村联结"村集体+贫困户"的整体利益，通过"合作社+村集体+贫困户""企业+村集体+贫困户"等多元发展模式，以产业扶贫先带动集体再带动贫困户脱贫。形成"入股分红+劳务输出"的增收方式，激发了贫困户脱贫致富的发展活力。有了利益联结，贫困户自我脱贫的自觉性不断提高，产业扶贫的开展才会更加持续与长久。

后　记

　　建设美丽中国是关乎民生福祉的世纪工程，其难点、重点和亮点皆在农村。自"宜居、宜业、生态、文明、和谐、平安"的"美丽乡村"建设目标创设以来，各地普遍开展了系列探索与实践，一时间美丽乡村如何"美丽"成为农村改革的热点。但是，美丽乡村建设并非仅打造人居环境这一步，作为乡村振兴的关键抓手，其是农村综合改革体系的重要一环，而持续推进过程中出现的"短板"和"瓶颈"成为困扰地方改革者的要点难题，也引起了学者们的广泛关注。

　　广东省佛冈县是率先实现破题的佼佼者之一，打造"美丽乡村"是近年来当地农村综合改革的一项精彩之作。借助机制突破，佛冈县摸索出了一条既符合地方实际和特色，又可复制与推广的美丽乡村建设之路。这一改革成果为普通老百姓带来了实实在在的好处，受到他们的极大欢迎，农民可以真切地看到发生在自己身边的种种变化。这些成果的获致并不是偶然的，与当地长期以来走在改革前线以及具备一支想改革、愿突破的地方改革团队紧密相关。佛冈县位于粤北山区，与发达的"珠三角"地区相比农村发展的任务更为艰巨，而不安于现状和虚心求教向来是当地基层干部的传统。2016~2017年两年内，佛冈县先后四次与华中师范大学中国农村研究院开展合作，就农村综合改革的思路、方向和前景进行了深入探讨和共议。可以说，美丽乡村建设创新成果的取得离不开当地各级领导和基层干部的亲力亲为。

作为致力于农村改革创新的重镇，佛冈县也是我们一直关注的重点，为总结当地美丽乡村建设的先进经验和进一步推进改革创新成果升级，中国农村研究院的三位调研员于 2017 年 4 月在此开展了为期一个月的深度调查。2017 年 6 月，在任路、张利明两位年轻老师的牵头下，由 2 位博士生和 11 位硕士生组成的课题组再次到佛冈县集中调研，访谈对象涉及县委、县政府及县农办主要领导，村两委干部，理事会成员，普通村民等多个群体，他们均是"佛冈力量"的一分子，没有他们的付出便很难谈及美丽乡村建设的实践突破和后来的持续推进。也正是在他们的热情支持和配合下，课题组的调研活动得以顺利开展，在此表示由衷的感谢！

本书便是对佛冈县美丽乡村建设和农村综合改革阶段性成果的总结与呈现，徐勇教授和邓大才教授为成书倾注了大量精力。邓大才教授曾跟随课题组成员参与实地调查，对地方改革的进路、实践价值和理论价值给予了方向性指导，徐勇教授就改革的宏观定位和突破点、创新点等进行了理论上的拔高与提升。书稿包括理论研究、评估报告、总体报告、深度调查和专题调查五个部分，是由参与调查的课题组成员具体负责完成的。其中，任路老师对书稿的结构安排和框架设计进行了全面布局与统筹；理论研究部分是在张利明老师和刘迎君、唐丹丹两位博士生的指导下，具体由周颖与李克义（第一章）、杨冬冬与黄莺（第二章）、范玲与潘雪芝（第三章）、王伟与彭晓旭（第四章）、朱露（第五章）、王乐与张羽（第六章）执笔完成的；总体报告是对美丽乡村建设经验的整体呈现，由刘迎君和唐丹丹两位博士生共同完成；评估报告与深度调查报告的执笔人是范玲、王伟和杨冬冬三位硕士，他们曾驻村一个月并参与了 2017 年 6 月的二次调研；专题调查部分由课题组成员朱露、王乐、周颖、黄莺、潘雪芝、彭晓旭、李克义、张羽负责撰写；最后，任路老师对全部内容进行了统稿、修正与完善。

　　由于理论与实践水平有限，本书在部分内容和观点方面难免存在疏漏与不当之处，希望能够得到读者们的批评指正和谅解。地方改革没有终点，期待佛冈县在中央创新精神的牵引以及地方改革者坚持不懈的努力下能够再结出农村发展的"美丽之花"。

图书在版编目（CIP）数据

佛冈力量：以机制创新激发"美丽乡村"建设自动
力／任路等著. -- 北京：社会科学文献出版社，
2019.7
（智库书系. 地方经验研究）
ISBN 978-7-5201-4824-5

Ⅰ.①佛…　Ⅱ.①任…　Ⅲ.①农村-社会主义建设-
研究-中国　Ⅳ.①F320.3

中国版本图书馆 CIP 数据核字（2019）第 088953 号

智库书系·地方经验研究

佛冈力量：以机制创新激发"美丽乡村"建设自动力

著　　者／任　路　张利明　刘迎君　唐丹丹 等

出 版 人／谢寿光
责任编辑／赵慧英

出　　版／社会科学文献出版社·社会政法分社（010）59367156
　　　　　　地址：北京市北三环中路甲 29 号院华龙大厦　邮编：100029
　　　　　　网址：www.ssap.com.cn
发　　行／市场营销中心（010）59367081　59367083
印　　装／三河市龙林印务有限公司

规　　格／开　本：787mm×1092mm　1/16
　　　　　　印　张：19.5　字　数：299 千字
版　　次／2019 年 7 月第 1 版　2019 年 7 月第 1 次印刷
书　　号／ISBN 978-7-5201-4824-5
定　　价／89.00 元

本书如有印装质量问题，请与读者服务中心（010-59367028）联系